乡村教育
空间的审视与微观文化实践

耿涓涓 等◎著

华东师范大学出版社
·上海·

图书在版编目(CIP)数据

乡村教育:空间的审视与微观文化实践/耿涓涓等著. —
上海:华东师范大学出版社,2022
(教育的温度丛书)
ISBN 978-7-5760-3007-5

Ⅰ.①乡… Ⅱ.①耿… Ⅲ.①乡村教育-研究-中国
Ⅳ.①G725

中国版本图书馆 CIP 数据核字(2022)第 210866 号

教育的温度丛书
乡村教育:空间的审视与微观文化实践

著　者	耿涓涓 等
责任编辑	彭呈军
特约审读	潘家琳
责任校对	江小华
装帧设计	卢晓红
出版发行	华东师范大学出版社
社　址	上海市中山北路 3663 号　邮编 200062
网　址	www.ecnupress.com.cn
电　话	021-60821666　行政传真 021-62572105
客服电话	021-62865537　门市(邮购)电话 021-62869887
地　址	上海市中山北路 3663 号华东师范大学校内先锋路口
网　店	http://hdsdcbs.tmall.com
印 刷 者	上海市昌鑫龙印务有限公司
开　本	787 毫米×1092 毫米　1/16
印　张	25.5
插　页	4
字　数	364 千字
版　次	2023 年 3 月第 1 版
印　次	2023 年 3 月第 1 次
书　号	ISBN 978-7-5760-3007-5
定　价	92.00 元
出 版 人	王　焰

(如发现本版图书有印订质量问题,请寄回本社客服中心调换或电话 021-62865537 联系)

本书为国家社会科学基金"十二五"规划 2015 年度教育学一般课题
"义务教育均衡视角下的民族地区乡村学校发展研究"
（课题批准号 BMA150025）成果
广西艺术学院学术著作出版资助项目（编号：XSZZ201904）

前言

教育,你的信仰是什么?

耿涓涓教授团队一直研究教育信念,《一位初中女教师的叙事探究》发表于2002年《中国教育:研究与评论》,叙述一位中学语文老师的日常工作点滴,探究普通老师的教育信仰。《乡村教育:空间的审视与微观文化实践》一书,更是从场域和文化魂魄上继续探究我们的教育信仰。

我爸爸是农民,我妈妈是农民,我出生在广西壮族自治区偏远的一个小山村,山高石头多,出门就爬坡。祖祖辈辈靠种植玉米为生。横跨我们七个村有一所小学,是我们所有村所有孩子充满希望的殿堂。没满7岁,我背着一个发黄的帆布破书包被爸爸带到学校很有仪式感地交给刘景春老师,我给刘老师九十度鞠躬,刘老师摸摸我的头,就算正式入学。

学校的学习生活是快乐的。校长是刘老师,教务主任、语文老师、数学老师都是刘老师。他拿着一个木棍管着我们三十几号学生,一个教室装三个班,一年级读生字,二年级就做算数,三年级就复习课文。我的破书包里永远就装两本书,一本语文一本数学,加2本比较皱褶的作业本。春天挖种玉米,夏天铲除杂草，秋天攀收玉米，打一扛柴火，割一背篓羊草，这些都是学习。

我的小学适逢农业学大寨，课本学习记得的不多，只记得农忙时节要放假下地干活；只记得放学要帮妈妈挣工分，妈妈一天能挣7分，我们小孩帮工能挣0.5分；只记得背着弟弟读书被刘老师安排在窗口听课，小孩子哭影响其他同学；只记得我们拿班上班花打的羊草开玩笑，被刘老师拿着棍子满村追着跑。

后来我们学校来了一位代课老师王文笔，后来我们有了四年级，后来我到20公里以外的另一所小学读五年级，后来我就考上县里重点初中，好像成绩全县第三。再后来我就考上大学，考上研究生，成为一个大学老师，成了一个城里人。

回想我的乡村小学，心总是暖暖的！教室虽破依然书声琅琅，劳动虽苦依然乐观豁达；刘老师天天拿着木棍追我们，我们依然笑着请他到家里吃饭；考试很少知道成绩，依然天天努力写那两本皱作业本；裤子破鞋子破，上学依然豪情，一路飞奔唱着歌，小学感觉就是童年。回忆总会蒙上一层薄纱，也不尽然。

我成为城里人后，我的孩子出生。为了更好地成为城里人，倾尽所能给孩子最优教育方案，最好的幼儿园最好的小学最好的中学；三岁开始学外语，五岁开始学钢琴，六岁开始补数学；一边保护着童心留着想象留着乐观，一边开启"学学学"模式，不能输在起跑线上。选最好的班主任、选最好的班级、选最好的科任老师、选最舒服的宿舍、选最营养的美食！好在孩子争气，一口气考上"985"大学，进创新实验班，第一年就获得学校一等奖学金。

然而快乐的时刻我凝重了，我竭力说服孩子休学一年，我要带她走半个中国，我要带她吃56个民族民间美食，我要带她拜访爸爸成长中的重要他人。因为我发现孩子心中还是中学生的激情，学习还是中学生的模式，学学学，升学升学升学。世界观是什么不知道，价值观是什么模糊，人生观是什么没有想清楚。人类是离不开大自然的，个体是离不开大社会的。人终究一死，"生生之德"是什么，学校没有教，我们没有教，社会也没有教！

回想自己小学，已经明白与天斗与地斗才有饭吃，砍树不能砍幼苗才能年年有柴砍，这是世界观；见到老师要鞠躬，要帮助妈妈解决家庭困难，要跟集体一起干才有工分，这是价值观；我一定要努力，一定要成功，这是人生观。为何在那个斑驳的教室，以山为黑板以石头为桌椅，被木棍打着被嘴里骂着的我在小学都明白了呢！宽敞明亮的教室，丰富的图书馆，专业教授队伍，百科全书的互联网，为何孩子们就迷茫呢！

回想孩子七八岁时跟母亲去沙盘室玩，一米见方的沙盘，孩子用栅栏圈了一长条地，隔成小间，动物园的样子。栅栏外有成年人（老师和家长）观望，有小孩观望。栅栏里有的放着长颈鹿，有的放着老虎，有的放着桌椅（教室），有的放着钢琴和琴凳！孩子心目中学习就是笼中的展览？！好在沙盘中间一小块划出一条小河，游着几只小鸭子，小小沙丘上一堆东倒西歪的小鸡，是童年快乐的秘密花园。

我觉得自己在乡村自然天地间、在残酷又温暖的真实生活的努力生存中长大成人。今天我想带孩子补上这一课。然而想带孩子"体验"不又是悖论吗？真实的生活是什么？今天真实生活的教育在哪里？

因而，耿涓涓教授团队在此时推出的乡村教育的空间视角，给我触动很大，在教育现代化的进程中，成就一代代人的乡村教育的精神灵气如何传承接续？祖国山川大地就是空间场域，家庭、父母、乡亲、宗祠，就是我们的微观文化，世界观、价值观、人生观三观端正是我们一代一代人的希望。教育，你的信仰是什么？

觉了了
2022.10.25

目录 contents

/ 第一章 /
民族地区乡村教育研究的空间转向 _001

/ 第二章 /
新中国 70 年基础教育宏观政策的空间取向 _031

/ 第三章 /
民族地区乡村学校的空间分布：桂西的历史 _047

/ 第四章 /
民族地区乡村学校的发展生态：广西龙州县 W 乡中心小学的案例 _121

/ 第五章 /
乡土资源开发与课程整合：广西罗城县 L 小学的案例 _159

/ 第六章 /
民族地区乡村教师的境遇与自我成长：
　广西上林县的案例　　　　　　　_189

/ 第七章 /
乡村支教：一位马云优秀乡村教师奖
　获得者的支教史　　　　　　　　_259

/ 第八章 /
留守儿童教育："心理辅导 + 家校联系 +
　编创童谣"的实践探索　　　　　_285

/ 第九章 /
改变乡村教育的美术课程开发：
　四位研究生的实践探索　　　　　_303

/ 第十章 /
广西艺术学院美术课程开发课例集　_355

/ 后记 /　　　　　　　　　　　　　_391

/ 作者简介 /　　　　　　　　　　　_395

/ 第一章 /

民族地区乡村教育研究的空间转向

耿涓涓

在城镇化进程中,当代农村教育正在发生前所未有的变迁。对当下现状的识别和对美好未来的营造,需要农村教育研究在概念范畴与研究视角上实现新的转向,才能避免游谈无根的状况。从概念上看,"农村"已无法指代当下城乡连续体中非城镇的聚落,应以"乡村"替代,并且"乡村教育"更蕴含了建设乡村生活的价值定位与"本乡本土"的文化旨趣;从乡村教育的性质和发展目标上看,乡村教育研究应走出"趋城市性"的惯性轨道,而将现代意义的"乡村性"的重建作为重点;从现代化发展的"时间性"特征看,唯有"空间性"才是与之等量齐观、可消解其霸权的范畴。农村教育不仅是整个教育体系中的一部分,也是深化农村改革、推进农业现代化、建设社会主义新农村的有机组成部分[①]。在过去的几十年里,农村教育和农村教育研究都取得了极大进展。在新型城镇化和城乡一体化进程中,对当下农村教育现状的识别和对美好未来的营造创建,需要农村教育研究的新视野、新思维。

[①] 2014年12月26日,教育部党组书记、部长袁贵仁主持召开党组会,传达学习中央农村工作会议精神,研究部署贯彻落实工作。会议强调,要按照中央部署要求,大力发展农村教育,进一步发挥教育在深化农村改革、加快推进农业现代化中的积极作用。

一、乡村教育研究的转向

（一）从"农村教育"到"乡村教育"

农村教育通常指以服务农村人口和农村社会经济发展为目标的各级各类学校。

"农村教育"中的"农村"，在20世纪90年代初以前其空间所指是明确的。在中国百科大辞典中解释为"区别于城镇的一类居民点总称。居民以农业为经济活动的基本内容，村落是村民的生活处所和生产活动基地，一般没有服务职能，或只在中心村落有日常生活需要的低级服务，即最低级的中心地职能。"①这个概念所指涉的农业聚落，农业生产在整个经济中占绝对主导地位；其人口主要是从事农业生产的农民；农业生产用地在整个土地利用结构中占有最大的比重。

在单一从事农业生产的地方，这个概念是适用的。"乡村"也基本等于"农村"。

但是，随着城镇化的发展，农业人口兼业化，农村聚落（场所）农业活动与非农业活动并存、农业人口与非农业人口混杂；

---

① "乡村指城镇地区以外的其他地区，包括集镇和农村。"其中，"集镇是指乡、民族乡人民政府所在地和经县人民政府确认由集市发展而成的作为农村一定区域经济、文化和生活服务中心的非建制镇。农村指集镇以外的地区。参见国家统计局：《关于统计上划分城乡的规定（试行）》，1999年。

在某些非农业发达的农村地区,非农化水平和经济总量甚至超过中心城区。如何对这些地域进行归类,成为一个问题。在 1999 年国家统计局《关于统计上划分城乡的规定(试行)》中,"乡村"开始大于"农村",包括集镇和农村;在 2008 年国家统计局《统计上划分城乡的规定》中,"乡村"包括"乡中心区"和"村庄"①,"农村"概念从统计分类上消失。

一个词、一个概念的存在和它所具有的力量来自两方面,第一,它能够准确到位地描述一种现实存在;第二,它能为构造和营建一个美好未来留出足够的生长空间。

"农村"主要以产业特征界定一个地域。在过去相当长的时间段内,在典型的城乡二元格局里,它同时表征着一个地域的经济特征、生态特征(人口分布稀疏、土地粗放利用、相对隔离程度较高的生态环境和景观特征)、人文特征(人际关系密切、风俗和道德的习惯势力较大、家庭和血缘关系重等)的稳定性和高度整合。"农村"这个概念无法涵盖城市以外广阔区域的人口兼业化,乡镇工业、乡村观光业遍布等经济多元异质的现象。但当变动性、不整合性成为一个基本现实,"农村"这个概念也就变得局促模糊。

"乡村"可能是一个更具生长性和想象空间的概念。"乡村建设""乡村教育"在我国最早用于 20 世纪 20 年代,山东乡村建设院首任院长梁耀祖说"欲谈建设,必须注重乡村建设"②;梁漱溟也在自述中说:"我等来鲁之后,皆以'村治'与'乡治'两名词不甚通俗,于是改为'乡村建设'。"③那个时期的"乡村教育运动"带有以教育改造社会的强烈使命感。

教育和学校不是一种分离的技术,不应在一个地域中用围墙和意志将其隔离出来,其目的也不是为了让孩子们有一天离开乡土。在这一点上,20 世纪二

---

① "乡村是指本规定划定的城镇以外的其他区域。"包括乡中心区(指乡、民族乡人民政府驻地的村民委员会地域和乡所辖居民委员会地域)和村庄。参见国家统计局:《关于统计上划分城乡的规定》,2008 年。
② 郑大华.民国乡村建设运动[M].北京:社会科学文献出版社,2000:76.
③ 朱汉国,梁漱溟.乡村建设研究[M].太原:山西教育出版社,1996:66.

三十年代的"乡村教育"与我们当下主张发挥教育在深化农村改革、加快推进农业现代化中的积极作用的理想是一致的。

"乡村"比"农村"蕴含着更多"本乡本土"的文化旨趣。它逃脱了单纯物质性定义的"生硬"域限，而兼有了柔软的文化意涵。无论就现存事物的描述，还是美好未来的建构而言，"乡村""乡村教育"都更具有生命力，而且与社会、地理等学科的最新发展（如乡村地理学，乡村社会地理研究等）也更可能交融、共生，为建设美好的乡村生活作出实际的贡献。

（二）从"趋城市性"到"乡村性"

乡村这个词是对现存人类生活空间的描述。尽管在统计或行政区划上对乡村有明确界定，但在田野调查中，城乡特性混乱、城乡区别难辨的空间环境经验仍令人难以满足以上界定。

例如，从地景[①]来看，我们自北向南行出桂林城，城市特征的高楼栉比与广告彩灯逐渐转换为高低混杂的房屋以及未完工的建筑，当它们依次划向身后、渐远消失，出现在两旁的是山丘、大量的速生桉、稻田和散落其间的村居。走着走着，蓦然出现一栋极高的大厦，以为迎来了下一个城市——但只有那一栋城市特征的高楼，金鸡独立于一片低矮杂乱房屋之中——不是城市，也不是县城，是一个镇。

高楼像城镇化的号角，低矮而无序的部分显露着此地村镇的历史。两者交杂在一处，表征着一个无处不在、或急或缓的进程——昨日的村庄，明日的城市；同时留下一个无法识别的现在——这是乡村还是城市？

进入到一个镇、一个乡，有些地方建设的气息更胜于城市，看不到一棵绿树、一片草地，那种人口密度稀疏、人与天地自然相嵌的乡村成了一种遥远的想象。而这里的学校，所贯通的一切与城市毫无二致，有高下之比，无类别之分。

---

① 地景是由地表的地形起伏、各种动植物的生态环境，以及人为环境组成的环境系统，是人类可见的所有景物的总称。

我们长途跋涉而过的地景,从喀斯特地貌的秀丽山峦,到连绵起伏的高山大川,再到渐缓的沿海丘陵,毫无意义。

城镇化过程中,城乡二元结构被打破,存在大量的过渡型、中间型地区,持续的动态过程中不同地域演化过程的多样化,使得"乡村"面目模糊,唯一清晰的就是"趋城市化"和传统乡村性的消解。这同样是目前乡村学校的特征。去掉"乡村",这是学校,加上"乡村",便令人困惑了,因为它一心一意地向城市学校看齐。这不仅是乡村学校集体实践的表征,也是一种可经验到的、强烈的集体共同意志。被动跟随城市学校,"城市有什么,我们也有什么"几乎成为乡村学校发展的唯一愿景。

那么,乡村学校的未来在哪里?乡村社会学者威廉·弗里德兰(William Friedland)在2002年提出"乡村曾几何时是乡村"(When is rural rual?)的问题[1],而早在1990年,英国地理学者凯斯·霍加特(Keith Hoggart)则干脆提出"何不将乡村去掉"[2]这种问题。如果乡村不再是乡村,抑或历史会"将乡村去掉",那么具有空间特性和文化内涵的"乡村学校"是否也将不存在或不必存在?

不过,事情的另一面是,在一些经济高度发达、城市化趋于饱和的国家出现逆城市化现象,城市人口向乡村居民点和小城镇回流,城市中心人口减少、经济衰落。而早在19世纪末英国社会活动家霍华德在他的著作《明日,一条通向真正改革的和平道路》中就提出应该建设一种兼有城市和乡村优点的理想城市,他称之为"田园城市",田园城市实质上是城和乡的结合体。

看来,问题的核心不是乡村是否会被"去掉",而是在乡村与城市的交汇中,选择和发展一种新的人类聚落模式,例如"田园城市"或者其他。乡村学校也不是纯粹传统意义上的乡村学校,而应该可以被企望在发展、营造和创建和谐、美好未来的愿景中,具有有别于城市的独特内涵,并因其"成为自己",作为独立而

---

[1] Friedland W. Agriculture and Rurality: Beginning the Final Separation [J]. *Rural Sociology*, 2002(10):350-71.
[2] Hoggart K. Let's Do Away with Rural [J]. *Journal of Rural Studies*. 1990(6):245-57.

成熟、平等而丰富的主体,使得城乡共生、教育资源城乡互动、教育对象的城乡交融等成为可能。因为"城乡一体化"不仅仅是物质或人力资源分配上的无差别,而更是一个资源平等双向流动、共生共享的一种持续和良性的状态。

因此,乡村教育研究,不仅应关注"城市性"为特征的学校现代化,还应探究"乡村性"为特征的学校地域化,从关注物质性转向关注其地域空间与文化内涵的建构等方面。乡村教育对乡村儿童究竟意味着什么?乡村教育的性质和目标是什么?乡村教育与乡村地域文化中潜藏着丰富的教育资源如何互动?乡村教育为整体的教育贡献是什么?这些问题,留待乡村教育"乡村性"探讨。需要强调的是,对"乡村性"的研究不是回归传统乡村,不是拒绝现代化、城市化,而是基于"完整的教育来自城乡特性的协调",基于文化与空间不可分割的关系,基于乡村学校为乡村儿童发展服务的目的;希望乡村学校在主动积极参与城市化进程中,不失自己,发展出与城市性相互补充、共为整体的部分,才是"乡村性"研究的旨趣所在。

(三) 从"时间性"到"空间性"

"乡村性"的提出,很大程度上是想指向乡村教育研究无有空间指涉的状况。当我们谈论"乡村",集体无意识式地趋向对时间性的偏好。

现代性将"时间"绽出。"现代"并不清晰地指示什么有意义或确定的东西,仅仅指出了一种现在时间、现在此处、持存和当前之间无法分解的含混。"在很长的时间里,'现代'一直被视为与'古代'相对。在几个世纪里,这个词是成功者自我评判的工具,用来将异己的所有东西(或者他们认为是异己的东西)放逐到过去。"[①]现代性着实奠定了一种看待世界的基本方式——启蒙时代以来"新的"世界体系的生成被视为一个敞向未来的、进化的、持续进步且不可逆转的、合目的性的过程。现代性将存在与意义统统纳入这个时间的轨道、时代的位置

---

① 列斐伏尔.什么是现代性?[C]//包亚明.现代性与空间的生产.上海:上海教育出版社,2003:1.

和未来的目标之中。除非像美国的阿米什人村落那样，拒绝现代化，刻意选择与世隔绝、一成不变的农牧生活，初中文化足以适应简单的生产方式和生活内容；或者像与世界隔离中的朝鲜、封锁中的伊朗那样，否则都将进入这个时间的轨道。

现代性以一种奇特的无意识方式穿透我们的思维，于是乡村被视为一个过去的意像，而城市普遍被看成一个未来的意像。在这个以"中心—外围—边缘"来标识的连续体中，乡村学校天然地处于时代的边缘位置。这意味着以城市学校为目标来看待和评价乡村学校，把城市学校的文化模式移植到乡村学校，以城市学校内容、结构和方式来改造乡村学校等等，而地域性的乡村学校的目标定位、学习生活内容及其文化则被放逐到了"过去"。

现代性不仅将"时间性"绽出，还与全球化联手改变了我们对时间与空间关系的认识。在前现代社会，时间与空间的定位是联结在一起的，并根据文化和情境的不同而有不同的向度——在不同文化中，存在某种时间计算的既定模式和自身空间定位的方式。"没有一个社会，在其中个体没有有关未来、现在及过去的时间感。每一种文化也都具有某种形式的标准化空间标志，它表明特殊的空间知觉。"[1]空间是与时间紧密结合的概念，任何社会互动与社会实践都是在一定的时空边界内发生的。"绝大多数社会中的个人在绝大多数时间内的活动都发生在一个相对有限的时空棱状区域之中。"[2]然而，现代社会却将"捆绑"在一起的时间与空间相分离，而且也使空间与场所相分离。这种"脱出"现象，首先是时间的"虚空"发展，时间被统一和精确划分，人们的互动行为在一定时空棱状区域内得以重复，形成一种例行化的日常互动模式，甚至白天与夜晚的地域性差异也趋于模糊。其次，现代传媒技术的使用和沟通方式的改变，使得行为互动的具体场所与空间分离，不在场的东西愈益决定在场的东西。社会关系被从相互作用的地域性关联中抽离出来，在时空的无限跨越中被重建。

---

[1] 安东尼·吉登斯.现代性与自我认同[M].赵旭东,方文,王铭铭,译.北京：三联书店,1998：17.
[2] 安东尼·吉登斯.社会的构成[M].李康,李猛,译.北京：三联书店,1998：201.

乡村学校也是这样被分离出来，成了一种无有空间指涉的存在物。

首先是与乡土环境的隔离。本来并非所有的学校都需要围墙，但似乎所有的学校都有围墙。物质性的围墙有诸如安全、管理等种种理由，但围墙的精神，就是分隔，"外面"的田野，无论肥沃贫瘠，无论生长着的是玉米还是水稻，便与"里面"不相干了。学习内容、学校生活与乡村生活相脱离；三级课程体系中的地方课程、校本课程鲜有开发实施；没有贷款买房经验的孩子不明白数学试题中"首付"是何含义。

其次是学校没有成为"定居"的场作。学校作为人为的场所，为人的"定居"而存在。"'定居'不仅表示经济上的关系，且是一种存在的概念，表示将意义象征化的能力。"①

一个乡村，如果没有学校，没有孩子们的琅琅书声、欢声笑语，村庄就凋敝了。一个学校，如果没有充满意义，让师生们有安全感，让他们觉得"在家里般的畅快"，学校就凋敝了。

台湾省屏东县的泰伍国小是一个具有"空间性"特征的样本。校园没有围墙，紧邻部落；学校花一年半时间完成了校本课程1—6年级共12册的编写。这套教科书以部落口述历史和神话故事的方式，引导学生探索部落文化和建构部落早期的生活样貌，并从本土扩展到国际（如讲大武山，会提到欧洲的阿尔卑斯山、日本的富士山等）；学校的幼儿园不光接收学前儿童，还接收老人，实行"老幼共托"；老人们领着孙辈们在学校种菜、编织、雕刻、讲故事，部落的血脉其乐融融地流传下来。

当我们看到一所镇初中，一个年级六个班，一个"优秀班"的学生和老师继续在升学和进城的轨道上拼搏，五个"普通班"的学生被放弃和自我放弃在学校熬日子，只等着毕业了"去广东打工"，不禁要问：乡村义务教育对乡村儿童究竟意味着什么？乡村学校的性质和目标出了什么问题？那个整堂美术课让学生

---

① 诺伯舒兹. 场所精神——迈向建筑现象学[M]. 施植，译. 武汉：华中科技大学出版社，2010：48.

抄定义、因为"没有绘画用的材料"的老师，为什么不能像广西三江县独峒乡中心小学的杨丹老师那样，充分挖掘和运用本地的资源，带着孩子们描绘自己的侗家生活？那些甚至连文体活动都没热情参与的孩子们，如果学校和老师像德国志愿者卢安克那样，带着学生不一味地等靠"上面"和"外面"来帮忙解决，自己设计、修造村里需要的道路、桥梁，在学习中做真正对自己生活有意义的事情，他们还会双目黯淡，甚至有极少数的孩子翻墙离开学校吗？

"薄弱学校改造"等诸类项目已使乡村学校物质条件有了极大改善[①]，但即使在物质上实现了城乡均衡，教育的均衡发展就能实现吗？如何让那些优秀的老师到乡村学校任教？如果乡村不是一个宜居的地方，如果学校不是一个可以"定居"的场所，人，始终是驻留不下来的。

乡村学校的"空间性"（地域性、场所性），极有可能为乡村教育研究开拓出一种新的视野。通常，方法的变革，意味着新的图景、新的未来。有理由对"空间性"研究对乡村教育发展的促进充满兴趣和期待。

二、民族地区乡村教育文化的重建

（一）现代化进程中的民族地区

1. 影响现代化进程的因素

在经济全球化的过程中，国与国之间的差异以及一国中各地方间的差异普遍存在。现代化进程差异的形成主要源自两大方面。

一是政策控制部分，即主政者的发展战略和政策，例如在早期现代化过程中，清朝同治皇帝与日本明治天皇、泰国朱拉隆功国王是同时代的人，同是国家面临千百年未遇之大变局，由于实施（以及能够实施）的发展战略与政策不同，导致国家现代化进程的差异。再如改革开放以来，两个"大局"的发展思路，使

[①] 例如在乡镇中心校一级，每间教室都配有电子白板，这令城里的不少学校羡慕不已；同时，村小、村初中的物质条件还有待进一步的改善。

得东部沿海地区较快地先发展起来,东西部差距拉大,而到20世纪末全国基本达到小康水平时,开始通过政策的倾斜或反哺,加快中西部地区发展,减小甚至拉平区域发展的差异。

二是空间环境部分,即自然禀赋以及与之关联的经济形态和文化特质等。这个部分很大程度上不受政策控制。地理位置、气候条件、自然资源蕴藏等方面的不同导致不同的生产格局,对教育发展的影响力也不可忽视。例如1904年正式颁布"癸卯学制",法定建立现代意义的学校制度,随之先期发展起来的各级学校,主要分布在长江沿岸的通商口岸和东部沿海地区;新中国成立后高等教育的院系调整,在空间布局上主要依据大行政区和三线建设的原则,其中位于上海的交通大学从1956年开始内迁,大部分系、专业和师生陆续迁至西安。但是若干年后,在院系调整中基础已相当薄弱的上海交通大学重新跻身我国最重要的大学之列。由此可见区位条件影响教育发展的一斑。

2. 民族地区在现代化体系中的位置

作为空间概念的"民族地区",通常指以少数民族为主聚集生活的地区。我国55个少数民族的人口分布既广泛又集中,"主要呈'C'字型地分布在从东北内蒙到新疆、西藏至云、贵、川、两广、海南、台湾这一占中国国土总面积62.5%的广阔地带,其主要部分在中国的西部地区,重心在西北和西南。"①

从政策控制部分看,民族地区落后于东部沿海地区发展,并在2000年启动的"西部大开发"和2013年提出的"一带一路"建设中,成为政策倾斜与反哺的对象。其空间区域基本等同于国家发展战略中所指的"西部地区"。

从空间环境部分看,现代化的空间逻辑大致有三个要点。其一,全球化的空间线路由海而起、由海而生,沿海地区、海洋国家率先发展,内陆地区、陆上国家则较落后,陆地从属于海洋;其二,现代化与18世纪末英国工业革命后开始的城市化浪潮息息相关,城市化以爆炸性的方式蔓延到世界各角落,"预计到

---

① 管彦波.中国民族地理分布及其特点[J].民族论坛,1996(3):19.

2025年将有60%的人生活在城市。"①，农村从属于城市；其三，现代化的"中心"，起先是开辟者欧洲，然后是发扬光大的美国，东方从属于西方。在此种空间逻辑中，我国民族地区由于地处内陆，又由于地形复杂、地广人稀、气候资源条件各异，广大地区以乡村聚落为主，天然地处于世界体系②和国内现代化体系的边缘和依附地位。

总之，现代性全球推演形塑的不仅是经济政治体系，也包括教育在内的文化体系。国家战略毫无疑问将对民族地区教育发展产生深远的影响，同时"一带一路"的思想，也挑战了传统现代化的空间逻辑，指向包容性、多元化的新型平衡。民族地区教育在享有政策倾斜的同时，应在空间逻辑的部分寻找新发展的突破点。

（二）现代教育文化的问题与重建

1. 现代教育文化的特征

分裂和单一的标准是传统现代教育文化的重要特征。

（1）心与脑的分离，以理性为单一标准。

心曾经毫无争议地被认为是人类特征的核心部分。但作为现代西方思想重要发源的古希腊，柏拉图时代即"将脑与心的荣誉地位进行了划分：不朽的灵魂，居于头脑之中，而平凡的灵魂，则居于心的部位"，"心必须依从于头脑及其更为强大的理智的力量"。③ 至5世纪，"专注于逻辑、理智和物理实验的希腊人"开始"将意志与心灵分开"④。

积淀于历史中的这条思想线索被继承下来。在17世纪后来的两个世纪

---

① Johnson A. G. *The Blackwell Dictionary of Sociology*. Blackwell：2000：307. 转引自包亚明. 现代性与空间的生产上海[M]. 上海：教育出版社，2003：2.
② 参见：伊曼纽尔·沃勒斯坦. 现代世界体系[M]. 郭方，夏继果，顾宁，译. 北京：社会科学文献出版社，2013.
③ 盖尔·戈德温. 心的简史[M]. 彭亦农，译. 长沙：湖南文艺出版社，2009：63.
④ 盖尔·戈德温. 心的简史[M]. 彭亦农，译. 长沙：湖南文艺出版社，2009：63.

里,伴随科学启蒙和工业革命,心被置于更低级的地位,智力则被奉若神明。甚至宇宙被视为"牛顿的钟表",而人则是经济这台巨型机器上的一个个"小齿轮"。在教育文化中,将人的目标与生产的目标分离,视人为生产要素("人力资本");将人的智力与情感对立和离析,课堂教学被简括为特殊的认知活动;将知与行分离……整体的碎裂造成课堂中每个孩子都五官齐全,但凑在一起却毫无意义和生气;也使得我们培养出来的一些高级人才被指是"精致的功利主义者"。

(2) 时间与空间的分离,以城市为单一标准

由于空间情境和文化的不同,世界各处存在各种向度的时间计算的既定模式和自身空间定位的方式。我国传统的历法,就有汉历(农历)、节气历、彝族太阳历、傣历、羌历、藏历等多种;我国黄河流域及其以北地区,日常的空间定位常用"东西南北"指示,而西南一些山地少数民族地区,方位标志却可能是某座山、某棵树。在前现代社会,时间与空间的定位也是联结在一起的,我国发源于黄河流域的《周易》,就透过八卦排列,构设了一个时空合一的宇宙图式,每个卦既代表特定的空间方位也代表其对应的季节。生活中的个体,某种有关未来、现在及过去的时间感和某种形式的特殊空间知觉融合共存于观念与情感中,任何社会互动与社会实践也都是在一定的时空边界内发生的。

但是,"现代"将时间从与空间的整体关系中抽离出来,时间被统一和精确划分,社会互动在一定时空棱状区域内得以重复,形成一种例行化的日常互动模式①,甚至白天与夜晚的地域性差异也趋于模糊。时间成为脱离空间的发展,"现代"并不清晰地指示什么有意义或确定的东西,"在很长的时间里,'现代'一直被视为与'古代'相对"②,它是"……成功者……用来将异己的所有东西(或者

---

① 安东尼·吉登斯. 社会的构成[M]. 李康,李猛,译. 北京:三联书店,1998:201.
② 列斐伏尔. 什么是现代性? [C]//包亚明. 现代性与空间的生产. 上海:上海教育出版社,2003:1.

他们认为是异己的东西)放逐到过去。"①，它奠定的是一种看待世界的基本方式，即将人类社会视为一个敞向未来的、进化的、持续进步且不可逆转的、合目的性的统一的时间过程。于是，在这种时间的轨道、时代的位置和未来的目标之中，城市普遍被看成一个未来的意像，乡村被视为一个过去的意像。我们以城市学校为目标来看待和评价乡村学校，把城市学校的文化模式移植到乡村学校，以城市学校内容、结构和方式来改造乡村学校等等。而地域性的乡村学校的目标定位、学习生活内容及其文化则被放逐到了"过去"。乡村教育在这个意义上，成为了无有空间指涉的对象。

但是，教育的好坏应从整体中判断，而不应依照单一的标准。

2. 完整教育的中道

(1) 完整与中道

在西方，亚里士多德在探讨幸福与美德时认为，人的意志始终面临着过度、不及和中间三种状态，过与不及都是恶，"德性就是中道，中道是最高的善和极端的美"②。但中道不是折中，"从什么是最好的或什么是对的这一角度来说，它是一个极端。"中道是力量的平衡，卢梭认为欲望与能力之间的充分平衡才是幸福③，幸福既不像一些宗教主张的那样来自减少欲望，也不像成功学那样试图通过扩大能力而获得。因为欲望少于能力就不能充分地享受我们的存在，能力的扩大伴随更大比例的欲望增长的话，痛苦是必然的。

在中国，"中道"已成为积淀在中国人日常生活中的一种文化心理结构，儒释道都以"中道"为生命智慧最高境界。孔子有"过犹不及"(《论语·先进》)的思想，认为过度与不及的效果是一样的，适度为中；佛教早期便认识到苦乐、有

---

① 列斐伏尔.什么是现代性？[C]//包亚明.现代性与空间的生产.上海：上海教育出版社，2003：1.
② 亚里士多德.形而上学[M].吴寿彭，译.北京：商务印书馆，1959：122.
③ 卢梭.爱弥儿[M].李平沤，译.北京：商务印书馆，1996：74.

无要舍两边、取中道①;中医亦非"中国的医学"而是"中道的医学"。

无论西方还是中国,中道都是以整体、自然为基本意蕴,以放弃两端——不二②——的动态均衡为最高追求。完整教育的中道,在于校正教育中的过与不及,在于以"不二"之道实现教育文化的整合,实现人的整合。

(2) 理性与感性的不二

回到生活世界本身,有易被看见的、可被理性捕捉的部分,还有不易被看见但的确存在的部分。就像我们去寻古,看见的是不息的河流、亿万年的崖石、千百年的苍翠,寻的却是看不见的那些曾经出现又消失、我们依然想念的生命和故事,那些触发某种心愿情感模式的文化联系与意义。教育也是一样。教育中理性和易见的部分是知识与技能的授受。知识有它内在的律则,无论数学、物理、化学、生物、天文、地质等自然科学方面的知识,还是社会科学乃至人文学科都是这样,它有一些稳固的、可资循守的标准。理解这个标准和根据这个标准把一类知识归整提摄为一个系统,的确需要一种逻辑理性。③ 同时,技能亦可以通过有效的训练达到。行为主义者斯金纳训练他的鸽子打乒乓球,并能在玩具钢琴上弹奏一首曲子;1985 年,芝加哥大学教育学家本杰明·布鲁姆(Benjamin Bloom)深入考察 120 名从音乐到数学多个领域内的精英人物,发现他们幼年时代没有任何特别之处,只是无一例外地投入了大量时间,刻苦练习。1993 年,迈阿密大学的安德斯·埃里克森(Anders Ericsson)教授,来到柏林音乐学院(Berlin Academy of Music),将那里的学生分成三组:普通的学生、优秀的学生、卓越的学生。唯一发现的共同点是练习时间的长短,那些卓越的学生,没有一

---

① 姚卫群. 佛教早期的"中道"思想[J]. 南亚研究,1999(2): 49 - 55.
② 熊十力认为:"以体用不二立宗,本原现象不许离而为二,真实变异不许离而为二,绝对相对不许离而为二,心物不许离而为二,天人不许离而为二。"参见:熊十力. 体用论[M]. 上海:龙门联会书局,1959: 169.
③ 张文质. 教育的价值向度与终极使命——访黄克剑先生[J]. 教育评论,1993(4): 3 - 7.

个人低于 10000 小时①。而匈牙利人拉斯洛·波尔加相信,只要方法得当,经过长期大量的训练,任何一个人都可以被训练成任何一个领域内的高手。他也的确把妻子和三个女儿都训练成了国际象棋世界大师。②

这些研究在科学研究范式中无懈可击。但行为主义严格将考察的范围界定在可观察、可描述的"行为"上,视观念或情感为无意义的部分,失之偏颇。一个个体的发展,还应包括那些不属智力,甚至不属于道德的部分,例如热情与生活的乐趣。村上春树在《斯普特尼克恋人》里描绘了一个在钢琴上十分勤奋,技能超人的女子——敏,她从小到大在国内各个大赛中总是拔得头筹,却在 20 出头的时候,发现自己无论技艺多么娴熟,都无法弹奏出能够打动人心的曲子,发现自己缺乏那种作为人的深度的东西,最终在一次意外事件后,十个手指再也无法触碰琴键。③

智力的部分,训练的部分,就完成教育的更深层次的使命——成全人的整体发展而言,是不够的,教育应忠于完整的人的真彩世界的原本面貌。我们当下的教育实践中,那些易见的部分有些太过,那些不易见的部分有所不及。当代教育文化的重建,在知识与情感,在理性与灵性之间,需要一种教育的"中道"。

(3) 城市与乡村的不二

一方面,人口流向城市,乡村日渐凋敝;大量的过渡型、中间型地区的存在及其趋城市化。此种景象遍布世界各地,乡村变得面目模糊,令人们发出"乡村曾几何时是乡村"④的感叹。甚至有人干脆提出"何不将乡村去掉"⑤这种问题。这同样是目前乡村教育的特征。"趋城市化"和传统乡村性的消解成为乡村教

---

① 马尔科姆·格拉德威尔. 异类:不一样的成功启示录[M]. 季丽娜,译. 北京:中信出版社,2009:26.
② 盖源源. "波尔加实验"锻造三姐妹 揭秘小波尔加传奇身世[EB/OL]. [2015-10-01]. http://sports.sina.com.cn/go/2012-02-01/11335925907.shtml.
③ 村上春树. 斯普特尼克恋人[M]. 林少华,译. 上海:上海译文出版社,2008.
④ Friedland W H. Agriculture and Rurality: Beginning the Final Separation[J]. *Rural Sociology*, 2002(10):350-71.
⑤ Hoggart K. Let's Do Away with Rural [J]. *Journal of Rural Studies*, 1990(6):245-57.

育的集体实践。另一方面,逆城市化现象出现在一些经济高度发达、城市化趋于饱和的国家。关于城市与乡村的未来,霍华德提出一种超越两端,城市与乡村不二的人类聚落模式——城市田园——一种兼有城市和乡村优点的理想城市。①

目前,大量的实地经验告诉我们,广阔民族地区的乡村学校一心一意地向城市学校看齐,被动跟随城市学校,"城市有什么,我们也有什么"的集体无意识湮没了乡村教育的精神活力;教育目的似乎是为了让一部分孩子通过升学、另一部分孩子通过打工到城里去,实现与乡土的分离;乡村教育与地域性生活相隔离,地域性的文化及传承被置于"过去"和低级的地位,或者作为"文化遗产"的表演呈现在现代的舞台上;学校与乡土环境相隔离,学校的围墙分隔了"外面"的田野,无论土地肥沃贫瘠,无论生长着的是玉米还是水稻,都与"里面"不相干,三级课程体系中的地方课程、校本课程鲜有开发实施,没有贷款买房经验的孩子不明白数学试题中"首付"是何含义。总之,乡村教育成了一种无有空间指涉的存在物。

从乡村的一端走向城市的一端,并不是乡村教育发展的美好未来,也不是城市教育发展的美好未来。在政策上,推进城乡、东西部教育均衡的战略突出体现在 2011 年《中华人民共和国国民经济和社会发展第十二个五年规划纲要》中,"合理配置公共教育资源,重点向农村、边远、贫困、民族地区倾斜……";在政策实践上,宏观层面的农村义务教育薄弱学校改造计划、特岗教师计划、乡村图书馆建设、农村中小学现代远程教育工程等项目全面铺开,取得了显著成效。但即使实现了物质配置上的城乡均衡,教育发展的均衡仍然是一个艰难的课题摆在我们面前。民族地区教育、乡村教育,需要"矫枉过正",发展出力量足以与"城市性"充分对立平衡的"乡村性",才可能实现城乡共生、教育对象城乡交融、资源平等双向流动的良性局面;民族地区教育、乡村教育因其"成为自己",而可

---

① 埃比尼泽·霍华德. 明日的田园城市[M]. 金经元,译. 北京:商务印书馆,2000.

能成为教育现代化进程中独立而成熟、平等而丰富的主体;城市教育借乡村性的强大力量,而可能脱离偏于一端的状况;教育文化从分裂重新走向整体。

(三) 民族地区乡村教育发展的空间取向

这里所说的"空间式发展",相对于时间"脱出"的时空分裂状态而言。时间与空间的不二,既是民族地区教育发展的目标,也是发展的途径。

1. 文化的空间特质

这里所谈的空间并非指抽离了人的生死处所的纯粹形式化的几何学空间,而是指海德格尔意义上进入在生存活动中处于关联整体的生存化空间。包括物质性的环境空间与关系性的社会空间。

就本质而言,人既是时间性存在,又是空间性存在。人与空间是一关联整体,就像海德格尔所言:"空间既不是一个外在的对象,也不是一种内在的体验。并不只有人,此外还有空间;因为,当我说'一个人'并且以这个词来思考那个以人的方式存在——也即栖居——的东西时,我已经用'人'这个名称命名了那种逗留,那种在寓于物的四重整体之中的逗留";即"我们通过不断地在远远近近的位置和物那里的逗留而已经承受着诸空间"[①]。

文化与空间亦是一关联整体。罗兹·墨菲把从巴基斯坦和阿富汗接壤处的开伯尔山口开始向东延伸,经过印度、东南亚的大陆部分及岛屿,直到中国、朝鲜和日本的区域,称为"季风亚洲"。地球上这一辽阔而多姿多彩的区域,从公元前3000年前后直到现在,容纳了全世界大约一半的人口和远远超过一半的世界历史经历。它是总体上比较温暖和潮湿的部分,截然不同于中东地区的沙漠景观和俄罗斯的寒冷地带。温和的气候造成了高密度聚居的大量人口,这又与人口远为稀少的西亚和北亚形成了鲜明对照。[②] "季风亚洲"既是一个生存化的空间概念,亦是一个文化概念。

---

① 海德格尔.演讲与论文集[M].孙周兴,译.北京:三联书店,2005:152-171.
② 罗兹·墨菲.亚洲史[M].黄磷,译.海南:海南出版社,2004:3.

文化首先产生于与不同的可关注之物的相遇中。海德格尔认为空间的实现，是此在通过"定向"与"去远"，即在对准和关注中与某物相遇并消除其远离状态，使之进入此在环视的关联整体之中，而此在同时也就确定了自己的位置。就如乡村文化之不同于城市文化，在于人们面对的更多是自然和自然法则；温带大陆，容易形成一种由出发到归宿重合的认知模式，是因为自然界日月浮沉、四季更替、江河消长。

而借由空间重塑文化，早已被人们应用于不同地区的社区建设。例如发生在1994年的卢旺达种族大屠杀之后①②，各种人道救援之中，包括大量环境艺术家参与的社区重建工作，他们希冀通过空间的重塑，创造种族混居地区和谐共荣的文化。这种通过设计创造改变的方式，也被用于美国的一个"农村贫民窟"——北卡罗来纳州最穷的伯蒂郡的公立教育发展与社区建设之中。这座小镇已空洞化，空置的和损坏的建筑比使用的多，有知识技能的人外流；公立教育水准差；贫困率高……艾米莉·皮罗顿（Emily Pilloton）受该学区负责人的邀请进驻该地，她和她的团队通过人性化的设计——不是为客户的设计，而是与当地人一起的设计使该地重现生机③。

2. 民族地区的空间优势

20世纪末教育界"生命教育"的命题提示我们生命中极其可贵之物在教育场中的缺席。课堂中每个孩子都五官齐全，但凑在一起却毫无意义和生气——能将五官联接起来产生意义之物缺席了。

"缺席之物"的特质是，它通常只在某种"相遇"时才会出现，就像绘画，实际

---

① 1994年的卢旺达，在三个月之内，胡图族人杀死了大概80万到100万的图西族人。这两族人是混居在一起的，他们很多都是邻居，是要好的朋友，是老师跟学生，是医生跟病人，是公司里面的伙伴、同事，是学校里面的同学。一夜之间，政府告诉胡图族人说图西人是坏蛋，你们拿起武器，然后军人来了发武器给他们，去把他们统统杀光。
② 菲利普·津巴多著. 路西法效应——好人是如何变成恶魔的[M]. 孙佩妏，等，译. 北京：三联书店，2010：32.
③ Pilloton E. TED 演讲集：创造改变的教育设计[EB/OL]. [2011-6-30]. http://v.youku.com/v_show/id_XMjgwNjc1NzY0.html.

上呈现出来的是画家与模特之间的邂逅。一幅画死气沉沉，是因为绘画者未敢足够逼近，开启自己和模特之间的合作关系。每一幅真正的画都体现一个合作关系。向左走、向右走，进出同一个大门未必相遇，各自与天蓝草绿的公园相遇才有了两个人的相遇。

每个人都在寻找合适的空间驻留，其实是寻找一种相互接纳又相互创造的合作关系。过去十几年间，以互联网为代表的现代信息技术改变了无数的棋局。而云技术——一种无须花费太多金钱来部署即可获得的服务，一种即使作为个体的你和我，也可以使用世界上最大的超级计算机获取技术——对于那些心中有图景的更多人来说，这意味着开启更多合作关系的可能性。

对文化而言，这种改变很重要的特征之一是：原生存空间边界之外的事物跨界进入。这很容易令人想起现代化以及全球化过程——由一些原发"中心"向各个"边缘"的输出和推广过程，它令各处走向"更好的生活"。我不反对这样一个必然的过程，但世界不应是非黑即白、非此即彼的二元结构。在我们的欲望与能力之间，在我们的能力与世界的容量之间，在理性与灵性之间，在都市文化与自然文化之间，需要一种平衡。就如在一个偏僻的山清水秀的小山村，在自给自足的怡然中，在天人合一的和谐中，过度实施现代城市化的教育内容与方式，可能带来的结果是我们并不期望的乡村空洞化。

实际上，在那些"边远的""民族的"特质空间里，已然有一些相遇令那些缺席的可贵之物显现，并由于这些样本的出现，令缺席的可贵之物得以确认。例如，在大理洱海附近，聚集了一群寻找栖息的人，包括一个个名不见经传的个人或小组织，尽管他们也会短期巡游各大城市，但我似乎确切地知道，他们的"家"并不在都市。在发达国家和地区出现的逆城市化现象也证明了这一点。

这给我们的启示是，边远的、民族的地区，具有更贴近自然的，以及人类在漫长时间跨度内因与它相处而赋有的环境特质，经由原生的与各种跨界的相遇，特别宜于润泽心灵、滋养元气的那些生命中不易看见但可贵之物的显现。那是在过往匆匆的"火车站"状态的城市空间可望而难以企及的部分。

因此,在当前"中心"向"边缘"的输出和影响更为强大、灵活和丰富的趋势下,民族地区的教育发展应该而且可以在"平衡"和"中道"的诉求中获得自我的独立和与世界的其他部分建立双向流动的桥梁,也为保持教育的完整性做出不可替代的贡献。

三、基因响应与微观文化实践

民族地区乡村教育与文化的理解和认同,是在纷繁复杂的国际形势中,增强中华民族凝聚力和国家认同的发展需要。文化认同是时代社会的产物。在特定的时代社会背景下,社会成员或其精英与统治阶层,透过行为实践而创造"文化"及各种"文化身份认同",以维持社会秩序与区分,参与实现人类普遍的安全需求。近年来我国文化认同问题的凸显根源于近代以来伴随全球化时代出现的一系列深层结构性变迁,内蕴着国家安全意识等问题。对外部而言,我们需要找到中国之为中国的内在理由,即梁启超所说的"以界他国而自立于大地"的文化认同,他称为"国性"①。对内部而言,文化认同还涉及到如何处理和应对地理的和民族的相同和差异,一方面保持文化的多元性、丰富性,另一方面保持一种政治、经济和文化发展的一体性。

文化的理解和认同,是从体认到接纳、确定的连续过程,个体微观的学业发展与深层心理的民族国家认同也是交织在一起的连续过程。在对民族地区乡村学校的实地调研中,我们经验性地发现,学生的学业表现以及他们参与现代竞争的状况一定程度上不尽如人意。美国华盛顿大学教授吉内娃·盖伊(Geneva Gay)在2000出版的著作《文化回应的教学:理论、研究与实践》②中提出"回应文化的教学",该观点的提出,深植于她的个人经历之中——作为非洲

---

① 梁启超. 国性与民德[C]//王德峰. 梁启超文选. 上海:上海远东出版社,2011.5.
② Gay G. *Culturally Responsive Teaching*: Theory, research and Practice [M]. New York: Teachers College Press, 2000.

裔美国人"破茧重生"取得现在成就的不易;身边一起成长的孩子很想在学校中学习更多知识但常常事与愿违;因为共同的经历和体验,作为教师的她更能理解黑人孩子并帮助他们发挥潜能等等。她的经验呼应了我们的实地经验:边远少数民族地区乡村学校里学生学业低落和竞争力较差与文化差异有关。吉内娃·盖伊的研究主要集中在回应文化的教学方法。本文关注回应文化教育的根由和深层发生机理,并由此展开对实践路径的探讨。

(一) 民族地区文化理解与认同的复杂性

1. 时空交汇的复杂性

人既是时间性存在,又是空间性存在。文化与时空是一关联整体,产生于人与空间的相遇,并在时间的绵延中积淀和变迁。

首先,文化的异同涉及空间的层次及纵深。全球与本土是第一层次。俯瞰地球,因地理景观截然不同而形成不同的文化圈,并与政治、经济等要素一起形成国家或地区的边界,这些边界在现代化的发展中又不可回避地进入全球化背景。多元一体是第二层次。我们的国土幅员广大,统一体内又多姿多彩。作为统一的多民族国家,我们的"民族"概念包含两个层次,一个是作为一体的中华民族,另一个是多元的、包含五十多个单元的各民族,在整体上体现为多元一体的格局[①]。作为个体的人,在文化基因或集体无意识的层面,不同程度地包含了所有这些层次。

其次,发展的历史奠定了文化的现实基础。我们是文明古国,历经五千多年的发展,其中很多复杂的过程,有机会保持一定程度的复杂性,形成如卡尔维诺所说的"一个一个洞窟",并因古老而"纵深",历经千年仍生机无限。这样的现实基础,也使得我们须对个体的"特殊的人""与生俱来"的文化基因的复杂性有充分认识。"这种复杂性是极不平衡的,存在于区域之间,也存在于区域之

[①] 费孝通. 中华民族的多元一体格局[J]. 北京大学学报(哲学社会科学版),1989(4):1-19.

内,有差别也有类同。"①

第三,文化的理解和认同在对话中的展开。在发展的世界,文化的理解和认同发生在与传统对话,与世界对话的过程中。与传统对话,并不意味着存在一个固定不变的传统让我们"回到",返回始终为展开而存在。"每一个人在他的时代里都是'当代人'","每一个'当代'的位置都是文化历史脉络中的一个节点,这个节点'当其时代',连带远古,也通向未来"②。与世界对话,也不意味着"去到",每一个"位置"都是空间网络中的节点,这个节点即我之为我的故乡,通过道路和桥梁连接四方,可走出去、返回来。

第四,民族地区(特别是乡村)因其处于现代化的边缘、地理空间的边远、文化之树的根脉地带,人在其中所面临的时空交汇的复杂性要远大于其他地区。以我们在广西的田野工作形成的认识为例,一个出生在民族地区村寨的孩子,其空间坐落与历时性成长的情形大致如下:

他(她)带着生物遗传和文化遗传,降生在一个人类的家庭;而且无论多么简陋,这个家庭必定居住在一所房子或者类似于房子的居所空间——例如半山的木质吊脚楼或迁到山下的"半吊脚楼"里(注:传统吊脚楼为木质结构,但现今有些吊脚楼为一部分砖混结构、一部分木质结构)。这个居所又处于某种特定的自然环境之中。"无峒不侗,无山不瑶,无水不壮,无林不苗"说的就是这种现象。大人们基本上会三种语言,村里乡亲沟通用的民族语言(例如瑶话、侗话、苗话、壮话等),区域的通用语(例如龙胜话、桂柳话),还有普通话。若父母外出务工,还会说务工地的语言。至于使用哪种语言,取决于言说的对象。在村寨里,除非是外面的人来,不然日常用得最多的还是基于本地、本区域的前两种语言。

通常在三岁前,孩子是听着祖父母的本土语长大的。三岁左右,他们每天

---

① 费孝通.关于中国民族基因的研究——《中国人类基因组》评审研讨会上的发言[J].开放时代,2005(4):1-2.
② 柯小刚.当代社会的古典教育:讲稿两篇[J].大学教育科学,2017(3):4-9.

离开自家所在村庄,到一个在区位上处于相对集中的教学点上幼儿园。幼儿园里老师说普通话,因此在最初的几个月里,他(她)可能不太明白老师在说什么(这个过程因近年大力发展农村地区学前教育而提前到幼儿园阶段,过去在入小学一年级的时候才会发生)。为了缓解这种状况,让孩子更快适应以后的学习环境,有些父母从小就尽量用普通话跟他们交流。渐渐地,他们能听懂祖父母讲的"土语",但可能说不流利了。

他们在教学点一直上到小学二年级结束。从三年级开始,他们开始到镇里的小学就读,之后在人口密集的大镇或者县城上初中。实际上,在广西偏远的民族县,初中只在县城里有。这个过程中,听懂语言已经不是什么问题,但要理解语言的所指,有时依然困难。例如,一次中考数学试题里的"购房首付30%",很多孩子就不明白什么是"首付",在他们的生活中这是一个不存在的事物。

一直到了大学,他们中的相当一部分,在新环境里显得局促。只有在"自己的环境"中,举手投足才那么天然恰当,他们需要更长的时间和历程处理这些问题。

村里条件好一些的家庭尽可能早地将孩子往镇里送,条件更好一些的,尽可能往县里送,县里的孩子尽可能往城里送……为此,家长可能腾出一个人在学校附近租房陪伴。孩子们在这次第的时空转换中经历种种文化的交汇、选择、接纳,不断困惑与厘清"我是谁"。2018年6月底,我们在龙胜各族自治县民族中学门口对放学出来的学生进行随机访谈,他们半开玩笑地说:"我是假侗族,我不会说侗话,但听得懂";"我是假瑶族",另一个孩子说。有些孩子后来从县城走向了更大的城市,有些孩子很早又返回了村落。龙胜县泗水乡小学的红瑶女孩,每个寒假过后,老师都会发现其中的一些女孩没有返校,因为到了她们民族传统中成为女人的年龄,进入了成人生活。

2. 个体与社会交织的复杂性

认同作为一个心理学问题,讨论个体与自己、与环境和群体的统一性和连续性。对认同的理解和研究也植于时代与文化之中。当人类社会处在某种稳态中,时空特性易被视为"不变"之物而被忽略,淡出人们的视界,讨论焦点常集中在自我和个体的层面,这也的确是永恒的主题;当人类社会出现深层次的结构性变迁,时空特性便会重新介入。当前的全球化与现代化正是这样一个过程,认同问题在文化、社会和国家层面——文化理解和国家认同——成为焦点,正是源于对维持社会秩序与区分,以满足人类普遍的安全需求的担忧与期许。

同时,社会科学的研究却向微观社会情境以及个体文化实践转向。1980年代以前,在人与社会文化的关系上,社会科学研究的主题是整体的"社会"、"文化",普遍强调社会文化如何影响和规范人们的行为,并因此而延续下去。例如人类学,无论是功能学派,还是结构学派,探索的都是一个社会和文化整体的制度功能,内在结构或者物的象征意义。然而近30多年来,人们开始认识到社会文化不能独立于个人之外,社会文化是在人们的结群、区分和对抗行为中产生并不断变化的。如果过分强调典范的、结构的社会文化而忽略个人,那社会变迁的发生如何可能?一定要有人以及个别发生的事件发生作用。于是,重视个人、事件、变迁,以及人的反思性和能动性,成为理解人与社会文化关系的新突破①。

认同上升到国家和整体层面,意味着个体的统一与连续性已不在一个小范围的封闭系统中展开,而是居于一个开放性的跨时空多层级的环境之中;同时也强化了这样一种认识:文化理解与认同始终是由具有行动力的实体——相互分离又相互联系的个体——来实践的。

(二)文化理解与认同的发生机理

1. 文化基因和集体无意识的性质

教育影响的发生首先基于遗传的先验地位。

进化心理学提出人类的心智通过基因(包括生物基因与文化基因)的复制

---

① 王明珂. 微观历史情境之历史研究(一)[EB/OL]. 超星慕课, http://mooc.chaoxing.com/course/23830.html.

与遗传进化而来。"文化基因"是以生物基因为基础,在适应环境与群体生活的环境中习得,自觉或不自觉地置入人体内的最小信息单元和最小信息链路。人类精神活动痕迹的烙印是与生物基因同等地存在。

而文化基因所包含的性质在荣格的深度心理学中为"集体无意识"概念所承担,它同样指出了这种来源于种族历史积淀,并先天地由遗传保留下来的、本源性的精神机能的存在。它是一种潜在的"种族记忆"或"原始意象",藉由遗传的脑结构所产生。同一民族文化范畴之内的所有个体,都具有内容和形式大体相似的集体无意识。因而,个体的思维方式与行为方式中都隐含着民族的"集体"基因,在无形中强烈地影响着个人意识和个人无意识的形成,它"像命运一样伴随着我们每个人,其影响可以在我们每个人的生活中被感觉到。"[1]

集体无意识具有动力性特征,在积极或消极的情绪中,在沉迷和投射中,在认同或排斥的态度中,我们都能发现它的影响。如果不加以处理,它便自然地以强迫性方式对一个人的想象力、观念、兴趣、意识和心智的特殊趋向,施加决定性的影响,并伴随着强烈的情感成分。在一定的社会情境和发展愿望中,它的动力性质的建设性与破坏性是一种双重的存在可能。

2. 基因响应

深度的学习和成长不是得到一些关于某些事物的知识所能发生的,那至多只是一些临时性的变化,或者表面上呈现一种态度(常常在个体的意识层面都以为自己持有这种态度),但实际上在深层或无意识中(常常不为自己所察觉)支配其行动的是另一种态度。如何促使深层的无意识生发出积极的面向,卡尔·罗杰斯令人信服地提出了"助益性的人际关系"的观点和方法。他认为人的深层成长常常是通过人际关系的经验发生的,一种助益性的人际关系,能帮助个体显现出积极的发展态度,在意识以及更深的潜意识层面,"用一种更具建设性的、更为理智的应对生活的风格以及一种更社会化的、更令人满意的方式

---

[1] 赵冬梅,申荷永.解释学与荣格心理分析[J].南京师大学报(社会科学版),2007(1):99-102.

来重新组织他的自我。"①当一个人感受到被热情关注,被无条件地认为是一个具有自我价值的人,才敢于和可能深入到意识和无意识层面上探索自身,从事这种冒险、追问和探究。

这样一种安全和自由的氛围,必须是"共情"性的。共情意味着"不以任何防御性的外表掩饰自己,而是以感官上体验到的感受相遇"②;共情意味着理解,不是表面上的理解,而是在更深的层面上,对方甚至无法清晰言说,甚至连他自己都只能在某些特殊的时刻和场合才略约地感受到的那些东西的一种"响应"。

无意识的内容不能被直接捕捉,它只会在一些特定的情景下,在恰当的"装置"中,才会自由显现。那么,令集体无意识显现并与意识和外部当下的社会情景产生良性互动的"装置"如何架设起来呢？也就是说,使基因响应可能发生的途径是什么呢？

荣格的"集体无意识"理论对教育的意义,恰恰在于它从潜意识层面,以及潜意识与意识的关系上对普遍个体精神发展的过程提供了解释,对个体精神的转化与超越指出了可能的途径。

人的深层成长过程是作为描绘层面的意识与作为驱力层面的无意识内容的创造性结合。

在荣格的术语库中,原型是集体无意识的表现形式和内容,它并非存在于空间和时间之中的任何具体形象,而是一种内在意象。原型本身是一种不可描述的因素,它的存在是不可见的,但它可以作为意识中的想象模式运作,将心理资料整理为象征性的意象——一种建立在无意识与意识关系上的"间性物"。

这些象征性意象表现为原始部落的"集体表象",神话与童话,某种物化表征,以及具有某种结构和模型的叙事文本等。它表示原本作为无意识的集体意

---

① 卡尔·罗杰斯. 个人形成论:我的心理治疗观[M]. 杨广学,等,译. 北京:中国人民大学出版社,2004:33.
② 卡尔·罗杰斯. 个人形成论:我的心理治疗观[M]. 杨广学,等,译. 北京:中国人民大学出版社,2004:171.

识的显现和向意识的转移。但这种显现始终包含某种"神秘"的成分,也就是说,象征性的意象既体现原型象又是在掩盖它的真正含义,下意识里广泛为人们理解,但却很难用一个抽象的词语表达。需要周密的考察,通过某种模式的故事,才能找到叙事的寓意,将它分析出来。同时,"原型显现的形式清楚无误地显示出意识加工的批评性、评估性影响"[1]。

通过象征性意象,无意识内容得以显现,借由意识的在场来辨识无意识并对无意识进行反思性加工,再返回无意识当中。这不仅是个体深层成长的途径,也是基因响应的具体内涵。

总之,这里用"基因响应"表达这样一种观点:文化理解与认同的发生是一种深度操作过程。一种建设性的、更社会化的文化理解与认同的发生,有赖于个体感受到真实的自我被无条件地接纳;通过象征性意象的创造,个体深层的文化基因得以响应,从而可能与意识和社会当下情景产生良性互动,也使建设性的"共情"得以发生。相反,如果缺乏响应,文化基因有可能成为自我同一和文化理解与认同的潜藏障碍。

(三) 展开文化理解与认同的途径

1. 基层学校场域的基因响应

就教育而言,文化理解与认同不仅是建立统一社会的重要工具,而且也成为一种跨文化的任务。诚然,在一些地方(尤其是少数民族地区),学校场域之外的家庭、社会及宗教场所,对其族群青少年的文化养成与人格塑造等发挥着重要的作用,但作为国家义务教育机构,乡村学校承担着建立统一社会、实现跨文化任务的责任。

文化理解与认同作为一种基于个体实践的开放性过程,从一个人出生时便开始了。可惜的是,基层的教学点,师资通常显得非常拮据。老师们没有精力

---

[1] 卡尔·古斯塔夫·荣格. 原型与集体无意识[M]. 徐德林, 译. 北京: 国际文化出版公司, 2011: 7.

和想法开发校本课程,他们需要加倍努力才能帮助本地孩子理解"外面"世界的事物;本土山川文化,很少见到进入学校体系之中。也就是说,孩子们与生俱来的文化基因中属于"部族"的部分;孩子们自从睁开眼睛后就开始感受到的村落世界,以及在其中的人际和事件互动过程中逐渐形成的文化感知——内容、意义和它所包含的感情色彩,在教学点的环境中,几乎是被遮蔽的,不被提起的。那么,当他们向着中心同化的过程中,是不是会因为乡土的、传统的部分的被忽略,生出"真实的我"与"正在趋向着的我"之间的隔阂与纠结?

那些来自外部的、现代中心的关怀,虽然令本土的、传统的文化重新进入整体的视野,但是在"观看"情境下显现出来的是"展演",并非对可以言说与无法言说的传统的共情性响应,对于生成由共情而增进的认同的影响也是有限的。

如果教育在实践上发挥的是"分离"功能,让一个人越来越在空间上远离家庭,在文化上远离植于精神深处的传统,似乎并不能实现自洽的同一性和认同感,也与教育关于人的成长的理想不相一致。

2. 乡村学校的个体微观文化实践

"独特个体"的微观互动观点,既是我们分析文化理解与认同现象的工具,也是我们建构实践路径的可能思路和方式。

个体需要在基因响应中,通过持续的本土实践(校本的活动,乡土的知识发掘和创造,亦即"本土课程")逐步形成与"外部的"整体性和现代性相协调与融合的个体态度,成为扎根本土又具备现代视野的完整的当代人。

每一处都有当地"文化人"的身影活跃在民间的日常生活中。例如,在我们的调研过程中,遇到广西龙胜县平等乡广南村的"老蒙"(侗族)就是这样一个人物。他在农闲的时候写剧本,《下杭州》《秦美娘》《打推托》是他曾经创编的剧目,组织自家亲朋排演,过年的时候便到各个县巡演。不过现在没有人愿意看长戏,所以他又编演小品。这两年,县里民族中学开展民族文化进校园活动,侗族大歌便是请了他去指导排演。

我们需要这种自发活跃于本地的个体的文化实践。在乡村学校,这类实践的主体大致包括三方面,一是当地的教育家和教育工作者,如教学点的负责人、小学校长、各科任老师等,他们是学校文化的领导者、筹划者和积极践行者,他们不仅可能通过组织开发和实施校本课程、非正式课程,而且可能且应该在国家和地方正式课程中,有效地联结学校与社区、融汇本土与外部,贯通传统与现代。他们的微观实践会渗透到学校教育教学的细枝末节处,将学校与当地社区联结起来,是他们的双重目标。二是乡村社区的居民,包括非遗传人,包括像"老蒙"这样的民间文化人,以及村寨里的普通人。在一些地方,学校的幼儿园实行"老幼共托","老人们领着孙辈们在学校种菜、编织、雕刻、讲故事,民族的血脉就这样其乐融融地流传下来。"[①]三是学校的孩子们,他们不是被动的接受者,而是文化创造的积极参与者,在参与的过程中,发展自己。

我们期待这种由各方主体参与的、积极的、本土的文化创造活动——具有"个体性"特征的微观文化实践。他们的方式、内容因时因地因人而异,美丽的内在风景,展现出强韧的生命与丰富的文化。成长中的个体,也因卷入其中,文化基因与现代发展、迷人传统与发展需求相遇相生。

---

① 耿涓涓. 乡村教育研究的转向[J]. 广西师范大学学报(哲学社会科学版),2015(4):110-112.

第二章
新中国 70 年基础教育宏观政策的空间取向

黄广荣

公共政策在形成之前,往往表现为某一领域中已生成问题。建国 70 年来,由于不同发展阶段的空间取向,区域发展、城乡建设和阶层资源差异,导致了基础教育在区域间、城乡间、学校间的差距。基础教育政策的重要功能是合理分配其领域的公共资源。理查德·D·范斯科德在论述教育政策目的时指出"通过政府合法地借助权力在社会上分配(或分派)教育价值(或资源)。"[①]针对"教育领域中的问题",国家颁布了大量的教育政策、法规,着力规范和促进我国基础教育的公平、均衡发展,成为基础教育资源均衡的重要推手。回顾梳理新中国成立以来我国基础教育相关政策文本,对于更好地认识基础教育发展的前因后果以及更好把握未来发展,都是不可或缺的。目前,学术界对基础教育政策的研究主要集中在:一是,对基础教育政策过程的研究。针对现有政策实施及其效果进行研究,并在此基础上提出相关政策评价及行动建议[②];二是,对某一片段或某一方面教育政策进行着重分析,寻求实践经验[③]。对外部制度空间及构成要素的作用关注较少,缺乏宏观背景的理论解释力[④]。鉴于此,本章将建国后基础教育发展的相关政策作为一个整体进行系统梳理与考量,从历时性视角,把政策研究中的回溯性研究和前瞻性研究结合起来,探究基础教育发展政策的长时段及复杂性演变过程,给予这一过程中基础教育政策所体现的空间取向的背后原因有效而合理的阐释。

---

① 理查德·D·范斯科德,理查德·J·克拉夫特,约翰·D·哈斯. 美国教育基础-社会展望[M]. 北京大学外国教育研究所,译. 北京:教育科学出版社,1984:71.
② 陈学军,邬志辉. 教育政策执行:问题、成因及对策[J]. 教育发展研究,2004(9).
③ 吴开俊,廖康礼. 随迁子女义务教育政策监督体系研究:一个基于公共政策的分析框架[J]. 教育经济评论,2020(7).
④ Reinisch H., Formmberger D. *Between school and company: Features of the historical development of vocational education and training in the Netherlands and Germany in a comparative perspective* [EB/OL]. [2017-04-12]. http://www.cedefop.europa.eu/files/5153_1_en.pdf.

一、理论与方法

历史制度主义从一个整体的、联系的、辩证及历史的视角来研究制度的演化[1]。架构起"宏观结构—中层制度—微观行为"的多维分析范式[2]。历史制度主义主张将历史理解为一个多变量的过程。从长时段纵向历史序列、短时间横向历史节点两个维度对历史加以阐释。关注把制度研究置于具体的时间秩序和空间背景之中,"历史制度主义在分析一些重大事件和进程时,不但要找出那些共时性的结构因果关系,还要从事件变迁的历时性模式中发掘出那些历史性因果关系。"[3]从宏大社会背景、中层制度、微观行为三个维度进行制度分析,来解释制度和政策为何能够保持相对稳定,又何以发生变迁。

历史制度主义认为,现实的制度存在存续和断裂两种状态:在历史序列中,制度变迁遵循路径依赖规律,制度转化与退出往往因成本高而受阻,显示变迁的惯性与继承性。当外部环境发生重大变革,这一特殊历史时间点又会成为制度变迁的关键点,不同社会政治力量之间的博弈和冲突最终促成新的制度

---

[1] Thelen K. Longstreth F. *Structuring Politics: Historical Institutionalism in ComparativeAnalysis* [M]. Cambridge: Cambridge University Press, 1992: 2.
[2] 何俊志. 结构、历史与行为——历史制度主义对政治科学的重构[M]. 上海: 复旦大学出版社, 2004: 10-25.
[3] 何俊志. 结构、历史与行为——历史制度主义的分析范式[J]. 国外社会科学, 2002(5).

诞生。空间维度上,现实情境与历史背景是制度改变或延续的依据与原因。应把结构、制度与行动者等因素一起置于因果链中考察。

制度理论一直将教育领域作为一个重要的研究对象。斯蒂芬·J·鲍尔认为有必要把教育制度、教育结构化的宏观分析与微观探索结合起来[1]。教育政策被视为一种教育制度的表现形式,从政策分析的角度看,历史制度主义的理论与分析范式为基础教育政策演进研究提供了一条可行的思路。基于此,本研究将基础教育政策放置于历史时空背景下审视,在"结构——历史——行动者"分析框架内,来剖析基础教育政策空间取向演变过程中各变量之间的因果关系。以中层的历时性视角,将宏观的制度环境,微观的行动者行为衔接起来,回溯基础教育政策的缘起、发展,突出基础教育政策发展的历史背景与变量序列,展示基础教育政策实施后的相关互动,并对各主体行为做出阐释,从结构、历史、行动者三个维度,来阐释基础教育政策演变中空间取向的逻辑。

二、基础教育政策变迁脉络(1949—2020年)

历史制度主义认为,在历史序列中,制度变迁通常显示一定的演变惯性与继承性,由于制度转化与退出的成本往往较高,只有当外部环境发生重大变革时,不同社会政治力量之间的博弈和冲突才能最终促使制度在某一时刻出现根本性变革。这一具有强大力量的"关键节点",也就成为本研究中对基础教育政策不同历史阶段划分的依据。建国后,国家发展战略的整体安排[2],使基础教育政策演变受到四次外部环境变化的冲击,主要体现在国家处理城乡关系的总体制度安排上,致使基础教育政策的侧重点发生改变。基于此,基础教育变迁政策过程可划分为四个阶段,即城市优先(1949—1981年)、梯度发展(1982—2000

---

[1] 斯蒂芬·J·鲍尔.教育改革——批判和后结构主义的视角[M].侯定凯,译.上海:华东师范大学出版社,2002:29—44.
[2] 马建堂.中国发展战略的回顾与展望[J].管理世界,2018(10).

年)、以城带乡(2001—2009年)、城乡一体化(2010—2020年)四个时期。

(一)"城市优先"时期(1949—1981年)

新中国成立之初,国家人力、财力有限,教育经费异常短缺,基础教育薄弱。1949年《中国人民政治协商会议共同纲领》中提出"两为"目标,"教育为工农服务,为当前的革命斗争与建设服务"。为此,空间取向上,做出了"城市优先"发展的艰难选择,这在当时是与经济社会发展相适应的。

实行高度集权、中央计划的基础教育宏观管理体制。第一个国民经济五年计划,中央对基础教育事业实行"中央集中统一领导"的行政体制。1952年,小学、中学由省市(中央及大行政区直属市)人民政府文教厅、局实行统一领导。资源供给上,教育经费全部由中央管理,主要是在"统收统支,分级管理"财政管理体制下进行。面对国家的百废待兴,中央虽有心包揽,却无力做到。1958年,国务院下发《关于教育事业管理权下放问题的规定》,中央将基础教育事业管理权下放到地方,中小学举办权由地方负责投入,形成"两条腿走路"。在农村,实行"人民教育人民办";在城市,国家把所控制的社会资源分配在不同单位,由"单位"承担起提供教育公共产品的责任。在1980年《关于中央书记处对教育工作指示精神的传达要点》《关于普及小学教育若干问题的决定》再次强调了这一思想。

国家建设急需人才,在为更多民众提供教育机会和牺牲部分民众的教育机会之间,国家权衡利弊,选择后者,集中资源快速向高校输送急需的生源。1962年,《关于重点地办好一批全日制中、小学校的通知》中,明确要求进行重点学校和拔尖学校建设。这些学校基本位于城市。教育资源向重点地区和重点人群倾斜,城乡基础教育差距开始形成。"城市教育靠国家,农村教育靠集体"的教育资源配置方式[1],造成了农村与城市基础教育"城乡有别"的"先天"身份差别。

---

[1] 张乐天. 新中国成立以来农村教育政策的回顾与反思[M]. 北京:北京师范大学出版社,2016:106.

(二)"梯度发展"时期(1982—2000年)

随着改革开放的深入,国家从提出"小康社会"的发展目标到实现人民生活达到小康水平,仅用了二十年的时间。1982年,党的十二大召开,邓小平提出的"小康社会"目标被纳入报告中,正式将在2000年实现小康作为党和国家的发展战略。为实现这一战略目标,国家鼓励一部分地区优先发展起来的经济梯度发展战略确立,基础教育也相应进入了"梯度发展"时期,在空间取向上做了调整。

1985年《中共中央关于教育体制改革的决定》确立由地方负责、分级管理的基础教育管理体制,强调基础教育应以地方办学为主,允许地区间及地区内发展的不平衡。由于乡以下设立基层群众性自治的村民委员会,农村基础教育实质上主要由乡、村两级负责,整体形成县(县办高中)、乡、村三级办学。

1985年以前,地方财政要上缴,中央统一划拨。为此,基础教育资源供给,由中央政府提供主要资金,地方政府只是基础教育支出的执行者。在分级办学体制下,在农村,乡镇政府承担起基础教育的支出,而实际上,是乡政府与农民共同承担;在城市,区一级政府承担基础教育办学和筹资责任;在政府结构中,区级政府高于乡镇级政府,城市基础教育办学和筹资主体也就高于农村。1992年《国家教委关于搞好城市教育综合改革试点工作的意见》指出国家要分地区有步骤实行九年义务教育。为解决经费问题,允许地方政府征收教育税费、学校办企业等多渠道筹集资金。在1994年分税制改革后,财政收入上移,县、乡级财政困难,农村教育经费中,乡镇财政负担达78%、县财政负担9%,省财政负担11%,中央政府仅负担2%[①]。基础教育支出责任未随事权的变化进行相应调整,加之地方政府的税源不稳定,导致基础教育资源配置上财权和事权失衡,农民以各种农业税形式承担大部分教育经费。

不同的经济情况与供给能力,决定了地区间不同的基础教育发展水平和治

---

① 汪传艳.农村义务教育经费保障新机制研究[D].武汉:华中师范大学,2014:133-135.

理。由于农村及弱势地区资金短缺,政府引入社会力量参与办学,部分地方基础教育质量降低,导致了区域间基础教育在质量上的不均衡。"承认省市区之间发展的不平衡","分地区有步骤地普及义务教育"等梯度发展政策相继出台,然而民众对教育的受益性逐渐有更清醒的认识,以及教育的不可替代性增强,流动人口子女教育问题、择校问题不断出现,加之城乡教师长期"同工不同酬"政策,导致师资流失,农村基础教育办学更加艰难,区域间办学条件差距持续拉大。

(三)"以城带乡"时期(2001—2009年)

新世纪之始,"小康社会"的目标实现,国家经济实力不断增强,城乡在社会发展、经济发展和教育发展上的差距日益拉大,缩小城乡各方面发展的差距,成为政府面对的主要问题和重要任务。中央提出了"以工促农,以城带乡"的战略,基础教育也随之进入了"以城带乡"的发展时期。

2001年《关于基础教育改革与发展的决定》确立了"国家领导,地方负责、分级管理,以县为主"的新体制。基础教育管理的责任、权力上移。在资源供给上,中央政府2000年启动农村税费改革,乡镇财政能力进一步削弱。2003年《国务院关于进一步加强农村教育工作的决定》发布,中央对农村的转移支付力度加大。2005年,《国务院关于深化农村义务教育经费保障机制改革的通知》(以下简称《通知》)提出逐步将农村义务教育全面纳入公共财政保障范围。半个多世纪,国家对基础教育的非均衡投入和发展,开始有了政策性调整。《通知》中对各级政府责任有明确规定,分项目、按比例的中央与地方分担的农村义务教育经费保障机制得以建立,基础教育财政责任上移。"把农村义务教育的责任由农民承担扭转到主要由政府承担;把政府对农村义务教育的责任从乡镇为主转到以县为主"[①],促成了"人民教育人民办"向"人民教育国家办"的转变。

---

① 李岚清.李岚清近期关于基础教育的谈话[J].人民教育,2002(6).

2006年,国家将义务教育全面纳入了公共财政保障范围,教育经费由中央与地方共担,省政府负责统筹落实的管理体制确立,基础教育财政管理重心再次上移。政策上更大地向农村、贫困地区、西部地区倾斜,向特殊人群(流动人口)倾斜,对弱势群体进行"教育补偿"。

从政府与农民、地方政府之间的关系来看,新的管理体制更有利于促进基础教育的均衡发展,具有划时代的意义。税费改革取消教育附加费和教育集资后,需填补的财政缺口,中央、省级财政补助及转移支付远达不到需求,县级政府为找到财政出路,中央为解决资金短缺问题,开始大量撤并学校,简化教师队伍。党的十六大提出"走中国特色城镇化道路"发展战略,加速了农村学校的撤并,许多地方开始推进农村学校向镇区集中,用基础教育来牵引城镇化的发展。农村学生和教师涌入城镇,大量农村学校开始消减、凋敝,而城镇校舍建设、师资配备等,还没有充足准备,导致了后来严重的大班额及农村上学难问题,基础教育均衡发展面临新挑战。

(四)"城乡一体化"时期(2010—2020年)

2009年中央1号文件将"推进城乡经济社会发展一体化"作为一大发展战略,"我国进入着力破除城乡二元结构、形成城乡经济社会发展一体化新格局的重要时期"[①]。2010年,《国家中长期教育改革与发展规划纲要(2010—2020年)》(以下简称《纲要》)明确提出"建立城乡一体化义务教育发展机制"的任务,至此,城乡基础教育发展进入了"城乡一体化"新时期。

基础教育实行"国家领导,地方负责、分级管理、以县为主"的管理体制。在《纲要》中明确了加强省级政府教育统筹力度,将管理责任重心上移,权力更为集中。在资源供给上,确立实行国家和地方政府根据职责共担,省级政府负责统筹落实的投入体制。2015年,《关于进一步完善城乡义务教育经费保障机制

---

① 林存银,褚宏启.城乡教育一体化及其制度保障[J].教育科学研究,2011(5):7-11.

的通知》，统一了城乡义务教育"两免一补"政策，城乡义务教育学校生均公用经费标准定额，按西部8∶2，中部6∶4，东部5∶5的比例由中央和地方分担①。2018年，国务院印发了《基本公共服务领域中央与地方的共同财政事权和支出责任划分改革方案》，进一步细化在基础教育投入方面中央与地方的事权责任。国家更加关注基础教育的均衡发展。然而由于各省经济社会发展水平不同，投入不同，对流动儿童虽进行输入地管理，但财政上依然是属地管理，还是以"城乡"两张网进行编织。这部分群体，逐渐成为"回不去的故乡，待不下的城市"的第三群体。基础教育均衡发展任重道远。（表2-1）

表2-1 基础教育发展标志性政策文本

阶段	发布时间、部门或会议	相关文本
"城市优先"	1949年，全国政协第一次会议	《中国人民政治协商会议共同纲领》
	1952年，政务院	《小学暂行规程》《中学暂行规程》《干部子女小学暂行实施办法》
	1958年，国务院	《关于教育事业管理权下放问题的规定》
	1962年，教育部	《关于重点地办好一批全日制中、小学校的通知》
"梯度发展"	1978年，教育部	《关于办好一批重点中小学的试行方案》
	1985年，中共中央	《关于教育体制改革的决定》
	1986年，第六届全国人大四次会议	《中华人民共和国义务教育法》
	1993年，中共中央国务院	《中国教育改革和发展纲要》
	1995年，国家教委、财政部	《关于进行〈国家贫困地区义务教育工程〉项目规划和可行性研究的通知》
"以城带乡"	2001年，国务院	《关于基础教育改革与发展的决定》
	2002年，国务院	《关于完善农村义务教育管理体制的通知》
	2003年，国务院	《国务院关于进一步加强农村教育工作的决定》
	2005年，国务院	《国务院关于深化农村义务教育经费保障机制改革的通知》
	2006年，第六届全国人大四次会议	修订《中华人民共和国义务教育法》
	2008年，中共中央	《关于推进农村改革发展若干重大问题的决定》

---

① 国务院关于进一步完善城乡义务教育经费保障机制的通知.国发[2015]67号，2015-11-28.

续　表

阶段	发布时间、部门或会议	相关文本
"城乡一体化"	2010年,中共中央国务院	《国家中长期教育改革与发展规划纲要（2010—2020年）》
	2012年,国务院	《关于深入推进义务教育均衡发展的意见》
	2015年,国务院	《乡村教师支持计划（2015—2020年）》
	2015年,国务院	《关于进一步完善城乡义务教育经费保障机制的通知》
	2016年,国务院	《关于统筹推进县域内城乡义务教育一体化改革发展的若干意见》
	2016年,国务院	《关于加快中西部教育发展的指导意见》
	2017年,中共中央国务院	《关于深化教育体制机制改革的意见》
	2018年,中共中央国务院	《关于全面深化新时代教师队伍建设改革的意见》
	2018年,第十三届全国人大五次会议	《国务院关于推动城乡义务教育一体化发展　提高农村义务教育水平工作情况的报告》
	2018年,中共中央国务院	《关于全面深化新时代教师队伍建设改革的意见》
	2018年,教育部、国家发展改革委、财政部、人力资源和社会保障部和中央编办	《教师教育振兴行动计划（2018—2022年）》
	2019年,中共中央国务院	《中国教育现代化2035》
	2019年,中共中央国务院	《关于深化教育教学改革全面提高义务教育质量的意见》
	2020年,教育部等六部门	《关于加强新时代乡村教师队伍建设的意见》。

资料来源：《中华人民共和国重要教育文献》《中国教育年鉴》及国家政府网站。

三、基础教育政策空间取向逻辑

从城市优先发展、梯度发展、以城带乡，到现在的城乡一体化阶段，国家基础教育空间取向逐步转向均衡，宏观政治经济发展战略决定了基础教育不同的空间制度安排。基础教育发展过程中出现的新问题和公众的新诉求，又推动着制度的调整，使基础教育空间发展逐步趋于平衡。重新审视国家基础教育政策的演变，可明确基础教育发展政策的价值预设和运行逻辑。接下来将从结构、历史与行动者三个维度分析、探讨中国基础教育政策变迁中的空间取向逻辑。

（一）政策变迁中的结构性安排

1. 制度背景：政策变迁中的支配性因素

历史制度主义认为，宏观背景的变迁贯穿于制度变迁整个过程。西伦和斯坦莫认为，变迁的动力在社会经济和政治脉络中。在长时段教育政策变迁中，宏大背景是教育政策变迁的支配性因素。

我国基础教育在空间上、价值上不同的取向既受国家经济、社会发展阶段和发展水平的制约，也受制于国家处理城乡关系的总体制度安排，还体现在国家在特定条件下对城乡基础教育关系定位的理性选择①。基础教育70多年的发展，历经"效率优先""效率优先，兼顾公平""教育公平"的制度转变。一是，效率优先。建国之初，确立了基础教育为国家建设和发展服务的目标，做出"城市优先发展"的选择。为能更好更快出人才，确立重点地区、重点学校和重点班的建设，以点带面，可以说是穷国办大教育的宝贵经验和特殊战略。随着改革开放和"普九"的推进，基础教育一直走在大发展的快车道，城乡基础教育的差距也越来越大。二是，效率优先，兼顾公平。基础教育快速发展使城乡教育差距越拉越大。随着国家经济实力增强，国家和政府发布了向弱势地区和群体倾斜的政策，在农村地区实行了"两免一补"，启动了"贫困地区教育工程"，关注了流动儿童，保证了教育机会的公平，但同时依然兼顾重点区域的优质教育发展。三是，教育公平。在构建和谐社会，全面建成小康社会的新时期，基础教育遵循均衡发展理念，教育公平的价值取向逐步凸显。着力保障中西部农村地区基础教育的均衡发展；保障农民工子女、留守儿童的政策更加具体；在基础教育硬件设施建设均衡的同时也关注软实力方面建设，如师资队伍建设。在重视教育机会公平的同时也注重教育过程的公平。

---

① 邵泽斌. 从"城市教育优先"到"城乡教育均衡"——新中国城乡教育关系述评[J]. 社会科学，2010 (10).

通过政策文本梳理发现,宏观制度背景,制约着基础教育的制度安排,影响着基础教育发展空间取向的选择。国家力图通过权力结构的调整来化解城乡基础教育间的利益博弈与冲突。新时期,在"城乡一体化"战略导向下,着力进行基础教育制度调整,力求城乡基础教育能达到均衡发展,折射出国家一直在探索基础教育均衡发展的破解之道。

2. 权力结构:政策变迁中的强制性因素

我国基础教育政策变革主要来自独特的央地权力结构的保障,具有一定的强制性。当这一结构与行动者间力量出现非均衡性时,它则成为政策变迁的阻力。因此,对央地结构的调整更能体现基础教育空间取向的变化。建国后,基础教育管理体制主要围绕事权与支出责任展开,经历集中、分散、再集中的过程,即权力与责任重心从中央—省—县—乡—村逐步下沉,又转向从村—乡—县—省—中央的路径方向逐步上移。一是,城市优先发展时期。事权与支出责任经历两次变迁,首先是1949—1957年在"中央集中统一领导"的行政体制下,宏观财政体制主要是"统收统支"。由中央统收,中央、地方两级政府承担基础教育投入。在农村以公办为主,民办为辅;在城市,由单位实行二次分配,主要是工矿学校、干部子弟学校等公办学校。其次是1958—1984年,实行"两条腿走路",在农村,"人民教育人民办";在城市,在国家财政不足的情况下,由"单位"提供基础教育公共品。二是,梯度发展时期。在行政管理体制上实行"地方负责,分级管理";在财政体制上,实行"乡村自给","县—乡—村"三级办学的农村供给形式,基础教育的投入重心下沉到底部;在城市是区一级政府承担基础教育的筹资责任。三是,以城带乡时期。行政管理体制上实行"分级管理,以县为主",管理权开始上移。投入上实行"以县为主,乡镇为辅"。义务教育全面纳入财政保障范围,明确各级责任,中央与地方共担。政府完全承担起投入责任,重心上移,同时国家开始向东部贫困地区、西部地区进行财政补贴。四是,城乡一体化时期。中央和地方共同承担教育经费,省级负责统筹,投入重心再次上移。农村或县级城镇形成了"中央—省—市—县"四级共担投入体制,城市实行

"中央—省—市（县）"三级共担投入体制，央地权力结构的调整推动了基础教育的变革，中央与省级政府承担更大的教育责任，从而实现了基础教育政策的强制性变迁。

总之，宏观环境变化带来权力结构的制度安排，客观上要求管理权力逐步上移，使省级政府承担起更多的教育责任。由此，基础教育政策在央地权力结构的安排之下实现演变。

（二）政策变迁中的历史承继与突破

历史制度主义认为，制度演进不但受外部因素的影响，而且在制度建构中，由于"报酬递增"或自我强化，会引导制度朝着既定方向运行，持续的机制将行动者锁定在原有路径中，路径保持连续性，是对"历史的承继"。路径依赖演化中的重大转折和关键决策时期，即"关键节点"，往往会带来断裂均衡的演化结果，由此促成新制度诞生或终结。

1. 路径依赖：政策变迁中的历史承继

研究发现基础教育政策变革中"路径依赖"的强弱直接影响着基础教育政策变革道路的选择。主要体现在以下两个方面：一是，前一阶段的制度安排往往对后一阶段的制度选择会产生一定的制约和影响。其二，进入一定的制度模式之后，制度转化或退出的成本高，增加了这一制度模式延续的可能性。

在我国基础教育政策变迁的过程中，新的政策受到旧制度的制约和影响而表现出对原有路径的依赖，主要体现在：（1）新中国成立之初的基础教育政策对建国前教育政策的继承。1949年《中国人民政治协商会议共同纲领》中提出"两为"目标，"教育为工农服务，为当前的革命斗争与建设服务"，全面继承了建国前的革命建设思想，为此在空间取向上做出"城市优先"的选择。而在行政体制也是战时"中央集中统一领导"的管理体制在新中国成立后的惯性延续。（2）国家"现代化"发展战略提出后，1985年《中共中央关于教育体制改革的决定》确立由地方负责、分级管理的基础教育管理体制。在分级办学体制下，实际上，是乡政府与农民共同承担教育经费;而在城市,区一级政府承担基础教育办学和筹资责任;在政府结构中,区级政府高于乡镇级政府,城市基础教育办学和筹资主体也就高于农村。从根本上还是继承了"城市优先"发展阶段的国有统包统管体制。(3)2001年《关于基础教育改革与发展的决定》确立了"国家领导,地方负责、分级管理,以县为主"的新体制。虽然管理的责任、权力上移,促成了"人民教育人民办"向"人民教育国家办"的转变,但接下来,党的十六大提出"走中国特色城镇化道路"发展战略,受国家经济发展战略的影响,城乡基础教育均衡仍延续旧制度中的"城市优先"的部分选择,体现制度的延续性。由于学习、协同等强化机制与退出成本的存在,给制度改变带来一定阻力。为此,经过自我强化后的制度易进入"锁定状态"。要打破这种"锁定",只能等待新的"关键节点"的出现。

2. 关键节点:政策变迁中的路径突破

"关键节点"是通常是长时段历史进程中的重大转折、关键决策的时点。相对稳定的制度就被外部环境变化带来影响所打断,从而突发性变迁产生[1]。从时间和事件的共同阐释中,根据约翰·霍根(John Hogan)提出的"关键节点"出现后表现的重要性、迅速性、覆盖性变迁特征[2],来确定"关键节点"。由此,本文认为,建国后,我国基础教育政策变迁至少存在四大"关键节点":(1)1949年《中国人民政治协商会议共同纲领》(以下简称《共同纲领》)的颁布。《共同纲领》的颁布既打破了旧政权时期教育制度的连续性,同时,在客观上也要求建立不同于革命时期的基础教育制度。为适应新发展需要,国家做出"城市优先"发展的选择。(2)1982年,党的十二大召开,确立了到2000年实现"小康社会"成为党和国家的发展战略。为实现这一战略目标,国家进行了经济梯度发展的制

---

[1] 吴光芸、万洋. 中国农村土地流转政策变迁的制度逻辑——基于历史制度主义的分析[J]. 青海社会科学,2019(1).
[2] Hogan J. *Remoulding the Critical Junctures Approach* [J]. Canadian Journal of Political Sciences,2006(3):666.

度安排,促使对基础教育空间发展的取向做了相应调整,以适应新时期发展的需要。(3)2001年,"小康社会"的目标实现后,我国进入了全面小康的发展阶段。促使国家在缩小城乡差距方面做出制度安排,中央提出了"以工促农,以城带乡"的战略,基础教育也随之进入了"以城带乡"的发展阶段。2001年,《关于基础教育改革与发展的决定》确立了"国家领导,地方负责、分级管理,以县为主"的新体制。促成"人民教育人民办"向"人民教育国家办"转变。对促进基础教育均衡发展具有划时代的意义。(4)2010年,《国家中长期教育改革与发展规划纲要(2010—2020年)》明确提出"建立城乡一体化义务教育发展机制"的任务。这是在"推进城乡经济社会发展一体化"这一重要节点下产生的,我国进入着力破除城乡二元结构的重要时期。至此,城乡基础教育发展也进入了"城乡一体化"新时期。

这些"关键节点"的出现,使阶段内稳定的基础教育制度被外部环境的变化所打破,新制度代替旧制度,推动政策变迁。

(三) 政策变迁中的行为选择

历史制度主义认为"微观行动者是指政策的制定者、执行者、接受者、评价者等",他们之间的行为是分析制度变迁的又一维度。研究认为正是行动者的选择成为政策变迁的动力,使政策变迁成为可能。制度结构通过制约行动者的偏好和利益界定、行动者之间的权力关系,来限制或调整个体行为的选择;但行为主体的能动性有时又会促使其突破制度的束缚,采取一定行动,成为变迁的直接推动力。基础教育政策从本质上来说,是资源在不同主体之间的分配与再分配。行为主体会依据自我利益的取向形成价值判断与行为选择。

我国基础教育政策是"国家或上级政府通过政策文件或法律规范等以行政手段依次向下贯彻落实,是政府主导模式"[①]。如《国家中长期教育改革和发展

---

① 翁文艳. 我国地方政府教育改革的主要特征与趋势[J]. 教育发展研究,2013(2).

规划纲要(2010—2020年)》提出：率先在县域内实现义务教育均衡。这符合人民的愿景，也是国家发展的重要战略需求，即既关心人民群众的意愿来推动基础教育政策的发展，也考虑国家整体发展战略；而基础教育管理权力的配置边界和发展的实际需求的非对称性，又为政策落实带来新阻力。该纲要的制定和落实是地方和基层试点的"顶层设计"，中央政府以此自上而下进行统一规划与部署，纲要成为各地解决所面临的诸多教育问题的核心制度。

  对于"以县为主"的基础教育管理体制中的县级政府来说，不仅需要履行政策规定发展当地教育事业的责任，也有政治晋升、地方发展等自我利益诉求。因此，除了贯彻上级政府的制度安排，也会发挥自主能动性，实现自我利益的需要。地方政府在落实《国家中长期教育改革和发展规划纲要(2010—2020年)》中，由于受到国家"城镇化"发展战略的影响，为换取更多经济、行政效益，在资源分配权力中会优先保障所在市区的利益。同时，有了科学规范的"顶层设计"，地方政府就可以获取足够的资金支持，并拥有一定的自主空间，各地政府可以进行创新性的把控和试验；如果试验不成功，则可以成为倒逼中央政府后续政策审议的重要推动力。2005年，《关于进一步推进义务教育均衡发展的若干意见》，明确要求"各级教育行政部门要遏制城乡之间、地区之间和校际之间教育差距扩大，推进义务教育均衡发展。"据此"新郑教育资源均衡配置模式"、浙江杭州"名校集团化办学"、山西晋中的化解"择校热"、浙江嘉善构建"教师流动"机制等开始落实"顶层设计"，进行自主的改革探索，通过自上而下与自下而上创新结合，促进当地教育的发展，对基础教育均衡发展进行有益探索，同时，也满足了当地官员获取相应政绩的自我利益需要，而且也为基础教育政策变迁提供了经验。

  行动主体的行为和结构变动的张力推动着基础教育政策缓慢螺旋变迁。不同利益的诉求与行为主体的自我考量，促使行动者在结构性压力和能动性回应之间形成因果选择，为内生性制度变迁提供机会。

四、结语

基于对建国后我国长时段的基础教育政策梳理，本文借助历史制度主义分析范式，从历时性视角出发，检视基础教育政策变迁中的空间取向，探究基础教育政策变迁背后的逻辑。研究发现，基础教育政策演变具有显著的空间取向性，包含"城市优先——梯度发展——以城带乡——城乡一体化"四个典型阶段。重大事件的发生构成基础教育政策变迁的"关键节点"，路径依赖促使基础教育政策在原有基础上不断完善和优化。基础教育政策的建构、演变受国家战略的宏观制度背景的决定，央地间的权力关系是影响基础教育政策构建的关键变量。同时，国家、地方政府以及行动个体等政策的行动者在结构与历时性因素制约下，其自身的能动性在一定程度上推动着基础教育政策的演变。历史制度主义理论与分析范式，较好地展现了新中国成立以来基础教育政策的空间取向逻辑。不过，基于"历史——结构——行动者"分析视角的政策空间取向研究，不应止于粗线条的解释，而应有更深入、详细的考察。

在此基础上，未来基础教育政策的发展：一是，宏大的制度背景难以短时间内改变，但我们可以通过对权力结构的调整与完善来实现基础教育空间均衡发展政策的良好变迁。目前，我国基础教育正处于乡村振兴、城乡一体化发展的深化阶段。在这阶段，社会公平与经济效益相统一。但社会公平的观念意识是决定当前基础教育政策变迁的关键。因此，亟需明晰相关主体的权责边界，以及基础教育的功能定位，并通过科学的政策设计，促使基础教育获得良好的发展。二是，基础教育的发展需要抓住、创造"关键节点"，以突破路径依赖困局，从而进一步促进基础教育的制度创新。三是，各级政府作为推动基础教育政策变迁的核心主体，应积极发挥行动主体的能动性，以促进基础教育公平、均衡的发展。

/ 第三章 /

民族地区乡村学校的空间分布：桂西的历史

余丽君

本章从中观层面，以一个民族地区的局部为对象，审视乡村学校空间分布的历史变迁。

知史以明今。中国乡村教育的发展离不开地理环境、民族文化、人口分布、国家政策、经济形势等方面的综合影响。新中国成立以来，在不同的历史阶段乡村学校的空间分布有着不同的变化，但要全面考证这些空间分布历史变迁的细节情况是一件非常艰巨而且困难的工作。若能从某一地区学校总体数量变化的角度去解读乡村学校空间分布的变迁，那么资料的收集和整理过程相对会简单很多，不失为一条可行之径。本章将从桂西这一民族地区的乡村学校空间分布数量在时间维度上的变化，结合不同历史阶段的社会背景进行梳理和分析，描述桂西地区乡村学校空间分布的变迁情况和特征，发现其影响因素。

一、背景

(一) 桂西的基本情况

广西自古以来就是多山地区,其山区面积占全区总面积的70.8%,由于人类至今没有足够的办法让大石山区的不毛之地的人们自给自足,因此,受地理环境的影响,广西的社会经济发展一直处于山区与平原的不平衡状态。按照广西社科院以社会指标为依据进行的得分排序来看,广西地区间的社会发展水平呈现不均衡态势,桂东及桂东北各县(市)经济社会发展水平位居广西前列,这些县(市)所在地多数是沿江、沿路或位于河谷平原。而桂西的经济社会发展水平落后于全区的平均水平,这些地区多为广西少数民族集中分布的地区、大石山区、边境地区。贫困人口、贫困发生率在某种程度上与这些地区的石山分布面积比例相对应,属于"喀斯特贫困",贫困发生率较高的崇左市所在的桂西南石山区,其石山面积占全区石山面积的11.87%。山区、少数民族集中分布区、边境地区、革命老区是广西经济社会发展最为落后的地区。这些地区山高路远,地广人稀,交通闭塞,信息不灵,观念落后,生产技术落后,地方财政经济困难,教育投入严重不足。

桂西,根据2015年统计年鉴划分,包括百色、河池、崇左三市。

第三章　民族地区乡村学校的空间分布：桂西的历史

　　百色市位于广西西部，境内山地、丘陵面积广大，约占总市面积的90%；南北部高山连绵起伏，河溪沟谷纵横，地表崎岖。新中国成立以来，百色区划经历过几次大变动，直至2002年6月撤销百色地区，设立了地级百色市，并辖右江区和田阳、田东、平果、德保、靖西、那坡、凌云、乐业、田林、西林、隆林11个县（市），185个乡镇。截至2017年底，百色市总面积3.63万平方公里，是广西面积最大的一个市，总人口417.17万人，有壮族、汉族、瑶族、苗族、彝族、仡佬族、回族7个世居民族，少数民族人口占总人口的85%，其中壮族人口占总人口的77%[①]。

　　河池市位于广西西北部，全境地形地貌基本上是由四大山脉、三大断裂和两大水系所组成，是典型的大石山区和石漠化地区；河池经过几轮行政区划变动，于2002年6月18日设立地级河池市，总面积3.35万平方公里，是广西面积第二大的市，今辖金城江区、南丹县、天峨县、东兰县、凤山县、罗城仫佬族自治县、环江毛南族自治县、巴马瑶族自治县、都安瑶族自治县、大化瑶族自治县10个县（市、区），代管宜州市。全市总人口429万，聚居着壮族、汉族、瑶族、仫佬族、毛南族、苗族、水族、侗族8个世居民族，少数民族人口占全市总人口的85%左右[②]。

　　崇左市位于广西西南部，以喀斯特地貌为主体，山地多平地少，它是广西最年轻的地级市，原属南宁地区管辖内，2002年12月23日成立了地级崇左市并调整行政区划，原崇左县改称为江州区，总面积1.73万平方公里，今下辖扶绥县、天等县、龙州县、宁明县、大新县5县及江州区，代管县级市凭祥市；崇左市是以壮族为主、壮汉瑶世居、34个散居少数民族的聚居地区，全市总人口250.54万，壮族人口占88%以上，是全国壮族人口最集中、比例最高的地级市[③]。

　　桂西地区三市所辖县区在不同年代有所不同，根据2000年以来中国统计

---
① 广西壮族自治区地方志编纂委员会办公室.地情资料库[EB/OL].[2022-12-05]. www.gxdfz.org.cn.
② 广西壮族自治区地方志编纂委员会办公室.地情资料库[EB/OL].[2022-12-05]. www.gxdfz.org.cn.
③ 广西壮族自治区地方志编纂委员会办公室.地情资料库[EB/OL].[2022-12-05]. www.gxdfz.org.cn.

年鉴的稳定性划分,将桂西地区概为百色、河池、崇左三市,且辖30个县(市、区),下文以各市县数据为准。

桂西是广西整个经济发展水平较低的地区,是著名的革命老区,又是边境地区、大石山区、贫困地区、水库移民区,更是历史悠久的民族地区。整体来看桂西地区地域广阔、人口分散、交通较不便、地理环境复杂。选择桂西为研究案例,是基于以下原则:第一,乡村性特征突出。桂西地区区位边远、地理环境复杂。根据广西历年统计年鉴,桂西地区的社会经济发展水平和城镇化水平与广西的整体发展水平比较,明显较低。第二,民族性特征突出。桂西地区居住着汉族、壮族、瑶族、苗族、彝族、仡佬族、仫佬族、侗族、回族、水族、土族、藏族、蒙古族、维吾尔族、布依族、朝鲜族、土家族、哈尼族、傣族、黎族、佤族、畲族、羌族、毛南族、怒族、京族、塔塔尔族等民族。

本章根据历年的学校、教师、学生的变动情况,从侧面分析桂西地区乡村学校空间分布的历史变迁。从数量维度上,按照时间先后大致分为六个阶段:新中国成立前(1949年前)、奠定基础阶段(1949—1965年)、非正常阶段(1966—1976年)、整顿与恢复阶段(1977—1984年)、综合改革阶段(1985—1999年)和布局调整阶段(2000年至今)。

一、新中国成立以前桂西地区乡村学校的空间分布

1. 清代以前

桂西地区设立官学始于宋朝。当时在广西共设府州县学41所,在桂西地区的仅有河池市的3所(表3-1)。

表3-1 宋代桂西地方官学分布表

学校名称	创办时间	校址(今地名)	备注
庆远府学	宋庆历三年(1043)创建	宜州市(前称宜县)	宋咸淳元年,宜州升庆远府,今隶属河池市

续　表

学校名称	创办时间	校址（今地名）	备注
宜山县学	创建时间不详，宋淳熙十年（1183）重修	宜州市（前称宜县）	今隶属河池市
天河县学	宋初创建	罗城仫佬族自治县	今隶属河池市

资料来源：作者于 2017 年 11 月查阅广西地情网-教育志 http://lib.gxdqw.com/view-a65-3.html 整理而得

至元代，地方官学分为路学、府学、州学和县学，广西设有路学 7 所，州学 9 所，府学 1 所，县学 17 所[1]；创于元而盛行于明的社学是以乡村民间办学为特征的地方小学，明代广西社学共 300 余所，桂西地区有记载的共 33 所（表 3-2）；此外，明代广西的富贵人家或交通便捷的城、镇、圩市、大村庄，一般都办有私塾，但在桂西少数民族聚集地少之又少，屈指可数的几所仅集中在庆远府。

表 3-2　明代桂西地区社学分布表

地市	社学数	所在府州县
百色	2	田州（均位于今田阳县）
河池	1	庆远府（今宜州市）
崇左	30	永康州 1（今扶绥县），养利州 4（今大新县），思明土府 2（今宁明县），太平府 3（府治崇善，今崇左市境内），崇善县 18（今崇左市境内），左州 2（今崇左市境内）

资料来源：杨新益，梁精华，赵纯心著.广西教育史——从汉代到清末[M].桂林：广西师范大学出版社，1997.本文作者统计自绘。

至清代，广西共有官学 81 所，桂西地区根据各县志记载至少有 26 所，今百色市学校数量在当时明显增加，占当时整个广西官学总数的 30%（表 3-3）。这些学校分别坐落在今桂西三市的 18 个县市，到清末为止今桂西地区仍有 12 个县市没有设立过官学。

---

[1] 杨新益，梁精华，赵纯心.广西教育史——从汉代到清末[M].桂林：广西师范大学出版社，1997：13.

表3-3 清代桂西地区官学分布表

地市	官学数	学校名称
百色	12	百色厅学,土田州学,恩隆县学,恩阳州学,泗城府学,西隆州学,西林县学,镇安府学,天保县学,奉议州学,归顺州学,镇边县学
河池	6	罗城县学,庆远府学,宜山县学,天河县学,河池州学,东兰州学
崇左	8	新宁州学,太平府学,崇善县学,左州学,养利州学,永康州学,宁明州学,太平土州学

资料来源:蒙荫昭,梁全进主编.广西教育史[M].南宁:广西人民出版社,1999. 本文作者统计自绘。

清代桂西地区社学共37所,今属崇左市管辖地发展较好,多达30所,百色地区6所,河池地区仅1所。义学是以官款、地方公款或地租设立的蒙学,当时广西义学发展比较繁荣,共建置213所,其中桂西地区共创办48所(今属百色29所,河池7所,崇左12所)。① 此外,1901年8月,清政府颁布《兴学诏书》鼓励兴办学堂,各州县设置小学堂。据各县志统计,桂西各县在清末都至少建有1所小学堂,而在之前很多县从未有过官学。

2. 民国时期

民国时期的广西处于社会变革、战事纷纭的发展与动荡时期。

民国14年(1925年)南京临时政府教育部《普及国民基础教育令》改"学堂"为"学校"。同年新桂系统治广西,《广西实施强迫教育办法》规定:每个行政村街设立1所国民基础学校,视情况可数村联合设立学校,可设分校;每个乡镇设1所中心国民基础学校,也可乡镇联合设立;适龄儿童一律免费强迫入学,8足岁至12足岁的儿童须受两年的基础教育,居住在山区条件恶劣、住户分散的乡村儿童应由当地国民基础学校巡回辅导②。此外,1933年《广西省特种教育实施方案》是特种部族教育③的实施准则;1934年《广西特种教育区域设校外补助

---

① 蒙荫昭,梁全进.广西教育史[M].南宁:广西人民出版社,1999:230-236.
② 广西地情网.广西通志·教育志[EB/OL].[2017-12-23]. http://lib.gxdqw.com/view-a65-45.html.
③ 特种部族教育:20世纪30年代广西省政府对少数民族教育的称呼,特种部族主要集中在今桂西地区。

金办法》专门为特种部族教育建设学校使用;1935 年《广西国民基础学校办理通则》进一步规定特种部族区域应以乡镇村街为单位设置学校;同年 12 月《广西各县特种教育区域设校补助金给领支配及报销办法》提高了特种部族教育设立学校的补助款。

至 1934 年,广西有小学 18 313 所,在校生 855 528 人;到 1940 年,广西有小学 21 571 所,在校生 1 587 097 人。[①] 从有限的县志数据来看,民国时期桂西地区乡村学校发展主要受战争影响,特别是以 1937 年为分野。例如,凌云县在 1936 年有 129 所学校,其中 114 所是完全小学,但到 1949 年仅有 51 所学校,完全小学是 12 所;大新县 1933 年有小学 273 所,1942 年学校增加到 394 所,但 1949 年学校仅剩 217 所;东兰县 1924 年仅有 8 所学校,1943 年学校发展到 252 所,1940 年又减少到 140 所。

三、1949—1965:奠定基础

新中国成立之初,中国教育十分落后,乡村学校大多分布在城镇,少数民族地区的学校发展更加落后。为大力发展农村教育,我国也相继颁布了不同的政策,在乡村学校创办方面取得了巨大进步,但是由于自然条件、社会结构、教育政策等因素的影响,农村教育仍然是中国教育事业最薄弱的一层。1949 年 12 月 11 日,广西全境解放,和全国一样进行了社会主义改造,全力恢复和发展教育事业;1957 年到 1965 年是广西教育事业"大跃进"时期,教育秩序紊乱,盲目兴办不符实际的学校,时停时办,劳民伤财;1964 年广西推行两种教育制度和两种劳动制度,推动了半工半读和半农半读的学校发展,山区的耕读小学和简易小学纷纷创办,这对广西整个乡村学校发展起到推动作用。根据整个中国历史背景和中国乡村教育政策的演变,1949 年至 1965 年桂西地区各县乡村学校初

[①] 广西地情网. 广西通志·教育志[EB/OL]. [2017 - 12 - 23]. http://lib. gxdqw. com/view-a65-45. html.

步建立，形成一定的空间分布格局，是桂西地区乡村学校空间分布的奠定基础阶段。本部分通过对桂西地区该阶段校点数、教职工数和在校学生数的统计，量化分析了乡村学校空间分布的历史变迁情况。

（一）百色地区乡村学校空间分布概况

1. 百色地区

1949年随着各县市的相继解放，广西先后设立了南宁、柳州、百色等专区分管各市县，各地区的管辖范围时有调整。1956年3月百色专区改为百色地区，第二年又复称为百色专区，其管辖地范围也不稳定，百色县即为这一时期百色专区管辖的县域。

1949年至1965年，我国社会经历了社会主义改造、"大跃进"和经济调整等时期，整个中国的农村教育一波三折，乡村学校的发展也是艰难前行。在这个中国希望快速发展乡村学校但又百废待兴的社会大背景下，百色地区乡村学校发展也经历了几番起落。

根据图3-1，可以看出分布在百色地区的乡村学校从1949年到1957年的八年时间内，校点数的整体趋势是逐年上升，仅在1951年到1952年时校点数

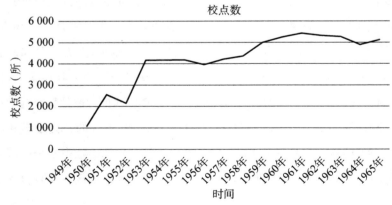

图3-1　1949—1965年百色地区乡村校点数历年变化
资料来源：百色市统计局提供的1981年10月出版的百色地区计划委员会编《百色地区国民经济社会统计资料（1949—1979年）》。

第三章　民族地区乡村学校的空间分布：桂西的历史

量突然下降，1953年校点数量经历了一年的迅速攀升，1953年到1957年校点增长速度稍微缓慢一些，1958年校点数量再次快速增长，直至1961年后才有所减少。图3-2能够看出分布于百色地区的教学点数量远远多于学校数量，1957年以前学校数量逐年缓慢增长，但是教学点数量增减波动较大。学校数量的变化是否意味着在校学生数和教职工数也有变化？从图3-3和图3-4可以初步判断教职工数和在校学生数的变化与学校数的变化有一定联系。

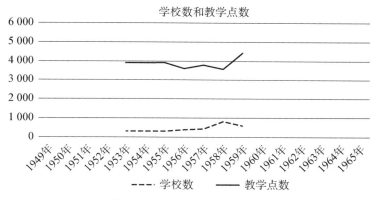

图3-2　1949—1965年百色地区学校数和教学点数历年变化
资料来源：根据百色市统计局提供的1981年10月出版的百色地区计划委员会编《百色地区国民经济社会统计资料(1949—1979年)》，作者整理自绘。

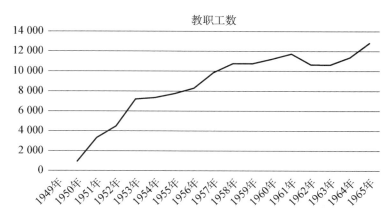

图3-3　1949—1965年百色地区教职工数历年变化
资料来源：百色市统计局提供的1981年10月出版的百色地区计划委员会编《百色地区国民经济社会统计资料(1949—1979年)》。

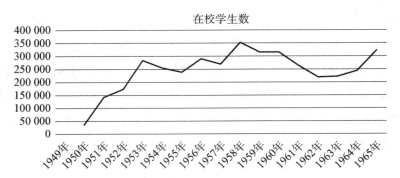

图 3-4 1949—1965 年百色地区小学在校学生数历年变化
资料来源：百色市统计局提供的 1981 年 10 月出版的百色地区计划委员会编《百色地区国民经济社会统计资料（1949—1979 年）》。

图 3-3 可以看出这一阶段分布在百色地区的教职工数量增长很多，1953 年比 1952 年的教职工数多了将近一倍，教职工数量逐年攀升到 1961 年，仅在接下去两年内有所减少，但是 1964 年开始又呈现出增长趋势。图 3-4 体现了在校学生数的变化，开始三年翻倍增长，1954 年至 1956 年在校学生数又陡然下降，1957 年又增加很多。在这期间，党和国家的办学政策激发了人民群众的办学热情，各工厂、人民公社都积极参与办学，学校数量和在校学生数的变化引起校均规模也呈现先增加后回落的循环趋势（图 3-5），从图 3-4 和图 3-5 的曲

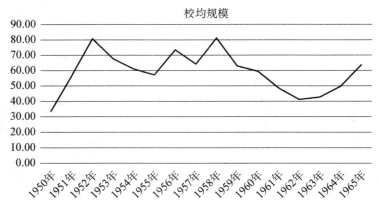

图 3-5 1950—1965 年百色地区校均规模历年变化
资料来源：百色市统计局提供的 1981 年 10 月出版的百色地区计划委员会编《百色地区国民经济社会统计资料（1949—1979 年）》。

线变化趋势看,在校学生数和校均规模的变化趋势相似。这一阶段校均规模都没有超过90人,说明了校点数和在校学生数的分布呈现出不稳定性和不均衡性。

　　1950年9月,广西颁布《关于改进小学教育的通知》规定2个班配备教师3人,经费困难地区可1个班级配备1位教师,但是从历年整体的校点数和教职工数来看,1950年和1951年平均1个校点有1位教职工,1953年到1964年平均每个校点有2位教职工,1965年平均每个校点有3位教职工。这说明分布在百色地区乡村学校的师资严重不足,很多校点只有1位教职工,而这位教职工要承包一个学校的所有教学和管理事务。另外,1952年广西小学教工与学生比例执行情况是1∶30.46,1953年则是1∶30.72;1956年广西教育厅提出民族山区的师生编比定为1∶25,当年广西小学教工与学生比例平均为1∶33.93;1958年和1960年全自治区小学教工和学生比例分别为1∶35和1∶30.4;1961年自治区规定,少数民族地区学校分散,有的学校学生人数少,教工和学生之比按1∶25执行;1964年自治区指示山区小学凡有10个学生即可开班办学,师生编比1∶32;到了1965年,小学教工与学生比例为1∶26.58。广西也是根据学校发展情况编制调节师生比,百色地区在这一阶段师生比逐渐减小,中间略有增减不稳,1956年以前,百色地区师生编比没有达到自治区规定,师生比都在1∶35以上(除了1955年师生比为1∶31),1957年以后百色地区师生比能够跟上广西整个师生比水平(图3-6)。尤其是在1961年到1964年,师生编比比较稳定,"大跃进"后的学校调整有所效果。

　　新中国刚成立,百色地区乡村学校纷纷建立,当时的政策是鼓励群众办学,允许民办学校的开办,很多乡村偏远地方为了能够让适龄儿童入学,各地开办了大量的教学点,通过数据分析可知,这一阶段分布在百色地区的教学点数量多且分散,有的教学点只有一个年级或是一个教学班,平均每个校点的学生也不多,教职工也难以满足实际需求。

　　2. 百色各县

　　广西解放之初,由于土匪暴乱,很多山区县的小学停办。1950年9月广西

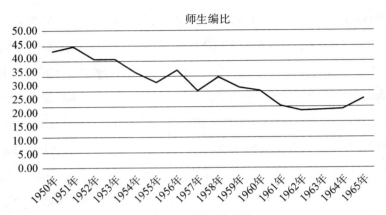

图 3-6　1950—1965 年百色地区师生编比历年变化
资料来源：百色市统计局提供的 1981 年 10 月出版的百色地区计划委员会编《百色地区国民经济社会统计资料(1949—1979 年)》。

文教厅要求争取年内恢复并扩大各级小学，要求各县市按行政区域和小学分布的情况，选择基础较好、设备较完善、地点适中的小学或初级小学为学区中心小学。1953 年 11 月，根据《关于整顿和改进小学教育的指示》，在整顿巩固学校的基础上，农村根据需要以自愿的原则，提倡民办小学。除正规小学外，还可办半日班、早班、夜校之类。所以 1950 年至 1957 年各级人民政府积极采取措施恢复和发展少数民族地区、边远地区的学校，百色地区各县小学学校得到空前的恢复和发展。

在整个社会背景下，分布在百色地区各县乡村学校的数量变化和百色整个地区的学校数量变化保持一样的趋势，但是(图 3-7)也明显看出有几个县的变化趋势格外不一样，例如靖西县和隆林县，仅从变化曲线上就能看出差异很大。另外也能看出分布在各县的学校数量差距很大，有的县学校数量庞大，例如靖西县和德保县，它们历年的学校数量是乐业县和西林县的好几倍。究其原因，一是根据 2000 年以来稳定的县域行政区域来看，不管是从地貌环境还是行政区划上来说，它们的差距都很大；二是因为新中国刚成立，广西行政区域不稳定，各县隶属变动和管辖区域的划分，在数据上呈现明显差异。例如靖西县，

第三章　民族地区乡村学校的空间分布：桂西的历史

1950 年隶属龙州专区,后迁崇左县,1952 年隶属百色专区,又经过各种行政区域的变动后,直至 1971 年专区改为地区,此后靖西县隶属百色地区,至今不变；凌云县也是和其他几个县合合分分,1952 年 8 月至 1962 年 3 月,经与乐业县一合一分,县域才确定；乐业县 1951 年 8 月裁撤,并入凌云县后称凌乐县,1961 年凌乐又分县,后置乐业县至今,这也从侧面解释了笔者在收集数据时,乐业县缺失部分年份的数据。同样地,西林县在 1951 年隶属隆林县(现称隆林各族自治县),直至 1961 年恢复西林县,故 1950 年和 1951 年的乡村学校相关数据缺失。行政区域的建置影响着分布在百色各县的学校数量,数据缺失集中在行政区域不稳定的年份,凌云县和乐业县在属于凌乐县时却有各自的乡村学校数据,这是因为县域稳定后,各地进行社会经济历年统计,根据现在行政区域统计当时应该属于各县的情况,故大致有了各个县的学校数据。

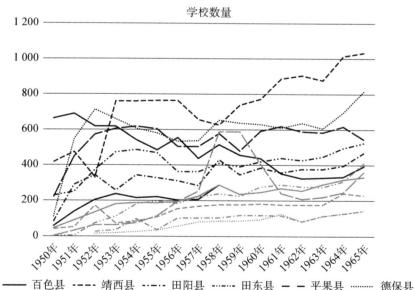

图 3-7　1950—1965 年百色地区各县学校数量(包括教学点)历年变化
资料来源：作者于 2018 年 12 月查阅广西地情资料库 http://www.gxdqw.com/gdtz/各县志整理而得。

(二) 河池地区乡村学校空间分布概况

1. 河池地区

1965年5月18日设置河池专区,原属柳州专区、百色专区和南宁专区管辖的10个县域划为河池专区管辖,治河池县。在此之前,河池专区辖属的各区域划分不断变化,被划分在不同管辖区,1971年河池专区改称河池地区,管辖地没有改变,行署驻地仍为河池县。在此阶段,也以河池地区所辖地域为准统计数据。

从图3-8中可以看出1950年到1965年分布在河池地区乡村校点数的变化。从1950年到1952年,乡村扫盲运动兴起,河池地区除了接管、接办和改造原国民政府所创办的学校外,也开始兴建民办学校,这几年河池地区乡村学校数量增长迅猛。1953年的校点数比1952年少27所,再到1955年,这三年期间河池专区学校缓慢增加,但是从1956年起校点数连续激增三年,从1956年的2611所增加到1958年4338所,增加了近一倍。这是因为1958年教育界的"大跃进"将乡村学校管理权下放到基层的街道等,广大河池地区跟随全国风潮,创办了形式多样的村办小学、简易小学和耕读小学。1960年,河池地区贯彻"调

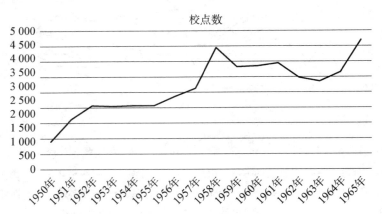

图3-8 1950—1965年河池地区乡村校点数历年变化

资料来源:河池市统计局提供的1987年10月出版的《广西壮族自治区河池地区国民经济社会统计资料汇编(1950—1980)》

整、巩固、充实、提高"方针,其中包括整顿各地学校的空间分布,接下来几年河池地区乡村学校又逐年减少,直至1965年河池专区的成立,该地区校点数又呈现增加趋势。

与此同时,可以发现河池地区教职工数和在校学生数的历年变化趋势同校点数的增减趋势相一致,如图3-9和图3-10。校点数增加表明河池地区的生

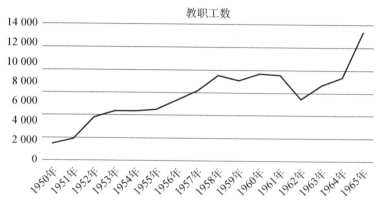

图3-9 1950—1965年河池地区教职工数历年变化
资料来源:河池市统计局提供的1987年10月出版的《广西壮族自治区河池地区国民经济社会统计资料汇编(1950—1980)》

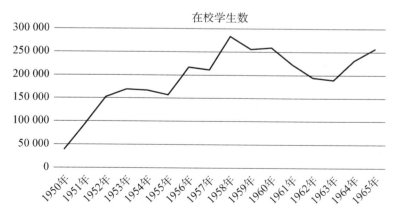

图3-10 1950—1965年河池专区在校学生数历年变化
资料来源:河池市统计局提供的1987年10月出版的《广西壮族自治区河池地区国民经济社会统计资料汇编(1950—1980)》

源对学校的需求在增长,扫盲运动下生源丰富,在校学生数不断增加,很多学生的年龄在7—12岁之外。校点数和在校学生数的变化也无疑促进了教职工数的变化,总体情况是校点数增加则教职工数增加,校点数减少则教职工数也有所减少。

根据校点数、教职工数和在校学生数的变化曲线能够看出1958年和1963年是明显的转折点,1958年之前(包括1958年),各项指标基本处于增长状态,而且增长速度很快,但是从1959年开始,各项指标都发生缩减情况,到1963年才有回升趋势。这一时期河池地区的校均规模和师生编比也极不稳定,校均规模几乎不超过80人,但是师生编比较1956年之前偏大,1956年之后教师编比逐渐符合当时广西地区对师生编比的要求,但是上下波动很大(如图3-11和图3-12)。

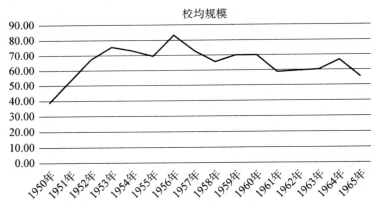

图3-11　1950—1965年河池地区校均规模历年变化
资料来源:河池市统计局提供的1987年10月出版的《广西壮族自治区河池地区国民经济社会统计资料汇编(1950—1980)》。

2. 河池各县

新中国成立之初,河池地区很多地方仍有土匪暴乱,破坏学校秩序,乡村学校空间分布严重不均衡。例如,南丹县1950年至1951年上半年,县内各小学均不能正常开学,直至1951年下半年匪患平息后,全县才有58所小学恢复上

第三章　民族地区乡村学校的空间分布：桂西的历史

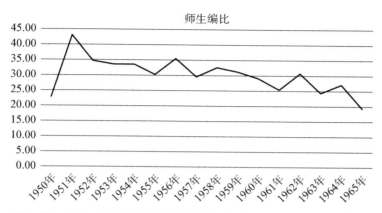

图3-12　1950—1965年河池地区师生编比历年变化
资料来源：河池市统计局提供的1987年10月出版的《广西壮族自治区河池地区国民经济社会统计资料汇编(1950—1980)》

课①。同样，天峨县境内也不安定，1951年后当地政府开始着力发展教育事业，重视恢复和新建学校，鼓励学生入学。整体来说，河池地区各县在解放后都开始发展各级各类学校，尤其是小学学校，一方面是人民群众对教育的迫切期望，另一方面也是响应政策，大力推行"扫盲"运动。从1950年到1965年，分布在河池地区各县的校点数的历史变化趋势总体相同，都经历了学校转型、教育"大跃进"和后期的调整，增减起伏符合社会背景的影响和相关政策的变动（图3-13）。在这期间，分布在都安瑶族自治县校点数发展最为迅速，远远高于其他县，尤其是从1956年到1958年，究其原因，行政管辖区域扩大直接影响了县内学校分布情况。都安瑶族自治县的前身是都安县，1949年境内解放之时，都安设4个区分辖31个乡镇，接下来的五年内，基层行政区划不断变化，但是都安管辖区域总体变化不大。1955年9月撤销了都安县，建置都安瑶族自治县，并从邻近的宜山县等6个县划入10个区，至此都安瑶族自治县共辖24个区307

---

① 广西地情网.南丹县志·教育志[EB/OL].[2018-01-20]. http://lib.gxdqw.com/view-c19-518.html. http://lib.gxdfz.org.cn/view-c19-518.html.

个乡。都安瑶族自治县因为行政区划的变动，1956年全县校点数比1955年增加了390所。由于"大跃进"的影响，1958年校点数更是高达1 267所，比1956年还多389所，校点数平均下来，每个乡都有新增学校。同时，宜山县因为在1955年划出一部分行政区域给都安瑶族自治县，它的学校数量到1956年锐减105所。河池地区各县在行政区域基本稳定后，学校空间分布的变迁趋势基本相同，各县都经历了1958年教育"大跃进"的学校大发展，1961年小学调整，学校数量有所减少。

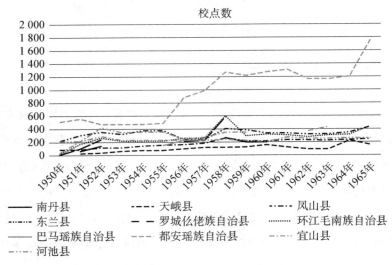

图3-13　1950—1965年河池地区各县校点数历年变化

资料来源：作者于2017年10月查阅广西地情资料库 http://www.gxdqw.com/gdtz/各县志整理而得。

（三）崇左地区乡村学校空间分布概况

1. 崇左地区

2002年之前，今崇左管辖的各县市分属其他地区管辖（以县域为单位看，崇左市2002年前属南宁地区管辖），本研究中出现的崇左地区都将以2016年广西年鉴的行政区划为准。也正是因为行政区划的变动，本研究在收集资料时，

第三章 民族地区乡村学校的空间分布：桂西的历史

未能找到今崇左市系统全面的乡村学校相关数据，只能通过广西地情网查阅各县志，收集到部分年份数据。表3-4是1950年到1965年分布在崇左地区的校点数的历年变化情况，新中国成立之初崇左地区乡村学校逐年增加，因为资料来源无法统一，仅能根据各县志记载推断崇左地区学校空间分布的历史变迁基本与百色、河池相同，都经历了旧学校的接管和新学校的建立时期，大力推广扫盲运动，学校数量增长明显。值得注意的是，1952年和1953年崇左地区校点数都没有包含宁明县的数据，但是1953年比前一年少259所校点，这是因为行政区域的变化。1958年是明显的分界点，在此之后的学校数量总体要比之前的多。

表3-4 1950—1965年崇左地区校点数历年变化

年份	校点数	备注	年份	校点数	备注
1950	1 628	不含宁明县	1958	1 738	不含宁明县
1951	1 962	不含宁明县和龙州县	1959	1 867	不含宁明县
1952	2 355	不含宁明县	1960	2 117	
1953	2 096	不含宁明县	1961	1 991	不含宁明县和龙州县
1954	2 112	不含宁明县	1962	2 144	不含宁明县
1955	2 093	不含宁明县	1963	2 211	不含宁明县
1956	2 323		1964	2 382	不含宁明县
1957	1 917	不含宁明县	1965	2 527	

资料来源：作者于2017年10月查阅广西地情资料库http://www.gxdqw.com/gdtz/各县志整理而得，其中1950—1965年校点数都不包含凭祥。

2. 崇左各县

崇左市成立于2002年12月23日，原来的崇左县改为江州区，下辖扶绥县、大新县、宁明县、天等县。

龙州县，代管凭祥市，崇左各县在这一阶段原属南宁地区管辖，在桂西地区乡村学校奠定基础阶段，崇左各县乡村学校也经历了转型，其各县学校数量空间分布的历史变迁趋势基本保持一致（图3-14）。其中崇左县和大新县学校增减最为平稳，而且增减变化趋势保持高度一致，历年的空间分布比较稳定，天等县和扶绥县有个别年份数量起伏很大。值得注意的是大新县在解放后，政府立马认识到乡村学校空间分布的重要性，迅速开展恢复学校工作，并针对全县小学实际情况合并了一些学校，调整学校分布状况。1953年大新县有429所校点，1957年有410所校点。大新县在"大跃进"期间将很多小学校并入大学校办"共产主义小学"，学校数量有所减少，到1960年全县很多学校又被撤回原校，小学校点才得以调整恢复。天等县在1953年进行了行政区划的调整，部分乡区划入其他县境内，包括大新县，这解释了1953年天等县较前几年的校点数突然减少而大新县有所增加的情况。

图3-14　1950—1965年崇左各县校点数历年变化

资料来源：作者于2017年10月查阅广西地情资料库 http://www.gxdqw.com/gdtz/各县志整理而得。

（四）1950—1965年桂西地区乡村学校空间分布变迁的原因

纵观1950年至1965年桂西地区乡村学校空间分布的历史变迁过程，除却行政区划变动的因素，分布于桂西各地的乡村学校数量呈增长趋势，教职工和在校学生数也增长不少。其中学校数量的增长主要来自教学点和民办学校在乡村广泛分布，教职工中有很大一部分属于民办教师，在校学生数中超龄学生普遍存在。这一阶段是新中国成立之初，乡村学校的建置与分布都处于奠定基础阶段,1958年是该阶段明显的分界点,乡村学校空间分布变迁原因主要有以下四点。

1. 村落小学转型

1949年12月到1957年社会主义改造时期,也是桂西地区乡村学校的转型期,从上述分析可明显看出桂西地区的学校数量逐年攀升。新中国成立之初,人民政府就对民国政府所建立的学校进行了接管、接办、接收和初步改造的工作。解放前我国私立学校不仅数量很大,而且情况复杂,桂西究竟有多少私立学校并没有精确的统计材料,私立学校在解放之初依然保持着一定的规模,中国政府也逐步接办、整顿及初步改造这些私立学校,这也是使得桂西地区乡村学校迅速分布各县的因素之一。快速接管了旧式公立学校,妥善接办私立学校,谨慎接收外资津贴学校的政策[①],可以说,正是这种改造、恢复和发展,为桂西地区的乡村学校发展打下了坚定的基础。1953年国务院发布《关于整顿和改进小学教育的指示》,提出集中开办正规小学和不正规的小学,例如隔日制、半日制、巡回小学等,方便儿童就近入学。为实现乡村学校的普及,各地政府也是采取了很多措施,主要是政府办学和群众办学相结合。

在各种政策的驱动下,各地创办了各种形式的小学,使得乡村学校广泛分布,扩大了适龄入学儿童的就学机会,各地在校学生数也在攀升。由于资料收集过程中,没能找到这一阶段适龄儿童数,无法比对在校学生数和适龄儿童数的变化关系,但是有一点能肯定的是,新中国成立后全国迅速开展"扫盲运动",在校学生数一定有很多超出小学入学年龄,十二岁以上仍在读小学的人口很多。也有政策明文规定,放宽小学学生入学年龄。学校和在校学生数都在增长,对教职工的需求也在持续增长,上述分析明确显示出教职工数量逐年上升。

2. 乡村学校的"大跃进"

1958年至1960年全国掀起"大跃进",主张教育与生产劳动相结合,政府和

---

① 廖其发.当代中国重大教育改革事件专题研究[M].重庆:重庆出版社,2007:23.

群众迫切希望改变教育落后的面貌,大量兴办各种形式小学,其中民办学校数量也激增,百色地区1958年共4 350所校点,1959年增长了637所校点,值得注意的是1958年到1959年学校数减少,但是教学点数量突飞猛增。到1960年百色地区的校点数已经达到5 228所。"大跃进"的三年,百色地区的教职工也有所增加,但是在校学生数却在减少,学生数量从1958年的351 376人到1959年的313 314人,再到1960年的在校学生数310 383人。在这三年期间,数据表明在校学生数逐年减少,而校点数却增加,校均规模由80.78降到59.37,校均规模在缩小,教职工数量虽有变多,但几乎是一个学校两位教师。

3. 乡村学校的纠正调整期

桂西地区经历了"大跃进"后,经济和教育都受到影响和挫折,1961年桂西地区也贯彻执行"八字方针",力图把教育事业引向健康道路。上半年各地派工作组到农村学校进行调查,并提出初步调整意见。1962年5月广西召开了教育行政会议,讨论了各级学校的精简问题,会后发出《关于调整我区教育事业和精简各级学校教职工的方案》,对"大跃进"期间盲目调整学校空间分布的局面进行扭转。1961年因为"大跃进"余热影响,百色地区学校仍有5 410所,而此时的在校学生数仅有262 642人,校均规模为48.55,教职工数量增加不多。从1962年至1964年,百色地区校点数量逐年减少,学生数量逐年增多。

此外,桂西是典型的大石山区,自然环境恶劣、交通不便、群众居住分散、生产发展水平较低,在这些地方只办全日制小学无法满足适龄儿童入学。在这种情况下,创办耕读小学的思想诞生了,其中今都安瑶族自治县和东兰县等地作为试点,先行试办耕读小学,这大大壮大了桂西地区乡村学校的空间分布。根据图3-2,百色地区学校数的变化比较平稳缓慢,1957年到1958年增加了373所,但是到1959年又比1958年减少229所,在"教育大跃进"时期乡村学校分布不稳定。教学点数目变化比较大,呈现"W"型增减,幅度较大。

4. 县域行政区划的变动

自古以来,我国乡村学校空间分布便按行政区划布置,学校数量和学校规模的变化与行政区划紧密联系。新中国成立之初,社会各方面都不够稳定,桂西各地行政区划变动非常大,各乡区分分合合的过程中逐渐形成稳定的县域,桂西地区乡村学校的空间分布也是随着行政区域的划分而变化。例如百色地区的靖西县,河池地区的都安瑶族自治县和崇左地区的天等县,三个县都在行政区域变动的前后年,学校数量增减尤为突出。根据对《广西行政区划志》的查阅,发现桂西各县在此阶段的行政区域一致处于不停变动中,当一个县的行政区域变动时,该县学校空间分布也受其波动。

四、1966—1976：非正常阶段

桂西地区乡村学校在新中国成立后的十五年内刚刚起步,有了一定的基础,就迎来了 1966 年至 1976 年的"文化大革命",十年动乱给整个社会带来许多不良影响,分布在桂西地区的乡村学校也蒙受巨大灾难。1966 年 5 月底到 1968 年,是"文革"期间社会最动荡不安的三年,这期间桂西地区乡村学校遭受到很大影响。当时很多学校时停时办,部分学校教师则被诬为资产阶级知识分子,国民经济不振,教育经费无法到位,导致很多乡村学校难以为继。1967 年,全区各类学校,学校教育发展跌入低谷①。1969 年 9 月,自治区召开中小学教育革命工作会议,批判了 60 年代初制定的"小学 40 条"等规章制度。次年 9 月,自治区在桂平县召开的"教育革命现场会"更是对之前的办学、师资队伍建设等工作加以否定,严重影响乡村学校发展。1971 年 11 月自治区召开的教育工作会议,继续否定教育工作,接下来的几年都跟风否定文化科学,批判教育,桂西地区学校受到严重冲击。整个"文革"期间,桂西地区遵从"五七指示"面向社会开门办学,这一时期涌出大量工厂、农场、林场等所办小学,要求师生学农学工。

---

① 蒙荫昭,梁全进. 广西教育史[M]. 南宁:广西人民出版社,1999:658—659.

"文革"期间,农村小学下放到生产大队管理后,许多地方发动群众修建学校,扩大招生,分布于桂西地区的乡村学校在数量上有很大发展,与1966年相比,1976年小学校点数由13 147所上升到25 943所,教职工由25 605增加到51 114人,在校小学生由771 626人增加到1 243 402人①。

(一)百色地区乡村学校空间分布概况

1. 百色地区

十年"文革"浩浩荡荡,百色地区的小学学校数量发展迅速,逐年增长,膨胀发展的学校数量中有很多是不规范的小规模学校和民办小学,完全学校数量的增长并不明显,教学点数量增长明显且增长速度相当快(图3-15和图3-16)。十年"文革"分布在百色地区乡村学校的变化情况如下。

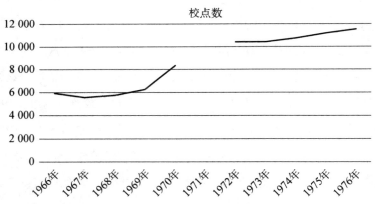

图3-15　1966—1976年百色地区乡村校点数历年变化
资料来源:百色市统计局提供的1981年10月出版百色地区计划委员会编《百色地区国民经济社会统计资料(1949—1979年)》。

---

① 源资料来源于各市统计局,桂西地区总数据根据计算得来,因为数据缺失,统计不全,其中1966年校点数不包括天等县、龙州县和凭祥,教职工数不包括大新县、天等县、龙州县和凭祥,在校学生数不包括龙州县和凭祥。另因大化瑶族自治县成立于1988年,在此之前桂西地区相关数据不包括今大化瑶族自治县。

第三章　民族地区乡村学校的空间分布：桂西的历史

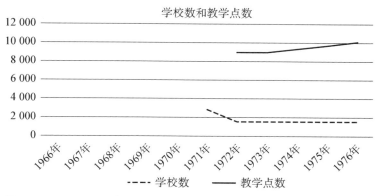

图 3-16　1966—1976 年百色地区学校数和教学点数历年变化
资料来源：百色市统计局提供的 1981 年 10 月出版的百色地区计划委员会编《百色地区国民经济社会统计资料（1949—1979 年）》。

从图 3-15 可以看出，"文革"时期百色地区乡村学校膨胀发展，从 1966 年到 1976 年期间，百色地区的校点总数基本呈上升阶段。再对比这一时期百色地区学校数量（完全学校）和教学点数量的变化（图 3-16），完全学校数量在 1971 年经历一年的骤减后趋于稳定，而教学点数量依然呈现逐年增加的状态，也就说明了图 3-15 校点总数的变化主要是因为教学点数量的变化。1966 年百色各地学校停课闹革命，各级领导及知识分子受到迫害，动乱一直持续到 1968 年 8 月，1967 年校点数比 1966 年减少 349 所，这两年是"文革"期间社会秩序最乱、损失最重时期，所以这两年百色地区的学校数量、教职工和在校学生数都在减少（图 3-17 和图 3-18）。但是从 1969 年之后，学校数量又呈现上升趋势，主要是教学点的增加，适龄入学儿童在逐年增加也使得在校学生数逐年增长。教育经费的欠缺难以支撑学校发展，当时学校分布发展不均衡，让教学点等简易小学在百色地区偏远乡村增加尤为迅速。校点数和学生数的增加对教师的需求也在增加，所以教职工也急速发展，但是高考中断，人才输送难以满足乡村地区对教师的需求，为了满足校点对教师的需求，当时的教职工绝大多数是民办教师和代课教师，很多教职工仅仅是因为上过初中或是识字就被聘请为小学教师。

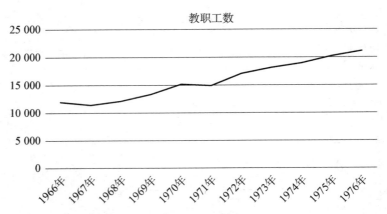

图 3-17 1966—1976 年百色地区教职工数历年变化

资料来源：百色市统计局提供的 1981 年 10 月出版的百色地区计划委员会编《百色地区国民经济社会统计资料(1949—1979 年)》。

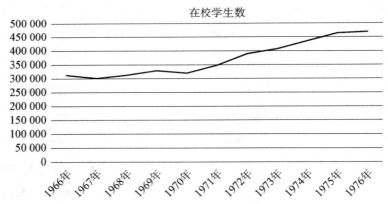

图 3-18 1966—1976 年百色地区在校学生数历年变化

资料来源：百色市统计局提供的 1981 年 10 月出版的百色地区计划委员会编《百色地区国民经济社会统计资料(1949—1979 年)》。

  需要说明的是，图 3-15 的数据是百色地区当时辖区内统计出的总体数据，没有将各县区数据单独列出，无法判断因行政区划调整影响的校点数是否与河池和崇左所辖县区有所重复，故与下表 3-5 列出的数据存在很大差异。但考虑到此表中的数据为同一口径，不影响对此阶段校点总数的分析，这种情况也从侧面反映了"文革"期间百色地区教育系统受到行政规划变动的影响很大。

图 3-17 和图 3-18 分别体现了 1966—1976 年百色地区的教职工数和在校学生数的历史变化情况,两项指标在这一阶段的变化趋势几乎一样,除了 1970 年教职工数和在校学生数都略有减少外,其他年份都持续增长,且增长的速度和幅度也大致相近。

2. 百色各县

"文革"时期整个百色地区乡村学校膨胀发展,根据各县历年的学校分布情况来看,各县学校分布情况也符合当时社会这一时期的学校膨胀发展特征。但是当时的"文革"斗争激烈,教育界动荡不安,很多与教育相关的工作被迫停止,有的政府停止对乡村学校的统计与布局调整工作,所以这一阶段很多县缺少校点数量的确切数据(表 3-5)。

表 3-5 1966—1976 年百色地区各县校点数的历年变化

年份	百色县	靖西县	田阳县	田东县	平果县	德保县	那坡县	凌云县	乐业县	田林县	西林县	隆林各族自治县
1966 年	/	1 430	/	/	531	853	573	610	277	333	145	1 125
1967 年	/	1 430	/	/	531	853	/	621	288	333	/	333
1968 年	/	1 430	/	569	1 054	795	556	892	343	549	/	308
1969 年	/	1 430	729	868	1 062	1 135	528	922	275	647	222	320
1970 年	/	1 364	805	735	1 099	1 000	615	1 273	464	809	213	576
1971 年	/	1 369	/	748	1 166	1 116	627	1 158	346	812	311	919
1972 年	/	1 429	/	840	1 109	1 135	692	1 177	354	823	/	1 007
1973 年	/	1 510	1 393	221	1 172	1 350	698	1 229	387	842	/	1 017
1974 年	743	1 610	2 030	831	1 199	1 223	721	1 943	452	1 491	413	1 078
1975 年	732	1 610	1 991	863	1 128	1 251	863	2 080	451	1 629	427	1 202
1976 年	806	1 646	3 149	882	2 267	1 381	886	2 113	450	1 663	461	1 202

资料来源:作者于 2017 年 10 月查阅广西地情资料库 http://www.gxdqw.com/gdtz/各县志整理而得,"/"表示没有收集到数据。

这一阶段百色地区各县学校分布都达到了前所未有的规模,平果县在 1966 年仅有 531 所校点,但到 1976 年年底却有 2 267 所校点,增加至四倍多。德保县、凌云县的学校也是一年比一年多,"文革"结束年比开始年的学校数目多了好几倍。表3-5中可以发现1966年至1973年百色县小学学校数量缺失,百色县作为当时百色地区的行署驻地,地理位置较其他县优越,社会各方面发展也较其他县好,但也是当时百色地区"文革"斗争最为激烈之地,很多学校被迫停课荒废,时停时办,教育秩序遭到严重破坏,数据的缺失一方面可能因为无人顾及统计学校发展数据,另一方面可能因为虽有统计,但是经过动乱之后丢失了。同样情况下田阳县、田东县、那坡县、西林县也各有部分年份缺少数据。另外,靖西县1966年至1969年校点数都为1 430所,1974年和1975年校点数都为1 610所,这是少见的情况,在如此动乱的阶段,能够将校点数保持在同一数据不大可能。这种现象在百色其他县也有类似的情况,但仅是连续两年的数据相同,首先不排除统计数据的真实性,但也很可能是后来政府或是研究者在统计历年数据时补充上与前后年份相差不多的数据。

(二)河池地区乡村学校空间分布概况

1. 河池地区

1971年河池专区改称河池地区,管辖地没有改变,行署驻地仍为河池县。"文革"期间河池地区乡村校点数量变化较大,虽然缺少部分年份的数据,但是能够得出河池地区在"文革"期间的乡村学校同百色地区一样是膨胀发展的(图3-19)。首先这一时期的校点数是增加的,尤其是1974年到1976年是逐年攀升。1970年前"文革"斗争激烈,校点增减不稳定,但总量超出"文革"前很多。这一时期的学校数和教学点数的变化值得注意的是,学校数量在"文革"前四年呈现先减再增加的趋势,到1971年后学校数量的变化曲线趋近于直线,而教学点则表现为"文革"前四年先增加再减少,而1974年到1976年却急速增长。图3-19中三条变化曲线能够看出1966年到1968年学校数量减少量远远大于教学点的增加量,校点数的曲线变化与学校数量的曲线变化较为一致,而1969年学校数激增量远远大于教学点的减少量,所以校点数曲线变化依然与学校数曲线变化保持一致。1971年开始,河池地区学校数量变化不大,趋于稳定,教学点

第三章 民族地区乡村学校的空间分布：桂西的历史

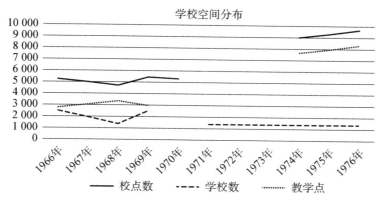

图 3-19　1966—1976 年河池地区学校空间分布历年变化
资料来源：河池市统计局提供的 1987 年 10 月出版的《广西壮族自治区河池地区国民经济社会统计资料汇编(1950—1980)》。

得到蓬勃发展，所以校点数变化曲线与教学点变化曲线保持一致。

由于数据的不完整，仅能推断河池地区的乡村校点数在"文革"期间大幅度增长，从 1966 年的 5 205 所到 1976 年的 9 580 所，增加了将近一倍，实属膨胀增长。虽然校点数不完全，但是这一阶段的教职工数和在校学生数是比较完全的，图 3-20 和图 3-21 分别表示了河池地区教职工和在校学生数在这一阶段

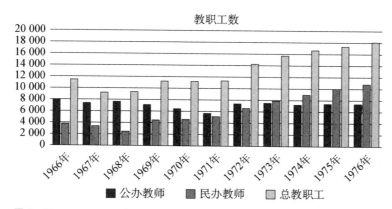

图 3-20　1966—1976 年河池地区教职工数历年变化
资料来源：河池市统计局提供的 1987 年 10 月出版的《广西壮族自治区河池地区国民经济社会统计资料汇编(1950—1980)》。

的历年变化。根据变化曲线来看,教职工的变化和在校学生数的变化一致,突出表现为"文革"前期的不稳定发展和"文革"后期的膨胀发展。"文革"初期批斗混乱,学校管理也十分混乱,适龄儿童入学率降低,辍学率增加,1966年到1968年校点数、教职工数和在校学生数几乎是同步减少,随后又同步增加。

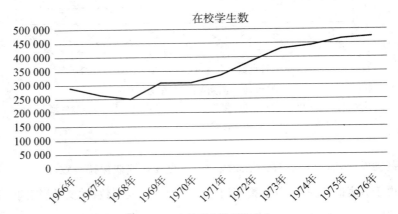

图3-21　1966—1976年河池地区在校学生数历年变化
资料来源:河池市统计局提供的1987年10月出版的《广西壮族自治区河池地区国民经济社会统计资料汇编(1950—1980)》。

1970年开始,在校学生数逐年增加,在校学生主要来自工农子弟,其中有一部分学生的年龄不在7—12岁之间。"文革"期间教职工大量增加,其民办教师在"文革"后期的占比超过公办教师,主要是因为各地政府统一聘请民办教师分配到各个校点,同时各地村民也有权利征集意见聘请民办教师以满足师资需求。

2. 河池各县

这一阶段河池各县的乡村学校数据也不完整,尤其是几个少数民族自治县,相同历史阶段下,偏远的少数民族聚居地社会发展不平衡,对教育的重视程度也不高,所以数据缺失比较多,但同时存在笔者的个人能力有限的问题,未能收集到全面的数据。河池各县学校历年分布与整个地区的学校分布情况相一致,学校数量急速增长,十年时间增加了数倍。表3-6呈现了河池地区各县不全的历年学校数量统计,从数据较全的天峨县、凤山县、东兰县以及河池县来看,十年内学校数量增加不少。1967 年至 1970 年,很多学校开办后又停办,1973 年"开门办学",停办的学校又重办,另新建大量学校,由此学校数量急速增加,表 3-6 中能够看出"文革"后期各县的学校增长速度更快。

表 3-6　1966—1976 年河池各县乡村学校分布统计表

年份	南丹县	天峨县	凤山县	东兰县	罗城仫佬族自治县	环江毛南族自治县	巴马瑶族自治县	都安瑶族自治县	宜山县	河池县
1966 年	/	405	255	441	/	481	552	1 754	147	259
1967 年	/	187	257	447	/	/	/	1 752	147	259
1968 年	/	190	243	438	/	/	/	1 752	148	259
1969 年	331	312	290	540	945	537	/	1 762	160	259
1970 年	/	284	323	504	1 057	472	/	1 796	/	259
1971 年	/	309	296	572	1 043	548	/	/	156	259
1972 年	400	418	324	618	/	683	/	2 060	155	398
1973 年	/	459	403	810	/	715	/	/	156	437
1974 年	594	489	424	1 086	/	786	958	2 280	158	437
1975 年	615	726	432	1 201	/	790	1 017	2 252	166	433
1976 年	681	543	466	1 201	/	855	1 020	2 451	170	449

资料来源:作者于 2017 年 10 月查阅广西地情资料库 http://www.gxdqw.com/gdtz/各县志整理而得,"/"表示没有收集到数据。

"文革"期间,各县的教职工数量也膨胀发展,尤其是民办教师数量,在"文革"后期更是超过公办教师数量。十年间,高考不再,师范生难以满足膨胀发展的学校对师资的需求,于是各种工农兵等被聘请为教职工。

(三)崇左地区乡村学校空间分布概况

崇左地区在这一时期仍然属于南宁地区管辖,大体上的行政区域变动不大,但是未能收集到全面的数据,很多县市的数据缺失(表 3-7)。总体来看,崇左的乡村学校在"文革"期间也经历了膨胀发展,表现最明显的是宁明县,它从 1966 年的 450 所学校增长到 1976 年的 1 037 所,增加了 1.3 倍,其他县市的学校增长幅度相对较小,其中"文革"后期分布在龙州县的学校数量保持稳定。但是比较崇左和百色地区、河池地区的乡村学校空间分布的历年情况,可以发现百色和河池的学校发展速度远远比崇左快,且数量也多出很多。首先,崇左相对其他两地区而言,行政区域较小且离自治区行政驻地近,属南宁地区管辖,可能当时对"开门办学"政策的理解度和执行力不一样,崇左地区学校的分布更趋向社会对学校的实际需求。

表3-7 1966—1976年崇左各县市校点数历年变化

年份	崇左县	扶绥县	大新县	宁明县	天等县	龙州县	凭祥市
1966年	413	500	696	450	/	/	/
1967年	413	500	800	/	/	483	/
1968年	474	550	685	/	/	546	/
1969年	527	532	675	/	/	546	/
970年	527	540	720	758	/	567	/
1971年	497	557	795	804	/	574	/
1972年	635	578	800	/	/	575	/
1973年	620	600	784	/	/	574	/
1974年	670	601	754	1 001	936	574	82
1975年	698	617	812	1 031	949	574	82
1976年	692	630	771	1 037	950	574	82

资料来源:作者于2017年10月查阅广西地情资料库 http://www.gxdqw.com/gdtz/各县志整理而得,"/"表示没有收集到数据。

这十年的崇左各县市,除了学校数量增加不少,教职工也增加很多,同百色、河池一样,民办教师在"文革"后期增加很多,但是增加量没有另外两地多。在校学生数通常与适龄儿童入学率相关,但在"文革"混乱时期,在校学生的不稳定发展更多是受特殊的历史背景影响。

(四)1966—1976年桂西地区乡村学校空间分布变迁的原因

"文革"十年,是中国社会发展经历过的特殊历史时期,也是乡村学校发展

第三章 民族地区乡村学校的空间分布：桂西的历史

的非正常阶段。根据数据统计分析，该阶段桂西地区乡村学校数量激增，各种形式的简易小学分布各个村落，在数量上达到了历史上最高峰，较"文革"前校点数增长超过一倍。教职工数也大量增加，尤其是民办教师数的增长，占总教师数的60%以上，在校学生数也是逐年攀升。引起桂西地区乡村学校膨胀发展和广泛分布的主要原因有以下两点。

1. 中小学管理权下放

1968年11月14日，《人民日报》发表了《关于将公办小学下放到大队来办的建议》，桂西各地普遍将农村中小学管理权下放至公社和生产队，成立贫下中农管理学校委员会，管理全日制中小学和"戴帽初中班"。农村基础教育普遍实行小学由大队办，农村学校经费也普遍实行民办公助，许多地方都发动群众维修、扩建校舍，扩大招生。仅仅看学校数量的增加是实现了"读小学不出村"的目标，但是学校的膨胀发展也使各地不得不聘请社会青年当民办或代课教师，1972年至1976年代课教师数量快速增长，甚至是正式教师的2倍多。

2. 开门办学

20世纪60年代兴起的"开门办学"号召，在"文革"期间蔚然成风。教育的开门办学也一度成为桂西地区小学教育最重要的指导方针，农耕小学、工厂小学等工农结合的简易小学遍地开花，教职工除了教学还要从事各种生产劳动，学生除了学习课本知识也要从事各种生产劳动的学习，所以这一时期的教职工和在校学生数也增长很快，尤其是民办教师数的增长，但其中公办教师数的增长满足不了学校数量的增长。高考中断十年，选拔人才的途径也被中断，就整个师资队伍来说，师范毕业生很少。1971年12月，自治区执行《全国教育工作会议纪要》提出：建立一支工农兵、革命技术人员和原有教师三结合的无产阶级教师队伍，聘请和选调工农兵任教师应以兼职为主[1]。在此期间，地处更为偏远的乡村，教师几乎都是聘请的民办教师。

---

[1] 广西地情网.广西通志·教育志[EB/OL].[2018-01-08]. http://lib.gxdqw.com/catalog-a65.html.

五、1977—1984：整顿与恢复阶段

1976年10月，长达十年的"文化大革命"结束了，教育界改革开放，这一时期桂西地区主要任务是普及初等教育。第一阶段是从1976年11月到1978年11月，主要是恢复和建立正常的学校教学秩序，对学校布局进行了初步调整；第二阶段是1978年12月到1984年，主要任务是全面调整学校空间分布。

1978年，教育部启动了以"调整、改革、整顿、提高"为主的教育重建，农村中小学要经过调整使比例趋于合理①。1980年12月，《关于普及小学教育若干问题的决定》这一文件要求各地应结合实际优化学校布局，办学形式可以多样化。随后广西根据中央作出的《关于普及小学教育若干问题的决定》提出要在20世纪80年代在全自治区基本普及小学教育的任务，并提出办学要求。1983年自治区教育局召开普及小学教育工作座谈会，强调进一步搞好布局设点，在办好全日制小学的同时，认真办好多种形式的简易小学。1984年底，国务院发布《关于筹措农村学校办学经费的通知》，提出"乡人民政府可以征收教育事业费附加，充分调动农村集体经济组织和其他各种社会力量办学的积极性。"在这样的社会背景下桂西地区乡村学校空间分布也得到调整，形成新的空间分布特征。

（一）百色地区乡村学校空间分布概况

1. 百色地区

1983年10月8日，经国务院批准，撤百色县设百色市，以原百色县行政区域为其行政区域，百色市仍属百色地区，且为百色地区行政驻地。1983年是中国"撤县改市"的初始年，当年有31个县域改为县级市，其中就包括百色县改为百色市，虽然没有"撤县改市"的标准，但是能够推断出百色县的各方面发展在

---

① 郭福昌. 中国农村教育年鉴(1980—1990)[M]. 太原：山西教育出版社，1990：10.

百色地区靠前,成为地区政治、经济、科学和文化教育中心,并能够对百色地区的其他各县有较强的辐射力。

"文革"刚刚结束,百色地区积极整顿各市县乡村学校,1976年已经初探学校布局调整工作,但是国家政策的执行力还没有到达各个县市,百色地区为了及时扭转"文革"的教育面貌,大力发展学校,上一阶段的学校膨胀发展一直影响到20世纪80年代。1977年百色地区的校点数达到最高峰值11 574所(图3-22),学校数有1 512所,教学点有10 062个,纵观前后年份,1977年的学校数并不是峰值,而教学点数是峰值(图3-23)。

图3-22　1977—1984年百色地区校点数历年变化

资料来源:1977—1979年数据来自百色市统计局提供的1981年10月出版的百色地区计划委员会编《百色地区国民经济社会统计资料(1949—1979年)》,1980—1984年数据来自百色市统计局提供的百色地区计划委员会历年编的《百色地区国民经济和社会发展统计资料》。

1978年,教育部以"调整、改革、整顿、提高"为旨发展教育,农村中小学被大幅度地撤销或合并,此时的百色地区也正式开始了乡村学校的布局调整工作。从1978年到1984年,百色地区校点数逐年减少,1984年的教学点数比1977年减少了1 956个(图3-23);而学校数较之前有所增加,一部分教学点在整顿过程中逐渐转为完全小学,所以学校数的增长相对稳定。教育部之所以提倡整顿学校布局,是因为在此之前的教育摸索阶段,农村小学膨胀发展的背后却带来

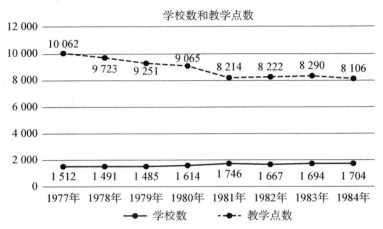

图 3-23　1977—1984 年百色地区学校数和教学点数历年变化

资料来源：1977—1979 年数据来自百色市统计局提供的 1981 年 10 月出版的百色地区计划委员会编《百色地区国民经济社会统计资料(1949—1979 年)》，1980—1984 年数据来自百色市统计局提供的百色地区计划委员会历年编的《百色地区国民经济和社会发展统计资料》。

师资不足等各种问题，教育结构遭受严重破坏。

　　"文革"时期，教师地位不高，且多为民办教师，学历等各方面都不理想，"文革"结束，教师地位随着各地对教育的重视程度也有所提高，许多教师重新回到工作岗位，教职工数量迅速增长。1978 年 1 月，国务院批转了《教育部关于加强中小学教师队伍管理工作的意见》，对中小学公办、民办教师管理作出明确规定。百色地区也进行了中小学教师队伍的整顿工作，将一部分民办教师转为公办教师，另聘用社会优秀人才补充各县教师空缺，从 1977 年到 1981 年，教职工数量激增，四年时间增加了 2 136 位教职工(图 3-24)。随着教师队伍管理工作的推进，辞退了一些不符合教师条件的民办教师和代课教师，1982 年教职工数量较 1981 年就缩减了 1 289 人。1982 年教职工数量开始缩减，但是适龄入学儿童数却增加很多(图 3-25)，在校学生数的增长对教职工的需求也变大，1984 年教职工数量较 1983 年又略有增长。

第三章 民族地区乡村学校的空间分布：桂西的历史

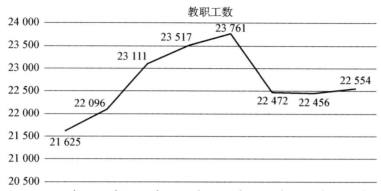

图 3-24 1977—1984 年百色地区教职工数历年变化
资料来源：1977—1979 年数据来自百色市统计局提供的 1981 年 10 月出版的百色地区计划委员会编《百色地区国民经济社会统计资料（1949—1979 年）》，1980—1984 年数据来自百色市统计局提供的百色地区计划委员会历年编的《百色地区国民经济和社会发展统计资料》。

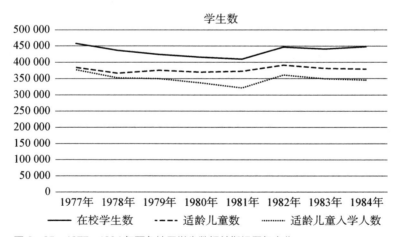

图 3-25 1977—1984 年百色地区学生数相关指标历年变化
资料来源：1977—1979 年数据来自百色市统计局提供的 1981 年 10 月出版的百色地区计划委员会编《百色地区国民经济社会统计资料（1949—1979 年）》，1980—1984 年数据来自百色市统计局提供的百色地区计划委员会历年编的《百色地区国民经济和社会发展统计资料》。

1977年百色地区校点数达到历年最多,之后开始缩减,主要是因为教学点的减少,而学校数略有增长,教职工数量也在1982年前增长不少;但是在校学生数却从1977年开始减少,到1982年才有所回升。这一阶段,百色地区积极致力于学校的整顿与恢复,1977年至1981年校点数和在校学生数逐年减少,但是教职工数在增长;1982年开始校点数继续减少,教职工开始缩减,但是在校学生数开始增长。显而易见,1982年是该阶段的转折点,当年的校均规模为45人,师生编比约为1∶20,可以推测整个百色地区的校点分布较分散。

2. 百色各县

百色地区各县市的乡村学校在此阶段也得到了一定的恢复与发展,整个百色地区乡村学校数量经过精简而逐年减少,纵观各县市乡村学校的分布情况,由于各县市教育发展不均衡,乡村学校分布状况略有不同,但历史变迁轨迹同整个百色地区相同,即学校数量增加,教学点大量减少,教职工有所增加,在校学生数呈回升趋势。例如1983年改为百色市的百色县,1977年时有132所学校,676个教学点,教职工有1 726人,适龄入学儿童有30 123人,入学率达98.6%,当年在校学生数有37 590人;1984年百色市学校增加到147所,但是教学点比1977年减少了147个,教职工增加了356人,适龄入学儿童和在校学生数相差不多。学校数量的增加和教学点的减少,说明一方面办学规范的学校在增加,另一方面部分教学点很可能关闭了。

(二)河池地区乡村学校空间分布概况

1. 河池地区

"文革"结束,河池地区积极恢复学校自主权,认真执行自治区《中小学工作条例》。1976年10月到1977年年底,河池地区致力于恢复学校,以促使教职工和学生能够正常入校,1977年教学点有8 308个达到历年最多,比1976年多68个。1977年到1984年,学校数和教职工数逐年增加,但是教学点逐年减少,优化调整学校空间分布也是提高教育质量的措施之一。1977年至1980年,适龄入学儿童并没有大幅度增减,但是在校学生数却在减少,随着普及小学教育工作严格推广,至1981年在校学生数开始回升(表3-8)。

表3-8 1977—1984年河池地区乡村学校发展的历史变迁

年份	学校数	教学点	教职工	在校学生数
1977年	1 346	8 308	18 195	457 407
1978年	1 355	7 735	19 318	433 747
1979年	1 352	6 895	20 683	413 048
1980年	1 466	6 559	20 920	408 972
1981年	1 498	/	21 706	414 141
1982年	1 511	/	21 162	441 194
1983年	1 540	/	21 435	454 636
1984年	1 570	/	21 242	462 491

资料来源:1977—1980年数据来自河池市统计局提供的1987年10月出版的《广西壮族自治区河池地区国民经济社会统计资料汇编(1950—1980)》,1981—1984年数据来自河池市统计局提供的河池地区统计局于1988年10月出版的《广西壮族自治区河池地区国民经济统计资料汇编(1981—1985)》,"/"表示没有收集到相关数据。

2. 河池各县

纵观河池地区这一时期各县乡村学校分布情况,基本上与整个河池地区的历史变迁相似,1977年到1981年学校恢复正常秩序,1982年到1984年整顿提高学校各方面条件。河池县是河池地区在"文革"后率先整顿优化学校空间分布的县域之一,1977年较1976年仅仅是教学点减少3个,之后至1984年,河池县的学校数量平均每年增加2到3所,但是教学点平均每年减少8个。另外,教职工和在校学生数都有所增加,但是因为整顿阶段的不稳定性,历年有增有减的情况都是存在的。这一时期数据比较完整的天峨县和凤山县在学校发展的历史变迁中表现出既有相似性又有差异性,下表3-9和表3-10分别为天峨县和凤山县的学校相关数据。

表 3-9　1977—1984 年天峨县学校发展的历年变化

年份	学校总数	学校数	教学点	教职工	在校学生数
1977 年	555	63	492	950	16 944
1978 年	519	64	455	1 030	15 897
1979 年	460	64	396	1 018	14 442
1980 年	414	72	342	869	13 502
1981 年	407	71	336	407	13 827
1982 年	406	76	330	406	15 887
1983 年	443	76	367	443	15 721
1984 年	441	76	365	441	15 257

资料来源：作者于 2017 年 9 月查阅广西地情资料库 http://www.gxdqw.com/gdtz/天峨县志整理而得。

表 3-10　1977—1984 年凤山县学校发展的历年变化

年份	学校总数	学校数	教学点	教职工	在校学生数
1977 年	465	88	377	1 032	20 641
1978 年	454	89	365	1 058	18 556
1979 年	435	89	346	1 087	19 236
1980 年	394	88	306	1 184	18 143
1981 年	424	93	331	1 230	18 182
1982 年	422	95	327	1 065	19 405
1983 年	420	97	323	1 044	20 480
1984 年	417	98	319	1 043	20 717

资料来源：作者于 2017 年 9 月查阅广西地情资料库 http://www.gxdqw.com/gdtz/凤山县志整理而得。

根据表 3-9 和表 3-10 的统计数据来看，1977 年至 1984 年间天峨县和凤山县在学校数量上都略有增加，变化趋于平稳；在教学点上整体是 1984 年比 1977 年有所减少，但中间年份有增有减；同时教职工和在校学生数都表现出先减后增的变化趋势，只是各县增减变化的年份不一致。从上表且能看出学校数量变化与教职工和学生的数量变化息息相关，入学学生数的增长意味着对学校和教师的需求也在增长。两个县分布学校的数量变迁符合河池整个地区的变化，也符合这一历史阶段对学校空间分布的政策要求，然而每个县的经济等各方面发展不平衡,对政策的执行力也不相同,所以学校分布上存在差异性。

(三)崇左地区乡村学校空间分布概况

崇左地区在此时期属南宁地区管辖,乡村学校的分布都在南宁地区的行政指导引领下进行调整,按照今崇左市对该历史时期的相关数据进行分析有些困难,其每个县都有不同年份、不同指标数据的空缺,甚至有的县缺少的数据比较多,在此选取数据全面且具有代表性的崇左县进行分析。首先崇左县是今崇左市行政中心,该县在此时期的乡村学校发展的历年变化如表3-11,校点总数表现为先增多再减少,其中学校数量一直保持增长,由1977年的95所增加到1984年的125所,共增加了30所;教学点由1977年的600个增加到1979年的637个,1980年教学点开始缩减,减少到1984年的567个教学点,这说明该时期崇左县对乡村学校空间分布的调整方向主要是缩减教学点,建置完全小学。崇左县的教职工和在校学生数的历年变化如同百色、河池地区的变化,起伏不定,但总体符合历史变化。

表3-11　1977—1984年崇左县学校发展的历年变化

年份	校点数	学校数	教学点	教职工	在校学生数
1977年	695	95	600	1 662	40 371
1978年	716	97	619	1 731	40 972
1979年	734	97	637	1 745	38 813
1980年	709	99	610	1 816	39 665
1981年	706	110	596	2 018	39 659
1982年	690	113	577	1 947	36 085
1983年	683	123	560	1 968	38 357
1984年	692	125	567	2 036	41 218

资料来源:作者于2017年9月查阅广西地情资料库 http://www.gxdqw.com/gdtz/崇左县整理而得。

天等县和龙州县在此阶段的数据也比较完整可靠,两个县学校分布的历史轨迹相似。天等县在1977年有学校116所,此后几年全县都保持有120所学校,学校数量分布比较稳定,但教学点一直在调整中,较"文革"期间教学点有所减少,但是减少幅度不是很大。天等县的教职工数和在校学生数在此期间也呈现先减少再回升的变迁过程,1980年是这一阶段历史变迁的分界点。龙州县在此阶段积极响应政策,恢复整顿学校,1977年到1979年学校数都保持在95所,到1980年增加了30所,1981年又减少14所,1982年恢复到95所学校,1983年112所,1984年117所,教学点增减无常。龙州县根据每年适龄入学儿童和在校学生数等指标努力调整学校布局,但还处于摸索阶段,例如1981年在校学生数30 715人,当年学校有111所,教学点有510个,教职工1 871人,次年在校学生数33 979人,比上一年增加3 264人,但是学校却减少16所,教学点减少132个,教职工减少104人。崇左地区各县学校发展的历史变迁情况说明在此阶段主要以恢复学校工作为主,同时也在探索学校空间分布的调整优化方案。

(四) 1977—1984年桂西地区乡村学校空间分布变迁的原因

桂西地区乡村学校上一阶段的膨胀发展局面到1977年以后才逐渐缓和,由于学校分布太多,很多乡村学校因为生源不足、师资不好、经费不够等现实问题而面临关闭,民办学校的存留更难。1977年到1984年,桂西地区开始意识到学校分布问题,开展了一系列恢复正常的完全小学和整顿学校空间分布的工作,这一时期乡村学校数量得以控制,较上一阶段教学点数量有一定的减少,完全学校增多。恢复整顿阶段桂西地区乡村学校空间分布变迁原因也有较为突出的两点。

1. 先恢复后调整

十年"文革"期间,桂西乡村学校非正常发展,很多学校规模不合格且教育质量较低,学校普遍缩短了学制,师资队伍不科学,学生管理混乱。1978年4月22日的全国教育工作会议提出教育事业必须同国民经济发展要求相适应,各地应全面整顿学校教育。同年9月《全日制小学暂行工作条例(试行草案)》对全国小学学校的恢复与整顿产生了积极的影响。1980年桂西各地政府也开始要求从实际出发,因地制宜办学,力求学校布局和群众生活相适应。总体上来看,20世纪70年代末到80世纪初,桂西地区乡村学校数量有所精简,学校的办学条件得到改善,办学规范的学校数有所增加,教学点数量明显减少,在校学生数量开始回升,农村的适龄入学儿童的辍学率也有所下降,但是因为此阶段为教育体制改革的摸索阶段,对乡村学校的整顿和提高工作还有所不适应,所以从数据分析上看该阶段桂西地区乡村学校的空间分布并不稳定。

2. 明确乡村学校空间分布走向

1978年,桂西各地开启"调整、改革、整顿、提高"的教育重建,为使学校比例趋于合理,乡村地区学校被大幅度撤并,包括很多办学不规范的小规模学校和一些民办小学。1979年中央转批《关于发展农村教育事业的情况报告》,其中明确提出农村教育发展坚持"两条腿走路"的方针,农村教育主要面向农村地区,为农村的建设而服务①。1980年《中共中央国务院关于普及小学教育若干决定》出台,要求全国各地从实际出发,农村基础教育发展的重心定位是在普及小学教育上②。另外,"文革"后农村扫盲教育又重新部署,加强对农村人口的扫盲教育,这也是促进农村学校发展的体现之一。桂西地区乡村学校中的完全小学数量趋向稳步发展,教学点开始有所减少,一系列的政策出台,外加人们对教育的期望,都明确指示出乡村学校空间分布的未来方向。

六、1985—1999:综合改革阶段

随着经济恢复发展,乡村学校经过恢复整顿逐步得到稳步发展,20世纪80年代中后期开始是我国义务教育综合改革阶段,不仅在教育管理体制上有所改变,乡村教育的方方面面都进入了改革阶段,桂西地区也迎来了乡村学校空间

---

① 王慧. 最近60年农村教育发展评议[J]. 河北师范大学学报(教育科学版),2011:5—10.
② 程天君,王焕. 从"文字下乡"到"文字上移":乡村小学的兴衰起伏[J]. 教育学术月刊,2014(8):3—12.

分布的综合改革阶段。1985年5月27日中共中央国务院作出了《关于教育体制改革的决定》,其中明确规定发展基础教育的责任交给地方,使农村基础教育逐渐形成以乡镇管理为主的格局。1986年《中华人民共和国义务教育法》更是首次将合理设置小学以法律形式确定下来。随后"普九"运动开展,到20世纪80年代形成了"县学县办,乡学乡办,村学村办"的乡村地区办学格局。到20世纪90年代初,桂西地区很多县率先普及了小学教育。

  由于很长一段时间内乡村学校数量过多,教职工数量多,尤其是民办教师数量庞大,师生编比不合理,且学校规模效益变差[①]。教师数量过多与学校布点分散有着密切关系,国家将调整学校布局和精简教师队伍作为解决农村义务教育经费问题的措施之一。1992年发布的《关于进一步改善和加强民办教师工作若干问题的意见》中强调在就近入学的原则下要合理调整学校布局,精简教职工。1993年,在《中国教育改革和发展纲要》中首次明确了农村教育布局调整的指导思想为"集中化、规模化办学",这无疑是优化学校空间分布的重要纲要。1994年我国实行"分税制",农村办学经费来源就此转变。1998年,教育部进一步强调应对难以改变的薄弱学校通过撤销或合并到办学条件较好的学校来调整学校布局。一年年的教育政策出台,表明乡村学校空间分布的调整规划成为重要教育工作。

(一) 百色地区乡村学校空间分布概况

1. 百色地区

  1985年到1999年,百色地区迎来了乡村学校发展的重要阶段。新中国成立以来,乡村学校在曲折道路中高膨胀低质量发展,为改善这种不良现状,百色地区开始对乡村学校分布状况进行综合改革。图3-26展现了1985年到20世纪末的百色地区乡村学校空间分布的历史变迁情况,可以看出在此阶段,百色

---

① 国家教委办公厅档案处.中国教育投入与使用效益分析[C]//中国教育年鉴1995.北京:人民教育出版社,1995:868—869.

地区乡村校点数逐年下降,但是学校数量相当稳定,历年变化曲线几乎为直线,历年的增减幅度没有超过 30 所学校。由此来看,校点数逐年下降基本上是由于教学点的减少,图中教学点的历年变化曲线的形状几乎和校点数一样,下降速度快,尤其是 20 世纪末,教学点逐年减少的速度逐渐加快。虽然 20 世纪 90 年代初的数据缺失,但是能够从变化趋势上推断出其变化走向。

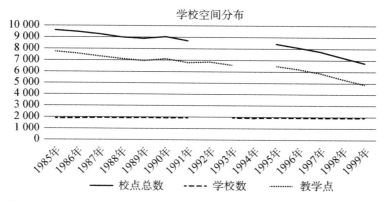

图 3-26　1985—1999 年百色地区学校空间分布历年变化
资料来源:1985—1994 年数据来自百色市统计局的百色地区计划委员会历年编的《百色地区国民经济和社会发展统计资料》,1995—1999 年数据来自百色市教育局提供的由百色地区教育局历年填报的《百色地区中小学及其他学校综合统计报表》,曲线断缺处表示没有收集到数据。

教职工数量的变化略不同于校点数的变化,1993 年之前,教职工数量逐年减少,尤其是 1993 年,教职工数量突然减少,比上一年减少 3 641 位。因为在此之前,教职工中存在大量民办和代课教师,很多教师难以胜任日益完善的教学需求,从 1992 年开始压缩教师队伍,转正或清退民办教师。虽然政策要求精简教职工,但是百色地区的教职工却从 1994 年起又增加许多,1995 年比 1994 年增加了 2 936 位教职工(图 3-27)。在校点数逐年减少和政策要求精简教职工的情况下,这两年教职工反而增长许多,可以推断这两年的在校学生数增加了不少(图 3-28)是其原因之一,学生的增长意味着对师资的需求也在增长。

乡村教育

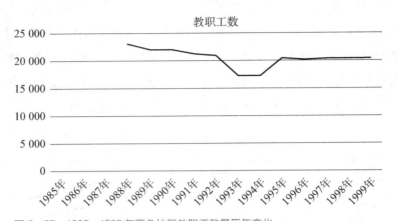

图 3-27　1985—1999 年百色地区教职工数量历年变化
资料来源：1985—1994 年数据来自百色市统计局、百色地区计划委员会历年编的《百色地区国民经济和社会发展统计资料》，1995—1999 年数据来自百色市教育局提供的由百色地区教育局历年填报的《百色地区中小学及其他学校综合统计报表》，曲线断缺处表示没有收集到数据

　　1984 年 8 月自治区政府提出普及初等教育将是全区教育工作的重点，当年年底便对个别县检查验收，1985 年起百色地区重点开展普及小学教育的工作，各地政府积极倡导适龄儿童就近入学，于是 20 世纪 90 年代初百色地区学生数量回升，辍学率下降，入学率升高。但是随着 20 世纪 80 年代计划生育政策的落实，百色地区人口出生率降低，20 世纪 90 年代后期适龄入学的学生数不断降低，可以推断部分学校的在校学生数不足以前在校人数的一半（图 3-28）。

　　2. 百色各县

　　乡村地区在义务教育综合改革的同时，进行着小学教育的普及，百色地区各县在政策的推动下，如火如荼地开展调整优化学校空间分布的工作。各县经过 80 年代初的学校数量稳定发展、教学点精简后，在此综合改革阶段继续调整乡村学校空间分布。笔者在统计这段时间的数据时发现一个既特殊又普遍的现象，百色地区仅有田阳县、隆林各族自治县和西林县的乡村学校数据相对完整，百色县、靖西县、田东县、平果县、德保县、那坡县、乐业县、田

第三章　民族地区乡村学校的空间分布：桂西的历史

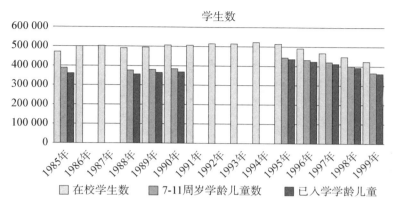

图3-28　1985—1999年百色地区学生数相关指标历年变化
资料来源：1985—1994年数据来自百色市统计局的百色地区计划委员会历年编的《百色地区国民经济和社会发展统计资料》，1995—1999年数据来自百色市教育局提供的由百色地区教育局历年填报的《百色地区中小学及其他学校综合统计报表》，个别年份没有收集到相关数据。

林县都是缺少1992年、1993年和1994年这三个年份的相关数据，凌云县缺少1994年数据。百色各县乡村学校发展的历史变迁与整个地区的总变迁是一致的，都表现出学校数量基本稳定，增减幅度保持在10所以内，大部分县的增减幅度保持在5所以内。尤其从1995年起，很多县学校数量几乎保持不变，存在几所学校的增减幅度，这可能是因为每年统计口径造成的误差。但是这十几年内，各县的教学点逐年减少，特别在20世纪末期，教学点的减少尤为明显。这一时期的教职工数量也在减少，各县精简教师这一项工作对教师数量影响很大；学生数量也经历了20世纪80年代末的回升，到90年代的下降。

考虑到数据完整性对统计分析的影响，选取数据最为完整的田阳县作为研究对象，分析田阳县在此时期乡村学校发展的历史变迁情况，数据见表3-12。

表 3-12　1985—1999 年田阳县乡村学校发展的历史变迁

年份	学校数	教学点	教职工	在校学生数	适龄儿童数（7—11 岁）	已入学	入学率%
1985 年	162	555	2 197	48 069	38 653	35 954	93.02
1986 年	164	571	2 160	50 859	/	/	94.90
1987 年	162	561	2 169	50 615	/	/	/
1988 年	161	477	2 119	49 288	36 961	35 871	97.05
1989 年	162	464	2 060	49 362	36 670	35 348	96.39
1990 年	166	446	2 122	49 536	36 256	35 338	97.50
1991 年	164	445	2 048	49 073	/	/	/
1992 年	165	442	2 009	48 043	/	/	98.00
1993 年	165	397	2 008	45 363	/	/	98.00
1994 年	169	386	1 967	43 499	/	/	98.90
1995 年	171	362	1 901	41 650	37 086	36 758	99.12
1996 年	172	320	1 833	39 180	35 159	34 808	99.00
1997 年	169	285	1 823	36 311	32 966	32 562	98.77
1998 年	169	199	1 819	33 389	28 998	28 978	99.93
1999 年	169	199	1 804	31 231	26 884	26 860	99.91

资料来源：1985—1994 年数据来自百色市统计局的百色地区计划委员会历年编的《百色地区国民经济和社会发展统计资料》，1995—1999 年数据来自百色市教育局提供的由百色地区教育局历年填报的《百色地区中小学及其他学校综合统计报表》，个别年份没有收集到相关数据，并用"/"代表。

　　1985 至 1999 年，田阳县的学校数量增减变化不大，教学点个数虽比学校数多很多，但此时学校发展处于稳定期，而教学点大幅减少，其中 1985 年有 555 个教学点，1986 年增至 571 个，之后便开始逐年减少，平均每年减少 27 个。教学点的减少本就意味着教职工数量有所减少，在精简教职工政策的推动下，教职工减少了 393 位，教职工减少的数量正好与教学点减少的数量接近。受计划生育政策的影响，田阳县从 1985 年起，人口自然增长率下降，适龄入学儿童也便减少，但是在普及小学教育工作的推动下，入学率逐渐升高，增加了六个百分点。从该阶段田阳县乡村学校空间分布的历史变迁来看，学校和教学点总数、教职工数和学生数的增减变化紧密联系。

(二)河池地区乡村学校空间分布概况

1. 河池地区

笔者在收集河池地区乡村学校发展的相关数据时遇到了一些不可抗力,因而影响了数据的完整性。图 3-29 中河池地区学校数变化曲线比教学点数变化曲线平缓,学校数缓慢增加,说明学校发展到相对稳定状态。从 1992 年至 1999 年河池地区教学点的变化来看,教学点逐年减少,七年时间共减少 1 363 个,平均每年减少 195 个,学校的调整优化体现在合理建置完全学校和精简教学点这两方面。

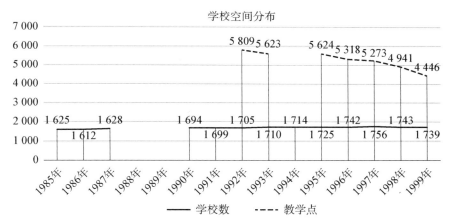

图 3-29 1985—1999 年河池地区乡村学校发展历史变迁
资料来源:1985 年数据来自河池市统计局提供的河池地区统计局于 1988 年 10 月出版的《广西壮族自治区河池地区国民经济统计资料汇编(1981—1985)》,1986—1987 年数据来自河池市统计局提供的由河池地区统计局编纂的《河池地区统计年鉴》1986 年和 1987 年,1988—1990 年数据没有收集到,1990—1999 年数据来自河池统计局提供的河池地区统计局历年编纂的《河池地区国民经济统计提要》。

河池地区教职工数量在 20 000 人上下浮动,这一期间的变化形式与百色地区不一样,百色地区教职工在 1985 至 1994 年逐年减少,1994 至 1999 年又增加,而河池地区乡村学校教职工数量在本阶段前三年有所增长,由于数据的暂缺,也只能了解到从 1991 年到 1999 年的教职工数所表现出的增长情况(图 3-

30)。但是这一阶段河池地区的在校学生数先增加后减少(图3-31),先增加是因为小学教育的普及工作有了效果,而1992年以后在校学生数的减少是因为河池地区自然人口出生率有所下降,适龄入学儿童逐年减少。20世纪末河池地区乡村教学点和在校学生数在减少,而教职工数增加,说明师生编比逐渐变小,每个教职工负担的学生数减少,1991年师生比为1∶31,到1999年师生比为1∶18,师生编比趋于合理化,有利于提高乡村教育质量。

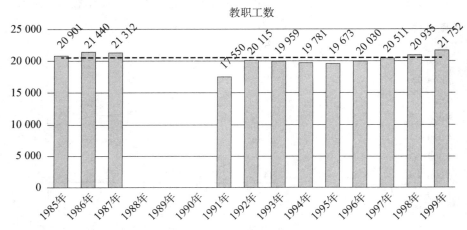

图3-30　1985—1999年河池地区乡村学校教职工数历年变化
资料来源:1985年数据来自河池市统计局提供的河池地区统计局于1988年10月出版的《广西壮族自治区河池地区国民经济统计资料汇编(1981—1985)》,1986—1987年数据来自河池市统计局提供的由河池地区统计局编纂的《河池地区统计年鉴》,1988—1990年数据没有收集到,1991—1999年数据来自河池统计局提供的河池地区统计局历年编纂的《河池地区国民经济统计提要》。

2. 河池各县

这一历史阶段的河池地区乡村学校发展相关数据大量缺失,至今没有搜集到任何一个县完整的历年数据,但是从目前统计数据中还是能探究到各个县乡村学校空间分布的历史变迁情况。例如南丹县1986年全县有141所学校和360个教学点、教职工1538人、在校学生数34754人,1990年全县学校134所,教学点345个、教职工1461人、在校学生数38994人,四年内南丹县的学校数

第三章 民族地区乡村学校的空间分布：桂西的历史

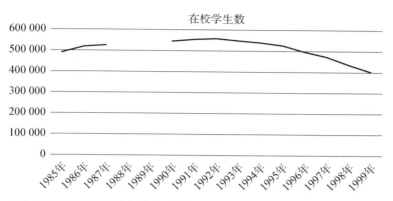

图3-31 1985—1999年河池地区在校学生数历年变化
资料来源：1985年数据来自河池市统计局提供的河池地区统计局于1988年10月出版的《广西壮族自治区河池地区国民经济统计资料汇编（1981—1985）》，1986—1987年数据来自河池市统计局提供的由河池地区统计局编纂的《河池地区统计年鉴》，1988—1989年数据没有收集到，1990—1999年数据来自河池统计局提供的河池地区统计局历年编纂的《河池地区国民经济统计提要》。

和教学点数都在减少，其中学校数在1990年后又有少量增加，教职工也有所减少，但是在校学生数增加很多，说明校均规模在变大，每位教职工负责的学生也在增长。20世纪90年代，南丹县的学校数已经发展到相对稳定的数量，增减保持在两所学校之内，但是没有统计到教学点的变化；教职工数在1995年前呈下降趋势，但1996年起增加了一部分；在校学生数时增时减，从20世纪80年代末到90年代初呈增长趋势，90年代中后期有增有减。再如罗城仫佬族自治县在1985年时有137所学校和490个教学点，到1995年学校数增加到145所，教学点减少至400个，减少了90个，教职工数量变化不大，在学校学生数略有增加。通过河池各县仅有的数据分析，能够肯定的是这一阶段各县乡村学校一直在调整优化，总的来说，各县学校数略有增加，数量保持较稳定，教学点数量在下降，教职工和在校学生数有增有减，但也基本可以将1990年和1995年前后视为增减的临界年份。另外从各县在校学生数变化情况来看，尤其是少数民族自治县，计划生育政策对其影响并不明显。

(三) 崇左地区乡村学校空间分布概况

这一时期的崇左仍属南宁地区管辖，由于行政区域的变动，很多相关资料没有收集到，数据的暂缺年份和百色地区一样，集中在1992年、1993年和1994年，但是整体上崇左各县暂缺数据的年份更多。崇左县在1985年有学校数114所，教学点559个，教职工2410位，在校学生数43 788人，入学率98%。经过十几年的改革与调整，1999年崇左县小学数仍为114所，教学点为486个，教职工1 226位，在校学生数为32 086人。由此看出崇左县在此阶段的学校数比较稳定，变化不大，教学点个数有所减少，平均每年减少5个教学点，幅度较为平稳。但是教职工和学生数明显下降且幅度比较大。扶绥县1986年有121所学校，458个教学点，1990年学校数增加3所，教学点减少8个，1995年学校134所，教学点个数暂缺，1999年学校数139所，教学点撤并至416个，教职工和在校学生数呈现先增后减的变化趋势，变化年份略有差异。大新县、宁明县和龙州县的学校发展历史变迁与扶绥县相差无几，天等县在这一历史阶段的数据最为全面，表3-13统计了天等县1985年至1999年乡村学校发展相关数据。

表3-13 1985—1999年天等县乡村学校发展的历史变迁

年份	校点数	学校数	教学点	教职工	在校学生数
1985年	939	124	815	2 469	50 923
1986年	609	124	485	2 479	52 812
1987年	609	124	485	2 332	51 585
1988年	609	124	485	2 380	49 427
1989年	609	124	485	2 228	48 716
1990年	609	124	485	2 122	48 416
1991年	609	124	485	2 912	48 136
1992年	611	125	486	2 968	48 249
1993年	611	125	486	3 117	/
1994年	611	125	486	3 234	/
1995年	611	125	486	3 333	/
1996年	611	125	486	3 161	/

续　表

年份	校点数	学校数	教学点	教职工	在校学生数
1997年	611	125	486	3 295	45 094
1998年	611	125	486	3 139	42 475
1999年	611	125	486	3 084	39 687

资料来源：作者于2017年9月查阅广西地情资料库http://www.gxdqw.com/gdtz/天等县志整理而得。

1985年到1999年天等县乡村学校发展的历史变迁在整个桂西地区都比较特别，它不仅表现出学校数量上的稳定，还表现出教学点个数的稳定。但是1985年天等县共有教学点815个，1986年突然减少了330个，仅有485个教学点，并一直保持到1999年的486个教学点。回顾上一阶段（1977年至1984年），天等县教学点个数一直是八百多，1984年有836个教学点，笔者反复校对过数据，数据应是可靠的。根据《天等县志》记载，1985年和1986年的天等县并没有发生重大行政区划变动，仅是县域内的乡、镇有细微变化，却不足以导致教学点的锐减，另外也没有重大的相关教育事纪。笔者在搜集相关数据时，并没有统一连贯的历年学校数据，只能根据河池市统计局提供的县志等资料搜集整理，天等县第一轮县志记录到1985年，第二轮县志记录从1986年至2005年，两轮县志出版时间相隔数年，县志里记载的数据统计口径可能不一样，造成了1985年和1986年的数据差异性。天等县教职工变化以1990年为界点，1990年前的六年教职工人数略有减少，1991年起九年内教职工人数增长。另外在校学生数受自然人口出生率下降的影响而减少。

（四）1985—1999年桂西地区乡村学校空间分布变迁的原因

在多种形式办学的方针指导下，乡村地区学校的空间分布状态得以改善，乡村教育的普及率得以提高，但弊端也逐渐显现，主要是很多乡级财政难以满足乡村学校对教育经费的需求，1985年开始桂西地区进入乡村学校全面改革阶段。这一历史时期，桂西地区乡村学校呈缩减趋势，主要是教学点的减少和教职工的精简,学校空间分布也逐渐由"广泛分布"转为"集中规模化",致使这一阶段学校空间分布变迁的主要原因是桂西地区调整并规划学校空间分布这一举措。

20世纪80年代中后期,桂西地区人口流动性增大,以及城镇化速度不断加快,很多乡村地区学校出现生源危机,随着计划生育政策的影响,人口出生率下降,空置的乡村学校越来越多,是可以说明乡村学校的空间分布亟需合理规范化。在此形势下,推动乡村学校调整规划的政策应运而生,桂西地区各县在根据实际情况、遵循国家相关规定的基础上,对乡村学校进行调整规划,这也是桂西地区第一次进行较大规模的乡村学校布局调整。根据集中化、规模化办学的指导思想,桂西地区乡村学校发展主要表现出完全小学在原有基础上进行增办扩办,教学点的撤并,教职工的精简,在校学生数先增后减的特点。其中20世纪90年代初是桂西地区乡村学校发展的分界点,在此之前桂西地区乡村学校数量庞大,教职工中的民办教师和代课教师较多,在校学生数增加明显,到90年代中后期,学校发展趋于稳定,教学点逐年减少,教职工数量逐渐稳定发展,在校学生数却逐年减少。

七、2000年以来:布局调整阶段

20世纪90年代开始,计划生育政策的落实,使得乡村适龄入学儿童不断减少,城镇化水平不断提高,特别是中西部中小学生源不足,学校布局分散、规模小、质量低的矛盾日益突出[1]。20世纪末桂西地区基本完成了"双基"任务,许多县为了尽快完成乡村学校的普及,投资很大,但是随着农村综合改革和城镇化的加速,乡村学校空间分布调整仍然是推进教育城镇化改革的重点问题。在此社会背景下,学校布局调整新政策相继推出。

2000年以来,我国出台了许多政策都强调了重新调整乡村学校布局的重要

---

[1] 吕国光.中西部农村小学布局调整及教学点师资调查[J].教育与经济.2008(3):19.

性,这些政策的变化可以分成三个阶段:①第一阶段:"撤点并校"猛速期。2000年,《中共中央、国务院关于进行农村税费改革试点工作的通知》中明确提出对农村学校进行适当合并,对农村教师适当精简,紧接着国务院发布《关于进一步做好农村税费改革试点工作的通知》指示各地区应根据实际情况对小规模学校进行适当合并;2001年《关于基础教育发展与改革的决定》中确立了农村义务教育管理试行"地方政府负责,分级管理、以县为主的体制"的管理体制,同年5月国务院出台了指导性文件《关于基础教育改革与发展的决定》,明确规定了农村教育布局调整工作原则。随后全国的农村教育布局调整工作正式拉开序幕,陆续制定相关实施方案,为了有效推进农村学校布局调整工作的顺利开展,国家又在接下来几年陆续出台了许多巩固性政策,主要规定农村教育经费相关事项。②第二阶段:"撤点并校"扭转期。经过第一轮的全国性"撤点并校"猛速期,桂西地区乡村学校锐减,从政策角度来看,这项工作进展顺利。伴随着国家的教育思路转变,乡村学校布局调整更注重公平、公正和均衡发展。2006年教育部出台《关于实事求是地做好农村中小学布局调整工作的通知》,针对第一阶段急速的"撤点并校"导致的各种问题,要求各地教学点的撤并应遵循就近入学的原则,交通不便的地区应适当保留教学点。2007年在《教育部关于进一步加强和改进对省级实现"两基"任务,进行全面督导检查的意见》中指出农村中小学布局的不合理等问题。当越来越多因第一轮"撤点并校"引发的负面问题暴露时,中央政府立即出台相关政策以稳定局面,但是"撤点并校"的热潮并未在根本上扭转。③第三阶段:"后撤点并校"时期。2010年中央在《国家中长期教育改革和发展规划纲要(2010—2020年)》指出农村学校布局要适应城乡均衡发展而科学合理调整,尤其要注重教学点的设置,确保学生就近入学。到2011年,农村学校布局调整工作已进行十年了,农村学校布局发生了重大改变,十年来的"撤点并校"工作导致对农村发展的负面效应愈积愈多,农村学校布局调整成为各界反思和讨论的热门话题。在此背景下,2012年9月国务院正式颁布《关于规范农村义务教育学校布局调整的意见》,明确提出制止过度撤并农村学校,各地区在完成农村学校布局调整专项备案前,暂停农村学校撤并。桂西地区的学校布局调整工作也在国家政策的呼吁下进入农村学校布局反思阶段,即"后撤点并校"时期。

(一)百色地区乡村学校空间分布概况

1. 百色地区

自2001年起,百色各地政府纷纷制定本地区农村中小学布局调整规划,开始对条件差的乡村学校进行了大规模的撤并和改造,经过短短几年的政策实施,分布在百色地区的校点数量逐年减少,尤其是教学点大量减少(见表3-14和图3-32)。

表3-14 2000—2016年百色地区乡村学校情况统计

年份	校点总数	学校数	教学点	教职工数	在校学生数	适龄儿童数(7—11岁)	学龄儿童已入学	入学率%	毛入学率%
2000年	5 867	1 888	3 979	20 540	386 402	341 193	337 474	98.91	113.25
2001年	4 870	1 827	3 043	20 125	366 196	338 182	331 323	/	108.28
2002年	4 484	1 810	2 674	19 923	354 105	327 528	321 530	99.19	108.1
2003年	3 951	1 827	2 124	20 233	339 669	314 390	307 771	99.23	108.1
2004年	3 554	1 756	1 798	19 949	328 464	307 010	301 614	99.51	106.99
2005年	3 119	1 677	1 442	19 699	317 854	296 944	292 014	99.69	107.04
2006年	2 864	1 640	1 224	19 535	321 246	298 836	294 445	99.51	107.5
2007年	/	1 578	/	19 135	319 377	299 031	297 681	99.55	106.8
2008年	2 465	1 530	935	19 089	319 915	298 016	294 081	99.56	/
2009年	2 327	1 441	886	19 221	317 970	298 375	294 580	99.62	/
2010年	2 172	1 380	792	19 210	320 415	300 174	299 098	99.64	/
2011年	2 011	1 344	667	18 311	322 745	/	/	/	/
2012年	1 934	1 307	627	31 098	328 778	309 141	306 475	99.74	/
2013年	1 850	1 291	559	30 902	338 311	320 394	316 465	99.7	/
2014年	1 814	1 278	536	30 527	342 374	325 361	/	/	/
2015年	1 724	1 189	535	17 339	345 228	327 423	/	/	/
2016年	/	1 310	/	17 692	345 242	/	/	/	/

资料来源:数据来自百色市教育局提供的由百色地区教育局历年填报的《百色地区中小学及其他学校综合统计报表》(因为2002年撤销百色地区,成立百色市,所以2002年起报表名更为《百色市中小学及其他学校综合统计报表》),"/"处表示没有收集到相关数据。

第三章　民族地区乡村学校的空间分布：桂西的历史

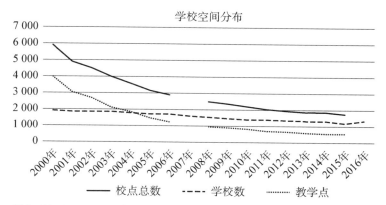

图 3-32　2000—2016 年百色地区乡村学校空间分布的历年变化曲线
资料来源：数据来自百色市教育局提供的由百色地区教育局历年填报的《百色地区中小学及其他学校综合统计报表》（因为 2002 年撤销百色地区，成立百色市，所以 2002 年起报表名更为《百色市中小学及其他学校综合统计报表》），缺失处表示没有收集到相关数据。

2000 年时，整个百色地区分布的学校数量有 1888 所，教学点数 3979 个，其中一大半的学校是教学点，说明教学点适合建置在有着复杂的地理环境和人口分散居住的地区，对义务教育普及有着重要意义。统计表明，2006 年底百色地区较 2000 年共撤减校点数 3003 所，其中学校共减少了 248 所，教学点减少了 2755 个，教学点占撤减校点总数的 91.7%，平均每年撤减的教学点有 500 个，数量非常庞大。因为教学点的锐减，2005 年百色地区教学点的数量首次低于学校数量，至此百色地区乡村学校空间分布结束了一直以来教学点个数比学校数多的状态。六年时间内，百色地区的校点数逐年减少，教职工和在校学生数也有所减少，其中教职工数增减幅度不是很大，而百色地区的适龄入学儿童逐年减少，在校学生数也就逐年减少，可见适龄入学儿童数直接影响在校学生数。根据统计 2006 年适龄儿童数比 2005 年增长了 1892 人，两年在校学生数相差 3392 人，但是 2006 年的相关数据有不确定性（当年开始推行 6 年制小学，在此之前乡村学校存在 5 年制小学），根据当年 99.51% 的入学率计算，在校学生不是 321246 人，应是 297372 人，有关学生的几项数据存在矛盾。

从2007年到2010年底,百色地区的校点数继续逐年撤减,学校数和教学点数都呈滑坡式减少,其中学校数减少了198所。但是适龄入学儿童和在校学生数并不是逐年减少,反而呈增长的趋势,2010年比前一年的适龄入学儿童增加了1 799人,在校学生数也增加了2 445人。教职工数量有增有减,其中减少的数量要比增加的数量多,校点数和教职工都在减少,而适龄儿童和在校学生却在增加,能否保证所有儿童有学上的问题逐渐暴露出来。从2011年到2016年,百色地区乡村学校依然有所缩减,但是学校和教学点的撤减速度缓慢下来,学校共减少34所,教学点减少了130余所。教职工的统计标准不一样,造成数据差距大,在此不比较。近几年百色地区乡村学校逐年减少,而适龄入学儿童数却逐年增加,在校学生数变多,意味着学校规模变大,对学校和教职工数量的需求在增长。

总体而言,2000年以来,百色地区在"撤点并校"政策的推动下,乡村学校数量锐减,经历了三轮的乡村学校布局调整,学校数量也是从急速锐减到逐渐缓慢减少,但是百色地区的适龄入学儿童数却呈现增长趋势,这一时期百色地区乡村学校的撤减并没有因为学生数增长而放慢速度,所以乡村学校数量的增减需要仔细考量,这是明显的趋城镇化教育模式的缩影。

2. 百色各县

2000年以来,百色地区在市县上的行政区划趋于稳定,2002年6月2日,国务院批准同意撤销百色地区和县级百色市,设立地级百色市。现百色市辖1个区、10个县,代管1个县级市,本研究中以县域为单位,在此仅分析10个县和1个县级市的乡村学校空间分布情况。整个百色地区在乡村学校分布特征上都表现出学校数量急速锐减,尤其是教学点数。根据百色地区各县市统计数据来看,乡村学校分布的历史变迁特征相同,即学校数量的大量减少,2000年以来"撤点并校"的成果显著。例如,田阳县乡村学校发展的历史变迁如表3-15。

表 3-15　2000—2016 年田阳县乡村学校情况统计

年份	校点数	学校数	教学点	教职工	在校学生数	适龄儿童数（7—11 岁）	入学率%
2000 年	280	167	113	1 608	27 333	24 147	99.95
2001 年	229	170	59	1 683	24 017	22 848	/
2002 年	192	161	31	1 715	22 134	20 130	99.64
2003 年	180	159	21	1 736	20 240	18 707	99.88
2004 年	180	161	19	1 688	18 916	18 145	98.45
2005 年	165	150	15	1 628	18 120	17 273	99.87
2006 年	147	141	6	1 486	18 769	18 045	99.9
2007 年	/	133	/	1 464	18 561	18 030	99.7
2008 年	125	123	2	1 449	18 260	17 603	99.9
2009 年	119	117	2	1 409	17 558	16 958	99.89
2010 年	103	101	2	1 371	18 006	17 156	99.87
2011 年	/	89	/	/	18 887	/	/
2012 年	87	87	0	2 261	19 959	18 588	100
2013 年	87	87	0	2 194	21 455	19 835	100
2014 年	/	76/88	0	2 217	24 439	20 876	/
2015 年	73	73	0	1 039	25 689	/	/
2016 年	28	28	/	1 282	27 170	/	/

资料来源：数据来自百色市教育局提供的由百色地区教育局历年填报的《百色地区中小学及其他学校综合统计报表（按县过录）》，"/"处表示没有收集到相关数据。其中 2012—2014 年教职工数为教职工，其他年份均为专任教师数。

根据数据统计分析，近十几年来田阳县的学校数逐年减少，2000 年有学校 167 所，教学点 113 个，但是在"撤点并校"政策刚出台的 2001 年，田阳县便减少了 54 所教学点，经过三轮"撤点并校"时代，田阳县到 2012 年已经没有教学点存在了，完全小学也从 167 所撤并至 2015 年的 73 所，可见"撤点并校"政策在田阳县执行力度相当大。2000 年至 2009 年田阳县的适龄入学儿童数逐年减少，在校学生数也便逐年减少，校均规模越来越大，师生编比也在变化，这段时间的"撤点并校"能体现出集中办学、大规模化学校等特性。但是 2010 年开始，适龄入学儿童数明显回升，在校学生又再次逐年增加，对学校数量的需求理应增大，但是这一阶段田阳县的学校数量仍然保持逐年减少的趋势，校均规模变得更大，这说明"撤点并校"在实施过程中较少考虑到实际情况对学校数量的需求，使得受教育问题成为城市化人口流动的重要驱动力。总体来说,田阳县学校数量逐年减少,校均规模由100人左右增至200人往上,"撤点并校"撤并了小规模学校,集中开办了大学校,师生编比在合理范围之内,但是集中办学的模式也是城镇化办学,更多学校、教师、学生集中在城镇,偏远的乡村孩子上学便成问题。

(二)河池地区乡村学校空间分布概况

1. 河池地区

表3-16是2000年到2016年河池地区乡村学校发展的历年变化数据统计,2000年河池地区共有教学点数是学校数的两倍多,说明教学点曾在河池地区小学教育中占重要位置。"撤点并校"时代的到来,河池地区在近十几年里撤并了大量的教学点和学校。从历年的学校数来看,2004年仅仅一年时间就减少了71所学校,学校的撤减相当迅猛,其中2007年学校数在2006年的基础上增加了13所。但是教学点一直是逐年减少,从2000年的3 936个教学点减少到2013年的1 298个,平均每年减少203个。这一时期的教职工数也减少很多,在政策号召精简教师的推动下,民办教师越来越少,公办教师成为师资队伍的主力军。20世纪90年代计划生育政策的落实,河池地区出生人口数明显下降,2000年以来在校学生数大幅减少,学生数的减少也促使了"撤点并校"政策的推进。

表3-16　2000—2016年河池地区乡村学校情况统计

年份	学校数	教学点	教职工	在校学生数
2000年	1 738	3 936	22 451	381 578
2001年	1 731	3 314	23 090	378 239
2002年	1 719	3 023	23 366	381 781
2003年	1 704	2 768	23 366	373 814
2004年	1 633	2 565	20 053	361 866
2005年	1 633	2 565	20 135	361 866
2006年	1 567	/	/	/

续 表

年份	学校数	教学点	教职工	在校学生数
2007 年	1 580	2 200	21 112	333 571
2008 年	1 518	2 088	19 728	344 194
2009 年	1 500	2 076	19 726	337 486
2010 年	1 455	/	21 255	330 441
2011 年	1 431	1 602	19 424	324 730
2012 年	1 391	1 298	18 991	329 895
2013 年	1 399	1 298	18 403	337 221
2014 年	1 370	/	19 538	343 594
2015 年	1 339	/	19 785	353 540
2016 年	1 597	/	19 345	360 637

资料来源：河池市统计局的由中国统计出版社出版的历年《河池地区经济社会统计年鉴》(因 2002 年撤销河池地区，成立河池市，故 2002 年起更名为《河池市统计年鉴》)，"/"处表示没有收集到相关数据。

2. 河池各县

2002 年 6 月 18 日，国务院批准撤销河池地区，设立地级河池市，辖 11 个县（市、区）。至 2016 年 12 月 14 日，国务院批准撤销河池市代管的县级宜州市，设立河池市宜州区。河池市自 2000 年以来乡村校点分布逐年减少，教学点的撤并相当迅猛，教职工数和在校学生数持续减少，直至 2018 年才略有回升。河池各县市的乡村学校数量与百色市的整体变化一致，都经历了"撤点并校"的三个阶段，2000 年至 2005 年，"撤点并校"猛速期，2006 年至 2010 年"撤点并校"扭转期（放慢撤并速度），以及 2011 年至今的"后撤点并校"调整优化期。以表 3-17 中都安瑶族自治县为例：

表 3-17　2000—2016 年都安瑶族自治县乡村学校情况统计

年份	学校数	教学点	教职工	在校学生数
2000 年	257	867	3 451	61 107
2001 年	265	/	3 445	64 075
2002 年	264	/	3 642	73 391
2003 年	249	704	3 424	71 466

续 表

年份	学校数	教学点	教职工	在校学生数
2004年	251	610	3 341	68 602
2005年	246	610	3 593	66 778
2006年	250	/	3 614	68 122
2007年	253	570	3 719	66 958
2008年	248	565	3 653	65 925
2009年	247	546	3 669	63 320
2010年	247	505	3 601	59 676
2011年	247	505	3 647	59 035
2012年	246	/	3 532	59 037
2013年	246	382	3 474	59 249
2014年	246	368	3 405	60 057
2015年	247	/	3 359	60 940
2016年	247	/	/	61 586

资料来源：河池市统计局的由中国统计出版社出版的历年《河池地区经济社会统计年鉴》(因2002年撤销河池地区,成立河池市,故2002年起更名为《河池市统计年鉴》),并结合《都安瑶族自治县志》,其中"/"处表示没有收集到相关数据。

都安瑶族自治县自2000年以来,致力于乡村学校布局调整工作,到2004年为止是乡村学校布局调整的摸索阶段,学校的撤并和建置同时进行,学校数有增有减,2008年后学校数量逐渐稳定,保持在246或247所。但是全县教学点的撤并速度相当快,2000年时有867个教学点,三年便减少163个教学点。2007年后教学点撤并速度逐渐缓慢下来,但是2014年的368个教学点较2000年减少了一半多。这一时期都安瑶族自治县乡村学校数量在减少,但是教职工数在增长,说明每个学校配备的师资在壮大。在校学生数总体上减少了,生源的减少是"撤点并校"的推动因素之一,教学点过多分散了师资和生源,"撤点并校"是集中化办学的手段之一。

(三) 崇左地区乡村学校空间分布概况

1. 崇左地区

2002年12月23日,国务院批准崇左县,设立地级崇左市,崇左县改称江州区,管辖扶绥、大新、天等、龙州、宁明县,并代管县级凭祥市。至今,崇左市在市级和县域上的行政区划比较稳定。根据表3-18数据统计,其学校数量的稳定性不如桂西其他两市,学校和教学点在近十几年内一直在减少,且教学点的减幅相当大,2003年全市有1 265个教学点,次年就减少了364个,撤并速度非常快,持续到2009年,2010年"撤点并校"放慢速度,不断调整乡村学校分布状况。从专任教师数量看,经历了由增到减的过程,2007年是分界点,在此之前,专任教师略有增长,在此之后有所下降,就2016年的专任教师数而言,比2004年少730人。在校学生数的变化总体来说,从2000年到2009年是减少过程,之后开始回升。

表3-18 2000—2016年崇左地区乡村学校情况统计

年份	学校数	教学点	专任教师	在校学生数
2000年	854	/	/	207 297
2001年	856	/	/	199 000
2002年	842	/	/	209 252
2003年	849	1 265	/	179 405
2004年	845	901	9 952	155 876
2005年	839	711	9 864	146 267
2006年	811	663	1 009	152 225
2007年	794	571	10 586	146 804
2008年	792	470	10 570	165 116
2009年	784	388	10 175	147 519
2010年	755	356	9 973	151 771
2011年	747	307	9 831	157 213
2012年	705	283	9 842	160 491
2013年	691	241	9 853	141 919
2014年	705	/	9 494	169 370
2015年	575	/	9 511	168 054
2016年	522	/	9 230	178 480

资料来源:作者于2017年9月查阅广西地情资料库http://www.gxdqw.com/gdtz/2000-2016年《广西年鉴》整理而得,其中2000—2003年数据根据《广西年鉴》中今崇左各县数据相加而得,"/"处表示没有收集到相关数据。

2. 崇左各县

今崇左地区于2002年从南宁地区划分出来,近十几年内县级行政区划比较稳定,但各个县域内的行政区划变动较大,数据缺失现象也比较明显。这一阶段以天等县为例,天等县的学校数2000年至2014年都比较稳定,保持在123所左右,上下幅度为2所之内,2015年学校数减少了37所,2016年再减少2所,学校数稳定了十几年却在2015年突然减少那么多,并且是在学生数开始回升时减少。其教学点自2000年就开始撤并,2001年减少了83个,撤并速度很快,全县403个教学点维持了4年(至2004年年底),2005年再撤并教学点180个,撤并速度更为迅猛,自此天等县的教学点数一直在减少,到2013年仅留有72个,仅是2000年教学点数的六分之一还要少。就天等县的专任教师数来看,变化不是特别大,总体保持相对稳定,而在校学生数却经历了下降再回升的过程。

表3-19　2000—2016年天等县乡村学校情况统计

年份	校点总数	学校数	教学点	专任教师	在校学生数
2000年	611	125	486	1 504	36 116
2001年	525	122	403	1 159	32 870
2002年	525	122	403	1 435	31 564
2003年	526	123	403	1 393	28 622
2004年	526	123	403	1 325	25 286
2005年	348	125	223	1 418	25 958
2006年	327	124	203	1 508	27 708
2007年	291	123	168	1 628	26 601
2008年	269	124	145	1 568	26 175
2009年	237	124	113	1 610	27 606
2010年	/	122	/	1 606	28 118
2011年	197	122	75	1 537	29 524
2012年	194	122	72	1 447	29 138
2013年	195	123	72	1 414	30 519
2014年	/	121	/	1 392	30 133
2015年	/	84	/	1 533	31 122
2016年	/	82	/	1 584	30 969

资料来源:其中2000—2015年数据来自作者2017年9月查阅广西地情资料库 http://www.gxdqw.com/gdtz/
2001—2016年《崇左年鉴》,2016年数据来自崇左市教育局提供的《广西壮族自治区崇左基础教育报表》,"/"处表示没有收集到相关数据。

天等县的乡村学校空间分布的历史变迁和崇左市整体变迁特点大体一致,不同的是天等县的学校数量在"撤点并校"第一阶段发展稳定。再看崇左市的其他市县,凭祥市、大新县、宁明县和龙州县都与天等县表现出相同的分布特点,在"撤点并校"第一阶段,学校数保持稳定,2010年左右开始对学校进行撤并,而教学点的撤并从2000年便开始了,且教学点数一直是逐年减少。21世纪以来,更加强调师生编比,目前国家规定乡村学校的师生编比至少要保持在1∶23,所以教职工的发展是紧随着学生数的变化。根据桂西三市近十几年来师生编比情况来看,都保持在1∶20以下,有些年份甚至在1∶14。但这师生编比数据并不能反映这段时间桂西地区乡村学校真实的师生编比,因为在搜集数据的时候,统计未能精确到各县市区,县城、乡镇和乡村各自学校、教师和学生的数据,都是以县市为单位的数据。

(四)2000—2016年桂西地区乡村学校空间分布变迁原因

2000年以来,桂西地区乡村学校空间分布经历了三个"撤点并校"阶段的调整,学校数量的变化主要表现在教学点数量的骤减,以2010年为分界点,教学点数量减少是先快后慢的过程;教职工数和在校学生数变化趋势相一致,历年增减起伏不大。这一时期桂西地区乡村学校空间分布变迁主要是受到城镇化背景下的学龄人口数量减少和"撤点并校"调整措施的影响。

1. 乡村学龄人口减少

乡村适龄入学人口的数量、规模和分布是影响乡村学校空间分布的重要因素。20世纪末计划生育政策在广大乡村地区强力推进,使乡村人口出生率持续下降,紧接着21世纪城镇化的加速和乡村人口向城市迁入等多种因素影响下,乡村学校在校学生数整体减少,很多学校面临生源危机。在城乡办学条件差距逐渐明显的情况下,桂西地区乡村人口外出务工并带孩子上学已成普遍现象,乡村学校教育资源的短缺与浪费同时存在,桂西地区乡村学校的布局调整势在必行。

2. 政策驱动

桂西地区乡村学校撤并第一轮从 2000 年至 2006 年,主要以 2001 年《关于基础教育改革与发展的决定》这一政策为推动力,桂西地区掀起了"撤点并校"的热潮,在七年时间里桂西地区减少了几千所学校,其中主要是乡村教学点,撤并速度属于猛速。第二轮从 2007 年到 2010 年,因为第一轮乡村学校的高速撤并引发很多负面影响,为稳定局面,各地以"学生应就近入学"原则适当撤并学校,但是学校数量仍减少很多,撤并速度相对前几年稍缓。第三轮从 2011 年至今,主要以《国家中长期教育改革发展规划纲要(2010—2020)》为指导方案,桂西各地再一次推动乡村学校布局调整工作,为合理规划学校布局,撤并速度缓慢下来,但是教学点数量一直在下降。经过三轮由快到慢的"撤点并校",桂西地区乡村学校越来越少,完全学校的数量在保持相对稳定的基础上略微增加,但是各县市教学点分布情况屡创新低。

3. 资源整合与集中办学的倡议

纵观 2000 年以来桂西地区乡村学校空间分布的变迁历史,可以看出乡村学校数量一直在减少,尤其是教学点数量,在适龄入学儿童增长的趋势下,"撤点并校"在桂西依然如火如荼地进行着,可见布局调整政策的影响力度非常大。桂西地区"撤点并校"初期的出发点是顺应乡村学龄人口的减少和外迁,以期整合教育资源办更好的学校,但是在这个过程中自上而下的行政推动逐渐转变成人为强制撤并。

4. "撤点并校"初期

1985 年以前,桂西地区乡村学校而已逐渐形成"村村有小学",乡村存在大量的教学点,20 世纪末"双基"任务的推进,小规模学校增加不少,但是乡村地区学校的粗放低质发展导致教育中的诸多问题。1985 年起,乡村学校发展需要调整规划,便开始了集中规模化办学,精简教职工等相关工作,桂西各级地方政府撤并了一些乡村学校,特别是对生源相对较少、教育经费困难的村落小学进行撤销、合并,精简民办教师,积极推进"普九"任务,"撤点并校"初期时代到来。

七、评析与讨论

(一)桂西地区乡村学校空间分布的总体变化趋势

桂西地区乡村学校从古代漫长的萌芽期,到近代向现代化学校的转型期,再到新中国成立以来的各个历史发展阶段,都有着独特的空间分布历史变迁特征。在古代时期,桂西地区因为地理环境复杂、交通阻塞、人口多为少数民族、教育风气开化较晚,学校发展起步晚,学校数量少且分布分散。到近代,桂西地区乡村学校紧跟整个社会的脚步而发展,因为历史的特殊性,战乱不断,社会不安定,乡村学校发展也时断时续,学校分布状态不稳定。新中国成立以来,桂西地区乡村学校的空间分布再次经历五个阶段,大致表现为学校数量先增后减,教职工和在校学生数的变化趋势与之一致。

因为河池市和崇左市的相关数据不连贯,只能在前文中分阶段统计分析,通过归纳分析第三章统计的数据,发现桂西三市乡村学校空间分布的历史变迁具有一致性,并不影响整体分析。这里选取百色市乡村学校空间分布的历史变迁总结特征,如图3-33所示。

从图3-33可以看出百色市乡村学校发展总体趋势是先增后减,1977年是拐点,从1950年1 000多个校点到1977年校点数峰值接近12 000个,学校数量增加了十倍还多,20世纪70年代前期更是膨胀发展,增长速度相当快。但是1977年之后,校点数又开始大幅减少,到2015年仅有1 724个校点,学校数量减少至原来的六分之一还不到,尤其是1998年到2007年这一时间段学校数量减少的速度明显加快。另外,可以看出校点总数和教学点的变化趋势保持一致,乡村学校校点总数的增减主要体现在教学点数量的增减,学校数量变化相对稳定,但是学校数量也经历了先增后减的过程,直到近几年才略有回升。

根据图3-34和图3-35能够看出百色市乡村教职工数和在校学生数的变

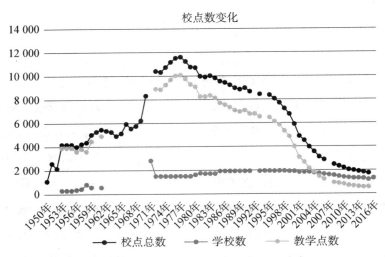

图 3-33　百色市乡村学校空间分布历史变迁（1950—2016 年）
资料来源：根据作者收集的数据统计自绘（前文已标注各个历史阶段的数据来源）。

化趋势相近，说明师资的配备一直都和在校学生数密切相关，两者存在一定的比例关系。其中 2013 年至 2015 年的数据和其他年份统计数据口径不一样，所以导致这三年教职工数变化很大，但不影响整体关系。此外，图 3-35 中有部分年份的百色市 7—11 岁的学龄儿童数变化趋势和在校学生数的变化趋势整体相似，说明在入学率相对稳定的前提下，主要影响在校学生数增减的原因是学龄儿童数量的变化。再对比图 3-33 和图 3-35 可以发现乡村学校校点数的增减趋势与在校学生数的增减趋势总体比较一致，仅仅是校点总数的增减速度比在校学生数增减的速度要迅速，说明校点总数的多少必然受在校学生数的影响，如果学校的增加幅度远远超过在校学生数，则会造成学校分布较散，校均规模小，如果学校的减少幅度远远超过在校学生数，则会体现出学校的集中化及校均规模变大的特点。

　　根据百色市乡村学校数、教职工数和在校学生数的历史变迁的分析，发现三者之间变化关系密切，互相影响。根据三者的影响关系，桂西地区乡村学校

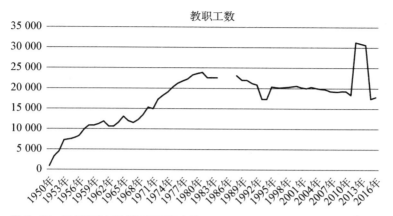

图 3-34 百色市乡村教职工数历年变化
资料来源：根据作者收集的数据统计自绘（前文已标注各个历史阶段的数据来源）。

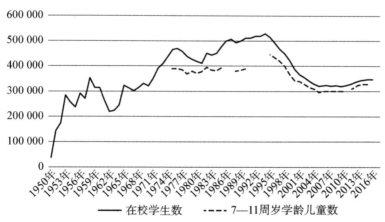

图 3-35 百色市乡村学校在校学生数历年变化
资料来源：根据作者收集的数据统计自绘（前文已标注各个历史阶段的数据来源）。

的未来发展可以通过历年出生人口（六年后的学龄儿童）数预测在校学生数，根据在校学生数预测对学校数量及教师数量的需求，这样就可以在一定程度上避免教育资源浪费和教育资源不足的现象。

根据以上分析，可以总结桂西地区乡村学校空间分布的历史变迁有以下几点特征：①1949年以前桂西地区乡村学校数量有限，空间分布极不均衡；②1950年至1965年是桂西地区乡村学校奠定基础阶段，乡村学校空间分布逐渐壮大；③1966年至1976年桂西地区乡村学校迅速膨胀发展，尤其是教学点遍地开花，学校空间分布非正常；④1977年至1984年桂西地区乡村学校处于恢复整顿阶段，完全小学分布趋向稳定，教学点略有调整；⑤1985年至1999年桂西地区乡村完全小学数量分布稳定，教学点开始减少；⑥2000年至2016年桂西地区乡村学校经历三轮"撤点并校"，学校校点总数骤减。

（二）影响桂西地区乡村学校空间分布的因素

1. 经济发展水平与教育经费投入

学校发展需要人力、物力做保障，经济是学校发展的前提条件，直接影响学校发展的规模和速度。设置多少学校，能够让多少学生入学受教育，只能根据客观的物质基础所能提供的条件来确定①。随着中国社会的快速发展，为了普及偏远贫困地区的义务教育，实现区域之间和城乡之间的义务教育均衡发展，中央政府和广西各地政府也相继实施许多政策和措施，例如贫困地区义务教育工程大量投入资金，改扩建学校，引进现代教学设备，这些措施在一定程度上解决了乡村学生入学受教育的问题。然而，由于各种原因，桂西地区义务教育发展仍然极不均衡，各市县与校际之间的教育资源配置差距很大，在很大程度上是因为教育经费的投入不足。

桂西地区是国家和广西地方政府根据人口结构、自然环境、地理位置和产业经济等方面进行规划的，主要是指广西壮族自治区的河池、百色、崇左三市所辖的30个县（市、区），土地面积占全区的37.8%，人口占全区总人口20%。除此之外，桂西地区是资源富集区，是广西少数民族主要聚居地区，也是老、少、

---

① 胡德海.教育学原理(第二版)[M].兰州：甘肃教育出版社，2006：182.

边、山、穷、库(水库区)等"六位一体"的特殊地区①。虽是资源富集区,但由于地理环境的复杂性,资源不易开采,社会经济主要以农业和旅游业为主,工业不发达,经济发展水平不高,地区对教育经费的投入也相当有限,一定程度上限制了乡村学校的空间分布。

2. 地理环境和人口变化

桂西地区多山地、丘陵、台地、谷地、盆地、平原等地貌。河池以山地和丘陵为主,百色以山地和丘陵盆地为主,崇左以丘陵和台地为主,是世界比较罕见的喀斯特地貌,山高坡陡,地面崎岖,交通不便。然而桂西大多乡村地区偏远落后、交通不便,生存条件恶劣,而学校一般分布在地理位置较好、交通便利的地方。

20世纪70年代以来计划生育的实施,致使桂西人口出生率不断降低,伴随着城镇化加速、乡村人口向城市的流动,乡村适龄学生总量呈现不断下降的态势,很多学校因为生源不足而被撤并或是消亡,当学校越来越少,学校的空间分布也越来越散。例如,百色市从1985年到2015年,小学在校生总数由472 458人减少到327 423人,这是由于乡村小学适龄入学儿童数量大幅降低。乡村学校生源的减少,校均规模便也变小,导致很多偏远学校出现生源危机,小规模学校的存亡令人担忧。桂西地区很多乡村处于边远贫困的石山区,山大沟深,交通不便利,人口密度小且分布不均,但为了学龄儿童有学上,就必须设置学校,这样一来学校布点比较分散,且校均规模较小。如果不设置校点,学生上学极不方便,势必出现入学率低、辍学率高的现象。

学龄人口的持续减少和乡村人口向城镇大规模流动使得乡村中小学办学规模日渐萎缩,既造成了教育资源的浪费,使得本来就不足的教育投入得不到有效利用,又使得乡村学校的教育质量难以保证,乡村学生的教育公平受到严

---

① 余益中,刘士林,廖明君.广西桂西资源富集区文化发展研究[M].南宁:广西人民出版社,2013:3.

重的损害,更加大了城乡间教育不均衡;税费改革客观上给乡村教育带来经费紧张的负面影响;撤乡并镇、并村的行政区划改变直接造成长期依赖行政区划来进行乡村中小学布局的格局被打破;等等。

3. 政策的制定与实施

20世纪80年代,伴随着计划生育政策的执行,人口逐渐下降,学龄儿童数量减少,桂西的乡村地区存在着大量规模小、生源少、条件差、质量低的学校。为了促进城乡均衡发展开启了集中办学模式,2000年以来开始着手调整过于分散的乡村学校布局。2001年5月,国务院发布的《关于基础教育改革与发展决定》中第十三条明确提出要求地方政府因地制宜调整农村义务教育学校布局,按照"减少数量、增大容量、集中力量、提高质量"的原则有计划地撤并乡村小规模学校。桂西地区中小学"撤点并校"运动正式拉开帷幕,受布局调整的影响,桂西地区很多乡村学校逐渐走向没落。十年的"撤点并校"运动使乡村学校大幅减少,导致部分学生上学路途变远,学生家庭经济负担增重,以及城镇的学校规模过大等问题。2012年9月6日发布的《关于规范农村义务教育学校布局调整的意见》针对农村学校布局又提出了总体要求和一些操作性原则,要求乡村地区合理规划学校布局,同时要加强农村教育师资队伍的建设,这无疑给桂西地区乡村学校未来的发展带来了曙光,也让桂西地区的人们看到了希望。

4. 行政区划

乡村学校的空间分布跟城乡的行政区划是紧密相连的,都要结合当地地形地貌、人口密度和人口分布。在调研中发现,在地势平坦的城镇集中区,人口密集,学校分布相对密集,而且学校规模较大,在校学生数和教职工数基本符合乡村学校的空间分布;而在地形复杂的山区,人口本就稀少,行政区域划分比较模糊,学校分布稀疏,所以学校规模相对较小。就整个桂西地区而言,县域的行政区划变动,直接影响该县乡村学校空间分布的变迁,例如新中国成立的前二十年,桂西地区县域行政区划变动很大,县域的合并与拆分,县域空间地理管辖范围的变化等,都直接影响县域学校数量的增减。就每个县域来说,县域内的行政区划也影响乡村学校的空间分布,乡镇的撤并、行政村的改变几乎与乡村学校布局调整相一致,村级区划的改变对小学学校数量影响较大。

长期以来,农村中小学是以行政区划来布局的,因此当行政区划发生变化时,农村学校的空间布局不可避免地会受到影响,有专门的统计数字表明:因乡、镇、村行政区划改变而被撤并的学校数目中,村级区划的改变对小学的影响较大,镇行政区划的改变则对初中的影响较大。这主要是因为布局调整前为了便于扫盲教育和普及九年义务教育,学校的布局方式是按村级行政区划进行的,每个行政村都办有一所完全小学,远的自然村(寨)学生上学不方便的,都办有教学点。

/ 第四章 /

民族地区乡村学校的发展生态：
广西龙州县 W 乡中心小学的案例

李 莹

　　学校作为一个小的生态系统，其内部的各个种群并不是孤立存在的，必须通过相互的作用共同促进整个系统的平衡。同时只有不断和所处的外部环境进行物质、信息和能量的交换，才能保障学校生态系统的动态均衡发展，才能保证学校持续稳定的良性发展。而乡村中心小学的发展是促进我国城乡义务教育均衡的关键所在，应被赋予更多关注。本章以教育人类学的研究方式对民族地区一所边境中心小学进行考察，从微观层面，剖析一所乡村学校的发展生态。

一、广西崇左市龙州县 W 乡中心小学的基本情况

崇左市位于广西壮族自治区西南部,与越南接壤,是广西边境线陆路最长的地级市。

龙州县是集"老、少、边、山、穷"于一身的国家扶贫开发工作重点县,位于左江上游,东邻江州区,南接宁明县、凭祥市,东北面与大新县相连,西北与越南接壤,境内四面环山,仅东有缺口,群山构成一道道天然屏障,其边境线长 184 公里,是祖国南疆边陲重地,也是一座有着一千二百多年历史的边境商贸名城。有国家一级口岸——水口口岸,国家二级口岸——科甲口岸,水口、科甲、那花、布局四个边民互市点,是我国通向东盟国家的主要陆路通道之一。龙州县不仅是红八军的故乡,同时也是中国天琴艺术之乡。全县辖 7 个乡 5 个镇,行政区域 2 317.8 平方公里,人口 27 万人,其中壮族人口占 95%。

自 2013 年龙州县依据"统筹规划、相对集中、优化配置"的原则,逐步调整撤并了一些位置偏、规模小、质量差的农村学校,初步形成了"初中集中县城办、小学集中乡镇办,原初中办小学、原小学办幼儿园"的教育格局,让边远农村的学生都能到办学水平较高的学校就读。目前龙州县现有小学 88 所(其中公办 87 所,民办 1 所;县城小学 7 所,乡镇中心小学 11 所,乡镇完全小学 54 所,教学点 16 个),在校小学生 15 217 人,小学适龄儿

第四章 民族地区乡村学校的发展生态：广西龙州县 W 乡中心小学的案例

童入学率 99.97%；中学 12 所（其中初级中学 11 所，九年一贯制学校 1 所；县城初中 4 所，乡镇初中 8 所），在校初中生 5 968 人，初中阶段毛入学率 98.4%。现有义务教育学校教职工 1 624 人，其中小学教职工 1 147 人，专任教师 1 020 人；初中教职工 477 人，专任教师 413 人。小学占地面积 713 643 平方米，生均 46.89 平方米，校舍建筑面积 159 493 平方米，生均 10.48 平方米；初中占地面积 437 134 平方米，生均 73.25 平方米，校舍建筑面积 126 475 平方米，生均 21.19 平方米。

W 乡中心小学创办于 1905 年，原校名为文轩高级小学[①]，学校发展历程中共经历三次搬迁。自 1979 年对越自卫还击以来，广西部分边境县（市），特别是边境沿线的乡（镇）蒙受了巨大的损失。由于不断受到越南进攻、挑衅和破坏，学校常受炮击，在七个边境县市中有 255 个学校（含教学点）每年有 2—4 个月不能正常上课，占教学时间的 20%—30%。[②] 10 多年的战争状态，使得七个边境县（市）的中小学基建投资少，校舍长期失修，造成危房面积达 399 164 平方米，占校舍总面积的 24.7%。W 乡中心小学的原校址在 W 乡科甲村乡政府附近，受边境战争的影响学校于 1979 年迁移至十几公里之外的 W 村 W 街办学，生源主要为本乡子弟，其他边境乡的部分学生也来此就读，当时外乡学生占学生总数的 30% 左右，本乡学生占生源总数的 70%。搬迁之时条件十分艰苦，教学楼仅为几间平房，缺乏日常维护，安全隐患较大，再加上距离农户家比较近，周边群众较多，不利于办学，学校于 1984 年搬到距 W 村居民区 600 米开外的当前校址，自此学校发展稳定下来。1979 年至今，学校共有 7 位校长，学校首任校长为原 W 乡教育站站长，最初由他筹办开展民族班，并将学校的办学目标立足于培养民族生，学校教职人员一直维持在 30—35 人之间，学校早期为 12 个班级，学生人数为 540 人左右。学校的迅速发展集中在 1985 年之后，自治区在民族自治县和部分山区贫困县推行寄宿制中小学民族班，W 乡中心小学作为龙州

[①] 龙州县地方志编纂委员会.龙州县志[M].南宁：广西人民出版社，1993.
[②] 王锡宏.中国边境民族教育[M].北京：中央民族学院出版社，1990：96.

县唯一一所民族小学,于1985年开始改革实行半寄宿制,每年招收100名优秀民族生享受民族补助和寄宿补贴;到2004年,享受补贴的民族生增加为200人;2005年,小学实行六年制,民族班增加到300人。在国家及自治区政府对乡村学校的大力资助和扶持下,经过几十年的发展,W乡中心小学已初步具备符合国家要求的义务教育均衡发展办学条件。2016年W乡中心小学在广西壮族自治区义务教育学校办学基本标准达标评估中评估为97分,在科学、数学等仪器的配置扣1分,体育、卫生、音乐、美术器材的配置扣2分;生均教学及教学辅助用房建筑面积(平方米/生)、体育运动场地面积(平方米)、信息技术装备、图书配备(不含电子图书)等方面均评估为满分。

W乡共有小学5所,原有中学1所(于2013年撤并,龙州县8所地处偏远、生源较少的乡镇初中撤并到县城,在广西民族师范学院原龙州校区集中创办新龙州一中)。目前在校学生为895名,教师59名。现有的5所小学中,1所为乡中心小学,在校学生715人,其余4所为农村完全小学,分别有学生35人(保卫完小)、75人(科甲完小)、15人(群合完小)、44人(农干完小)。

二、W乡中心小学发展生态的现状

学校生态系统作为教育生态系统的子系统,既具有社会系统的一般生态系统特征,也具有学校本身所特有的生态系统特征。我们从W乡中心小学生态系统中的主体人群、物质环境、生态环境着手,客观展现学校发展的主要生态系统要素,以求对W乡中心小学的发展生态有较整体的认识。

(一)学校生态系统的主体分析

在学校生态系统中,人(尤其是作为受教育者的学生)是生态主体,其中的各类生态问题也都是围绕人及其行为而产生,因而考察微观的学校生态环境中的生态主体是关键。① 学校生态系统中所依赖的基本人群为学生群体、专任教师、管理人员、教辅人员、工勤人员等,他们通过教书育人、管理育人、服务育人、形成学校生态系统的基本运行机制,推进学校的发展。②

1. 专任教师

师资是衡量一所学校办学质量优劣的关键因素,乡村教师队伍建设中专任教师年龄结构不合理、学科分布不合理等共性问题成为大众对农村教师的最直接认识,W乡中心小学也不例外,具体表现为学科分布不合理,缺乏年轻教师等。

(1) 专任教师数量与师生比

表4-1 W乡中心小学教师数量与师生比

学校类别	教职工(人)	专任教师(人)	教师占比(%)	在校学生(人)	师生比
中心小学	56	44	78.6	727	1∶18.2

H校长:按照人头编制是够的,但学科配备不合理,人数不合理,年龄结构,平均年龄比较大,老教师多。上年纪的老师已经没法从事教学了,只能去教副科或者做其他管理工作,整个学校只有一名50多岁的英语老师,马上也要退休;17个教学班一个专职的体育老师都没有。就在农干完小,一个今年六月份退休,一个已经59岁,能够坚守在一个地方已经是非常不错的了。

据笔者了解,学校50岁以上的5位教师中有4位已经不再进行教学工作,分别被分配到图书室管理、学校党建工作以及实验器材管理。因此学校实际专任教师为40名,师生比为1∶18.2,略低于广西地区小学1∶19.77的师生比。

---

① 范国睿.教育生态学[M].北京:人民教育出版社,2000:32.
② 高志强,郭丽君.学校生态学引论[M].北京:经济管理出版社,2015:98.

(2) 专任教师年龄结构

表4-2 W乡中心小学教师年龄结构

教师年龄	20—29岁	30—39岁	40—49岁	50岁以上
专任教师(人)	4	15	20	5
教师占比(%)	9	34.1	45.5	11.4

笔者将10岁作为一年龄段,分析W乡中心小学专任教师年龄构成。其中20—29岁的教师为4人,占全校教师总数的9%;30—39岁的15人,占全校教师总数的34.1%;40—49岁的有20人,占全校教师总数的45.5%;50岁以上的5人,占全校教师总数的11.4%。W乡中心小学的专任教师年龄构成表明学校教师老龄化明显,缺乏年轻教师。

H校长:我经常向教育局打报告要老师,2001年我出来工作,2002年还有一批教师下来,现在14年的时间几乎没有年轻老师下来,留不住优秀的教师,现在的老师都是来这里几年,干得还不错有些条件的该去竞聘的就去竞聘,去县城学校的也不少,改行的也不少,培养出一个骨干教师很不容易。学校今年有"义务教育定向教师培养计划"分配来的两个实习教师,这些教师普遍个人素质不高,是招不到教师的无奈之举,这些教师一般要求在地方服务6年,6年之后转正入编。

2003年龙州县取消了统一培训普师,仅依靠特岗教师、民办教师、定向培养补充师资。W乡因地方偏远,经济落后,13年间学校仅于2015年引进两名特岗教师、2016年引进两名定向培养教师,招来的这部分教师教学水平难以得到保证。

(3) 专任教师学历结构

相对于中小学而言,一般认为在达到《中华人民共和国教师法》的教师任职资格前提下,教育教学经验更重要。

表4-3 W乡中心小学教师学历结构

	学历	30岁以下	30—39岁	40—49岁	50岁以上	合计	所占比例
本科	第一学历	2	0	0	0	2	4.5%
	第二学历	1	6	5	0	12	27.3%
专科	第一学历	1	7	13	0	21	47.7%
	第二学历	0	2	2	5	9	20.5%

学校除了录用具有本科学历的大学毕业生外,老师也会通过采取进修、函授、自考等各种措施来提升自己的学历。W中心小学44位教师中,拥有本科学历的有14人,其中第一学历为本科的教师2人,第二学历为本科的教师12人,其余的30位教师都是大专学历。教师队伍专科以上学历达100%,本科学历为31.8%,专科学历为68.2%,本科学历主要为学校的年轻教师,两个特岗教师均为第一学历本科,即使通过自考等获得本科学历的教师年龄也平均在30多岁,相对年轻。教师年龄越大初始学历越低,全校50岁以上的教师共有5位,他们都是大专学历,均为中等师范学校或者"民转公"的基础上提升的。

(4)专任教师职称结构

就学校生态系统中专任教师的职称结构,一般是分析正高级、高级、三级、二级、一级这五个层次的人员比率,理论上来讲,在同级同类学校中,职称结构中高职称比率越高,教学水平和教学质量也相对较高。据W乡中心小学的调研发现,恰恰是教师的职称评定模式成为了阻碍教师提升教学质量、不断反思进取的重要原因。

H校长:学校在发展中碰到一个尴尬的局面,今年进来两个年轻的老师,像我已经工作了15年,也差不多算是老油条了,这样就不会像年轻人一样,刚下来的手脚都比较勤快,现在评到了高级教师,就不一样了。学校

44位老师,大部分都评上了高级教师,按照工资级别,有些基本已经达到最高了,他就不会再认真工作。

教导处H主任:教师的实际工作并不与教师的付出成正比,在学校教师的专职应该是教书育人,但是在寄宿制学校里大家身兼数职,经常加班,又不给加班费,就导致工作积极性不高。由于工资不高,有些教师还会有副业,这避免不了会影响教学。

在W乡中心小学正是由于职称在达到一定的等级之后就禁锢了教师进取的思想,教师有种干多干少都一样的心态。只要保证完成教学任务,学生安全不出问题,就是尽到了教师的职责,因此,当看到W乡中心小学的一部分教师将副业当主业时也就不足为奇了。

(5) 学科分布

W乡中心小学的课程设置是按照国家《义务教育课程设置实验方案》执行,所需开设课程均按国家要求开设,以下为W乡中心小学二年级(1)班的课程表。

表4-4 W乡中心小学二年级(1)班课程表

		星期一	星期二	星期三	星期四	星期五
上午	第一节	语文	数学	语文	数学	语文
	第二节	数学	语文	语文	语文	语文
	第三节	体育	实践	数学	语文	数学
			中午休息			
下午	第四节	美术	科学	体育	音乐	美术
	第五节	音乐	品德	品德	地方	科学
	第六节	班会	晚读	晚读	晚读	
			放学			

以笔者观察的二年级(1)班为例,在课程实施上课程的不相符情况严重,一周实际课程与课程表安排不符合的为9节,占一周总课程的31%。从二年级、

六年级 4 个班级上课情况来看，每个班级均只开设了语文、数学、思想品德和体育课。学校 44 名教师多数从事语文、数学教学，目前学校只有一名体育教师和一名即将退休的英语教师，缺少副科教师。作为一所壮汉双语教学实验学校，学校并没有双语教师，"壮汉双语教学的贯彻实质上是不存在的，壮语课没有开起来，国家虽然拨有双语教师培养经费，学校并没有真正受过系统壮语培训的教师，况且学校更缺语数教师。"学校即便开设一些副科，但由于教师少任务重，教学效果也难以保证。

学科分布的不合理直接导致了课程管理的松弛、不规范，部分课程取消或变更随意性大。以六年级（3）班为例，该班数学老师因病请假，在一周的时间里都是班主任语文老师包班，一周之后从完小调上来一位语文老师顶岗，班主任语文老师则转去教数学。教学目标主要是通过课堂教学来实现，当课程变得可以随意取消变动，学校的教学目标如何实现，或者可以实现几分，一系列问题在拷问着我们的学校管理者和教师。

2. 学生群体

（1）W 乡生源

据第六次人口普查龙州县常住人口中的义务教育阶段学龄（7—15 岁）人口总量为 21 699 人，其中小学学龄（7—12 岁）人口 15 617 人；初中学龄（13—15 岁）人口 6 082 人。学生数量在经过 2010、2011 年的低谷后，从 2012 年开始缓慢回升。以 2010 年全国人口普查结果推算，2015 年龙州县 7—15 岁的义务教育阶段学龄人口数为 23 466 人；2020 年 7—15 岁义务教育阶段学龄人口数为 23 781 人。随着龙州县城镇化进程的加快，常住人口将呈现县城城区逐年增加的趋势；乡镇人口总量则呈现相继减少的变化趋势。因此，未来义务教育阶段学龄人口的分布将会呈现城区学龄人口逐年增加、乡镇学龄人口逐年减少的态势。

从人口普查的推算结果来看，2020 年义务教育阶段学龄人口数与 2015 年义务教育阶段学龄人口数基本持平，一定程度保障了龙州县义务教育阶段学生的入学率。据W乡义务教育阶段适龄儿童的入学情况来看,学校在校学生为727名,生源90%以上为本乡学生,由于学校办学条件的相对完善,且距家较近,因此学校生源比较稳定,受人口外迁的影响很小。

> C副校长:学校很少有学生流失的现象,生源一直比较稳定。比如部分困难的家庭就愿意把孩子送到中心校,或者外乡的完小,学校当前的发展还不能满足所有学生寄宿,三年级以下的学生年纪小自理能力差,所以到四年级才可以寄宿,部分距离学校较远的学生就选择在学校周边的托管中心寄宿。

(2) 留守儿童

农村留守儿童是指父母不在身边的农村儿童,随着农村剩余劳动力大量向城镇转移,许多儿童被父母留在农村与亲友共同生活或独自生活。交通的便利以及人们思想的解放,乡村越来越成为留不住年轻人的地方,很多人选择外出打工,一定程度上农村成为了老人和孩子的代名词。W乡中心小学也不例外,据笔者的调研W乡中心小学留守儿童的人数为167人,占学校总人数的22.9%。

家长是学生的第一任教师,对中小学生的影响是从他们出生开始的,家长的价值观和行为表现对学生的价值观和行为表现起着潜移默化的作用,并在长时期内不易改变。家庭作为个人生活的中心,是实施早期教育的苗圃,人的品质发展与家庭环境的状况关系十分密切。W乡中心小学的留守儿童比例虽然低于全国农村留守儿童的平均水平,但是这部分学生确实为学校的教学和管理带来了一些问题。一方面,大多数留守儿童与家中的隔代亲人共同居住,老人易于溺爱孩子,缺乏适度引导和家庭教育的学生在学校里常表现为不服管教,给学校的学生管理工作增加难度;另一方面,农村留守儿童在学习上容易落后,亲友或隔代亲人对孩子学习上缺乏约束力和辅导能力,这些孩子在家一般不会学习,在学校的学习和作业完成情况等方面易落后于其他同学。在 W 乡中心小学甚至有学生小小年纪无人照料家中只有学生一人,状况十分令人担忧。

(3) 男女入学比例

表4-5 W 乡中心小学男女入学比例

年级	男生	女生	男生所占比例	女生所占比例
一年级	21 21 42	22 22 44	48.8%	51.2%
二年级	17 22 22 61	24 21 17 62	50%	50%
三年级	19 19 21 59	21 21 21 63	48.8%	51.2%
四年级	21 20 22 63	21 22 10 53	54.3%	45.7%
五年级	25 24 33 82	28 26 16 70	53.9%	46.1%
六年级	21 17 29 67	21 26 16 73	49.6%	50.4%

早期 W 乡存在适龄女生不愿离开家庭外出读书的情况,上学时需要成帮结队,如无同伴就不愿上学。受重男轻女思想的影响,有些家长认为送女孩读书不合算,是为别人送的,所以,一般女孩读到三年级就回家做活了。① 但目前从 W 乡的男女入学比例来看,男生为 368 人,占学生总数的 50.6%,女生为 359 人,占学生总数的 49.4%,基本持平。随着 W 乡村民观念的转变以及国家生育政策的影响,多数年轻家长持"生育一个孩子,并且能把一个孩子教好就很不错"的观点。

3. 其他人群

(1) 教育行政部门管理人员

2002 年 4 月 14 日国务院办公厅发布了《关于完善农村义务教育管理体制的通知》,对我国农村义务教育的管理体制做出明确规定,指出:"农村义务教育实行'在国务院领导下,由地方政府负责,分级管理,以县为主'的体制","乡(镇)人民政府不设专门的教育管理机构,""教育教学管理由乡(镇)中心学校校

---

① 王锡宏.中国边境民族教育[M].北京:中央民族学院出版社,1990:99.

长负责。"①明确了以县为主的教育管理体制,可以说就是要将乡镇教育行政权力上移交由县教育行政部门负责,教育教学管理权下移交由中心学校负责,然而随着农村义务教育管理体制改革的不断深入,这一体制中的一些矛盾也逐渐凸显出来。

"以县为主"的教育管理体制实行乡镇学校由县教育行政部门负责,在龙州县的调研中笔者了解到当地县教育局对如何实现义务教育均衡发展以及解决本地区乡村学校发展中存在的一系列问题时也觉得十分苦恼,多少有些手足无措。

> 龙州县教育局基础教育股J股长:我对于均衡发展的理解还是有些模糊的,我认为就是要促进学生的全面发展,市里面领导对于促进义务教育发展没有明确的界定,造成我们下属单位的困扰。针对学校的发展更主要的是实实在在地做事情,可是每天各种开不完的会议,处理文件很多,有些活动压根没有举行,但是也要提交相关开展文件。
>
> 县里教育最大的问题就是师资不足,教师缺编,我们这种边缘地区不好招到教师,即使招特岗教师也很少人愿意来。为了缓解师资不足的问题,我们尽力整合教育资源,撤点并校前龙州县共有三百多所中小学,在撤并之前做了一万多份的民意调查,学生家长普遍认同整合优秀教育资源。今年县里正在努力进行贫困县评估,为的就是国家有更多的资金和扶持政策下来,这些对于县义务教育的均衡发展肯定是有益的。

(2) 学校行政管理人员

学校生态系统中的行政人员主要是指专职管理人员,包括校领导和相关职

---

① 国务院办公厅. 关于完善农村义务教育管理体制的通知[EB/OL]. http://www.gov.cn/gongbao/content/2002/content_61475.htm.

能部门的非教师系列的管理和专业技术人员。① 在《中华人民共和国职业分类大典》中,中小学校长被描述为:在中小学校担任领导职务并具有决策权、管理权的人员。W乡中心小学的主要行政人员为校长1名、副校长2名,教务处主任1名,副主任2名,科研处处长1名,总务处主任1名,少先大队辅导员1名,财务主任1名。

① 学校组织机构

W乡中心小学的组织机构较为健全,分别设立有校长室、副校长室、教务处、总务处、科研室、会计室和教师办公室。其中党支部书记1名,校长1名,副校长2名(各自分管教学和行政工作),教务处主任1名,副主任2名,科研处处长1名,总务处主任1名,财务主任1名。

② 教职工管理

《简明教育词典》给校长的定义:"国家教育行政部门或其他办学机构的管理部门任命的学校主要负责人。校长对外代表学校,对内主持内务"。W乡中心小学H校长于2015年上任,其上任之时正好赶上龙州县提前五年迎义务教育均衡发展国检,H校长作为学校最主要的决策者和管理者全面负责学校办学管理的各项工作,全体教职工的日常教学工作、职称评定工作对校长负责,涉及录用、聘用、辞退等人事变动权利则由县教育行政部门依法进行管理。

W乡中心小学共有44名教师,只有一位教师不是本地人。在乡村这样一个人情社会里,学校大部分教师都是本乡人,因此"在管理上多少有点沾亲带故,管得松了不像样,管得严了老师有想法"。

H校长:提前迎国检实实在在的好处得来是给学生的,有钱拨下来学生才能享受更加优质的教育资源。8、9月是迎检关键时期,我把老师叫到学校,无奈怨声载道,本来可以好好休息,现在假期还要工作,一部分老师

---

① 高志强,郭丽君. 学校生态学引论[M]. 北京:经济管理出版社,2015:97.

不来或者各种理由请假。中心校要迎检,而马路对面的W中学搬走空了两年的校园,县里决定启动幼儿园,场地问题解决了,但是设备没有,杂草丛生,大家都要干活,学校老师不理解,均衡发展搞得大家很累。

还有老师会认为自己做了很多工作,什么钱也没有发。比如实际管理层面看,为了避免安全隐患,寄宿生每晚有一个小时的晚自修。以前教师管理一个班一小时五块钱,象征性的补助合情合理不合法,现在分班轮流义务值班,一楼层留一个老师,效果大打折扣,但是没有办法。

在W乡中心小学,老师普遍认为工作多,压力又比较大,拿的工资和别人没有什么区别。"国家没有区分寄宿制学校和走读学校,是学校存在最大的问题,这对老师是最大的影响,老师思想上有坎儿,不容易迈过去,我就是干的比别人多,干的比别人累,但却没有任何福利。"加上九年义务教育小升初考试制度的取消,学生的升学不存在压力,一部分教师已经获得高级职称,因此教师缺乏认真工作的动力,很难有公认的标准来督促教师,对于教师的管理,校长和学校的主要领导均表示很无奈。

③ 教学管理

W乡中心小学的办学理念为"以德育人,以德立学",在此理念的指导下,学校设立"师德师风培训"项目,开展了"美德银行理化管理"项目,编写了德育校本课程教材,旨在培养学生的良好行为规范,旨在贯彻学校办学理念。

学校建立了"校长室——教导处——教研组——年级组——备课组"由上至下的教学管理机构;制定了教师教学常规管理的一系列制度。就实际层面而言学校在教学管理中也存在一些问题,县教育局教研室、优秀教师进校指导教学较少,因此提升教学质量比较困难。中心小学每期末通过现金奖励学业成绩优异的学生,两科成绩195分以上者奖励50元,但也没有明显地提升教学的作用。教师的工作积极性很难调动起来,精神奖励显得苍白无力。"没有事业心,只是把教师当作职业,做完了还得做是职业,做完了还想做是事业,老师达不到这样的高度。""为了提升教学质量,教师的职称评定是依据所带班级的考试成绩是否达标,在考前学校会依据教师所带班级为教师划定达标分数,成绩达标是硬性标准,只有达标才可以进行职称评定。"在 W 乡中心小学评价教师的教学质量主要是依据教师所带班级的考试成绩。

④ 学生管理

W 乡中心小学将素质教育、"明礼习惯感恩发展"的学风全面贯彻到学生的日常管理中,学校领导班子、少先队、班级共同参与,相互协调,形成一体共同管理学生。

首先,学校注重发挥少先队的模范作用,以"队徽在闪耀,红领巾在微笑"为主题贯穿培养学生的良好道德规范的全过程。坚持每周一次的升旗仪式和国旗下的讲话制度,培养学生的爱国主义精神;每周一次班会活动,由班主任组织学生进行法制、安全、纪律、人际交往等方面的教育,提升学生的道德情操。

其次,针对学生的校园生活,通过每年举办"金色童年,畅想六一"文化节、春季运动会、安全知识讲座、书法比赛、校外演出等活动拓展丰富学生的校园生活。

（3）教辅人员

学校作为文化传承和文化发展的重要场所,图书馆是学校的重要标志之一,图书管理需要专业技术人员来承担和实施管理,使图书管理成为学校生态系统的重要特色之一,因此图书管理的专业技术人员也成为学校生态系统中的重要教学辅助人员。当前 W 乡中心小学没有图书管理的专职人员,图书室管理员为学校即将退休的老教师,图书室日常的维护分类、盖章、录入、贴条码、按类序上架均由学校年轻教师共同分担。此外,学校的实验器材室、体育器材室均为学校任课教师兼职管理,没有设置具备相关专业技能的工作岗位。

（4）工勤人员

工勤人员是学校生态系统中相对文化层次较低,从事的工作属于体力劳动范畴的工作人员。学校的园林绿化、后勤管理、安全保卫等工作,均由专职工勤人员来承担，他们的工作成果直接影响着学校的运行和秩序，绝对不容小视。

W中心小学的工勤人员主要为学校餐厅7名工作人员和3名保安。分别负责师生的在校饮食和学校安保、管理学生午休晚休工作。学校的卫生绿化则由老师带领学生共同完成，在中心小学经常可以看到大扫除时老师带着学生用小镰刀清除校园内的杂草。

> H校长：晚上学生休息，老师下去管，学生还听一点，现在由保安员管，他们的威力不像老师，午休晚休相对于原来要差一些，但是没有办法，寄宿制学生的管理比较难，安全问题一直挂在心头，学生的餐饮费要保证尽量吃到学生的肚子里面，所以学校没有钱请生活老师，学校不是以营利为目的。

（二）学校生态系统的物质环境分析

教育教学资源是学校生态系统的生存前提和发展基础，师资队伍和硬件资源构成学校生态系统的教育教学资源体系，此处资源主要讨论硬件资源。作为一个半寄宿制小学，W乡中心小学的物质环境大体分为资源环境与生活环境两个方面，资源条件有赖于学校的基础设施和设备的配置，生活条件则离不开衣、食、住、行等几个方面。无论是教育教学硬件环境还是生活环境在国家相关政策的投资建设下均得到了不同程度的改善。

1. W乡中心小学的资源环境

（1）学校建筑设施

学校建筑与工作、学习、生活于其中的人有着各种各样的联系，并不断影响着工作、学习和生活在其中的人。① W乡中心小学入门处左侧是一个小型运动场，主要体育器材为篮球架和乒乓球台，主体建筑呈狭长形，左右两侧依次排

---

① 范国睿. 教育生态学[M]. 北京：人民教育出版社，1999：210—215.

开,左侧依次排开为一栋三层高的教学楼、男生宿舍楼以及教师公寓楼;右侧为一栋正在建设中的教学楼、教学办公综合楼,学生餐厅。学校两排建筑间的空地是学生的主要活动区域,正中央为学校升旗台,迎风飘扬的五星红旗标示着学校与周围村落的不同。学生的课余活动主要是在操场及学校图书馆进行,学校图书室成立于1996年,占地面积为81.60平方米;现有图书类别21种,总册数25 415册,生均31册,面向全体师生开放。运动场现有4个篮球架,6个乒乓球台以及传承少数民族体育运动的高杆绣球。为迎接义务教育均衡发展国检,县教育局于2015年投入420万元,用于W乡中心小学新建面积2000平方米校舍,运动场1个。学校综合办公楼是1998年"国家贫困地区义务教育工程"投资42.15万元所建。总体而言W乡中心小学的主体建筑均为国家资助兴建起来的,因此,W乡中心小学主要是在国家相关政策关怀下不断发展起来的。

(2) 教学设备

学校教室是学校教育最主要的教学设备,教室的颜色、光线与照明、噪声、温度等要素,对教室内的各种活动,特别是学生的学习活动有着深刻影响。丰富而合适的色彩、适度的光线、适宜的温度、舒适的座椅等教室布置与座位编排都会对人的生理状况产生一定的影响,进而直接影响到学生的学习态度、学业成绩以及室内各种交往活动。[①]

伴随普九工作的深入和民族政策的落实,W乡中心小学分配到了一批"广西农村中小学远程教育项目"拨给农村中小学办学发展的计算机及配套教学光盘,学校教室当前配备的多媒体教学设备则是得益于国家全面实施民族教育"十五"规划所出台的民族政策,现今这些教学硬件已年头较久,缺乏专业人员必要的维护,目前只有民族班的教室还在使用,其他班级仍旧依照课本进行教学。虽然无法与城市的教学环境相比,但在W乡中心小学学生也是一人一张桌椅板凳,教室后黑板为学生天地,两侧为名人格言,与城市学校的教室布局

---

① 高志强,郭丽君.学校生态学引论[M].北京:经济管理出版社,2015:106.

类似。

2. W 乡中心小学的生活环境

(1) 住——不同的环境

住房问题是广西边境地区教师最为关注的问题之一。长期以来,尽管各级政府对边境教育投入了许多财力进行学校建设,但却很少用于教师住房等生活条件的改善,教师的住房条件相当差。随着国家和地方政府对边境地区教师生活质量的重视,同时也为了留住教师,边境市、县的"教师安居工程"项目相继开展实施。W 乡中心小学的教师安居楼建成于 2008 年,全校 44 位专任教师中 42 位都住在学校。学校老师中教龄最高的工资每月接近 6 500 元,学校大部分教师每月工资净入平均在 3 500 元左右,特岗教师每年年薪 32 000 元。教师的一日三餐均在学校教师餐厅使用,每人每月 160 元伙食费,居住的教师安居楼以及水电都由学校免费提供,所以在校教师的生活成本极低。教师安居楼前停着部分教师的私家车,每到周五下午放学后老师都会回县里或是回到自己家中居住,周一早上再赶来学校上班。

国家规定农村寄宿制学校的学生宿舍配置为四张上下铺床,八人间,这在 W 乡中心小学学生宿舍远远满足不了学生的住宿需求。学生宿舍每间房间为六张上下铺床,十二个学生共同居住,有限的空间里学生数量多,加上没有专人管理学生的日常起居,学生不注重良好生活习惯的养成,因此学生宿舍较脏乱且空气流通差、气味较重,居住环境相对恶劣。学校占地面积有限以及寄宿管理的安全隐患较多,学校 1—3 年级的低学生实行走读制,距家较远的低年级学生多数选择在学校附近私人经营的寄宿班外宿抑或是由家长接回,这在一定程度上增加了部分距学校较远家庭送子女上学的开支。在早些时候如果家庭经济条件紧张学生很有可能已经失学了,但现在不存在这种情况。

(2) 行——回家的路

W 乡中心小学门前的二级公路于 2014 年竣工,这条公路的竣工不仅方便了通往科甲口岸的贸易往来,也为教师和学生回家提供了便利,但是由于距离

第四章 民族地区乡村学校的发展生态：广西龙州县 W 乡中心小学的案例

龙州县城路程较远,车程需要40分钟,所以上班期间教师一般都会住在学校,教师平时没有什么文娱活动,一般都是几个老师聚在一起聊天。

中心小学的设置是以集中办学优化资源配置,提高教学质量为办学方针,W 乡中心小学的生源主要为本乡八个建制村的学生,村里三所完小覆盖适龄学生的范围有限,加上学生家长更愿意把学生送到中心校,因此部分学生回家的路途相对较远,学校没有足够的资金为学生配备校车,每逢周五学生放学,是学生最高兴的时候,因为他们终于可以回家了。这天学校门前总会零零散散停着一些私人面包车,多数是家长提前联系统一接本村的孩子回家,还有一部分是私营车主趁着学生放学拉些私活,这些车经常超载,一辆小小的面包车通常是塞满学生,构成一定安全隐患。

(3) 食——一日三餐

学校餐厅于边境建设大会战时期建立起来,学生餐厅是一栋两层的小楼,一楼分为两个区域,后面是做饭区域,前面则是取饭窗口,二楼是学生的用餐区域。寄宿生统一在学校用餐,走读生自带饭盒在学校餐厅打饭,就近的学生回家用餐,距家较远的学生回到自己平日寄宿的托管中心用餐。"学生现在读书幸福得多,寄宿生每个学生一学期补助五百元,每月补助一百元,伙食费一百四十元每个月,一个学期七百元,但是餐费是按每一餐来计算的,请假不来的话去饭堂报一下就会把这顿餐费给扣除。刨去周末学生每学期餐费大概六百五十元左右。"紧邻学生餐厅的一间房间为教师餐厅,由于学校周边配套生活设施较少,所以住校教师全部在校用餐,一般不会开火做饭。教师餐厅地方狭小,教师的一日三餐都是在标有自己姓名的餐架上领取,餐厅里没有桌子板凳,学校老师一般就地站着吃完或者用塑料袋打包带回自己家中用餐,教师和学生的饭菜一样,只是在量上会多一些。

(三) 学校生态环境分析

学校生态环境是指学校中各类人员进行以教与学为主的各种活动所依赖

的种种物理因素与社会因素,学校生态环境也是个复合的生态环境,[1]依据生态学上的生物圈划分学校生态环境分为外部环境和内部环境。学校系统外的生态环境由自然生态环境、社会生态环境和文化生态环境组成[2];而系统内的生态环境从主体来分主要有物质环境、精神环境和规范(制度)环境。

1. 学校外部生态环境

(1) 自然生态环境

W乡是学校生态系统所在的自然地理环境区域,龙州县乃至崇左市及其以外区域的自然环境则为学校生态系统所在的区域外自然环境。W乡位于龙州县城北部,东与金龙镇连接,南与上龙、霞秀乡毗邻,西与水口镇相连,北与越南民主共和国接壤,边境线长25公里,乡政府驻地——科甲集镇距离县城35公里,属国家二类通商口岸。全乡下辖8个村委会,71个自然屯,83个村民小组,总人口20063人,其中农业人口19935人,壮族人口占全乡总人口的98%以上。

全乡总面积204平方公里,耕地面积31677亩,属亚热带季风气候。全乡地势特点为北高、东南低,均为石山区,其中有两个建制村全属干旱地区,六个建制村部分为水田耕作区,其他部分为旱地耕作区。截至2013年社会固定资产投资完成11963万元,同比增长19.27%;全乡农业总产值26818.48万元,同比增长7%;农民人均纯收入6916元,同比增长12%。全乡甘蔗种植面积3793公顷,甘蔗入厂原料蔗20.89万吨,越方蔗农入厂蔗1.02万吨[3]。W乡主要农作物为水稻、玉米、黄豆、花生,主要经济作物是甘蔗、木薯,主要土特产及其他特色资源有蛤蚧、酸梅、大头菜、龙眼、山黄皮等,乡内蕴藏铁矿40万吨以上。

自然生态环境是人类赖以生存和发展的最基本条件,学校在选择校址时对包括水、阳光、空气、植物、地形等在内的自然生态环境因子以及未来学校发展的空间都是需要考虑的。这些自然生态环境因子是笔者所无从考量的,因此主

---

[1] 范国睿.教育生态学[M].北京:人民教育出版社,2000:198—199.
[2] 吴林富.教育生态管理[M].天津:天津教育出版社,2006:95.
[3] 崇左市地方志编纂委员会.崇左年鉴[M].南宁:广西人民出版,2014.

第四章　民族地区乡村学校的发展生态：广西龙州县 W 乡中心小学的案例

要从学校的外部周边环境来概述学校发展所处的自然生态环境。W 乡中心小学位于龙州县 W 乡 W 村 W 街,学校门前是一条通往乡政府所在地国家二级口岸——科甲口岸的二级公路,不时有经营边贸生意的小型货车从学校门前飞驰而过。学校左侧为一家小型超市,右侧是一间私人开办的学生托管所,斜对面是原 W 乡中学(2013 年撤并)。沿着蜿蜒曲折的二级公路一路向上,沿路两旁夹杂在大山之间的稀缺耕地种满了甘蔗、香蕉等经济作物。学校前后石山环绕,每天早晨云雾缭绕空气湿润,除了石山之间夹杂着的学校和部分村民家的炊烟袅袅,仿佛人间仙境世外桃源。

(2) 社会生态环境

社会生态环境是指与自然生态环境相对应的,而又从自然生态环境中独立出来的人类共同活动的历史发展形式。这种形式是一个有高度组织性和有序性的极为复杂的结合体,它的经济、政治、法律、科技、社区、人口、家庭等因子,都是我们所说的社会生态环境。①

① 政治环境

多年来龙州县始终把教育置于优先发展的战略地位,认真贯彻《中华人民共和国教育法》、《中华人民共和国义务教育法》等法律法规,统筹教育与社会、经济协调发展。"十五"规划以来,始终以邓小平理论和"三个代表"重要思想为指导,全面贯彻党的教育方针,按照科学发展观的要求,从龙州县社会经济发展实际出发,推进教育现代化建设,通过实施"义务教育均衡建设工程""素质教育工程""扩大优质教育资源建设工程""职业教育与培训创新工程""21 世纪人才培养工程""民族地区教育信息示范工程"等六大工程,大力推进教育改革与创新,初步建立现代终身教育体系,为建设社会主义和谐社会、实现全面小康的目标提供了智力支持和人才保障。

2013 年为进一步整合教育资源,优化中小学校布局,提高教育教学质量和

---

① 吴林富. 教育生态管理[M]. 天津：天津教育出版社,2006：97.

办学效益,实现城乡教育均衡发展,促进教育公平,推动龙州县教育事业科学协调可持续发展,制定并逐步实施了广西壮族自治区龙州县义务教育学校布局专项规划(2013—2020年),旨在到2020年将龙州县建成高水平实施素质教育的示范县;形成结构合理、适应龙州县经济与社会发展需要、具有时代特征的现代教育体系,成为在地区发挥辐射与影响作用的教育中心县;为群众提供高水平、高质量的义务教育,确保全县教育基础设施、教育质量、教育普及程度走在全区前列,使全县义务教育达到全区领先、全国中等发达县城的水平。

② 经济环境

龙州县通过深入贯彻落实科学发展观,根据自治区富民强桂和崇左市富民强市战略部署,全面实施"富民兴边,贸工强县"战略,发展文化旅游名城,经济和社会各项事业发展取得积极成效。2012年完成地区生产总值63.45亿元,经济的增长助推着教育事业的发展,近年来龙州县在经费投入和项目建设上,主要向农村小学、薄弱学校倾斜。2014年以来,该县累计投入5 700多万元,用于乡村中小学的生活、学习、运动等各种设施的升级改造,有力地改善了乡村学校的办学条件。大发展需要大投入来支撑,仅2015年,龙州县就投入了大量资金用于发展教育事业,共投入7 200万元,新建、改建校舍建筑面积45 950平方米,改扩建运动场面积151 000平方米;投入3 209多万元,为各校配备图书、实验室仪器、多媒体设备、图音体器材等。该县本级财政投入教育的资金逐年增长,2012年、2013年、2014年分别投入2.25亿元、2.98亿元、3.55亿元,各占县全年财政收入的34.1%、39.2%、42.2%,三年来累计投入达8.78亿元,年均增长为3.85%。此外,龙州县优先保障学校建设用地。2010年,该县在县城城东区黄金地段征地47.57亩,用于建设龙州镇新华中心小学,目前这所学校已投入使用,提供学位2 500多个,为接收进城务工人员随迁子女就读奠定了基础,也有效缓解了"大班额"。2013年以来,该县共落实177亩土地用于学校建设。①

---

① 欧金昌,陆生龙.崇左市龙州县推进义务教育均衡发展纪实[J].广西教育,2015(48):27—28.

③ 社区环境

社区作为社会学研究的一个范畴,是指聚集在某一地域中的社会群体、社会组织所形成的一个在生活上互相关联的社会实体。独特的地形地貌加上亚热带季风气候,W乡的农业结构较为单一,主要农作物为水稻、玉米、黄豆、花生,经济作物为甘蔗、木薯等。在以上作物中,甘蔗的种植量最大,甘蔗的产出是W乡居民主要的经济收入。W乡村民日常食用的大米主要从越南进口,因此农户现已很少种植水稻。乡政府所在地的科甲村是国家二级通商口岸,因此W乡也有一些从事边境贸易的农户,主要输出当地的化肥、畜苗等,并从越南进口大米、冻肉等。

在W乡几乎每家的院落都用篱笆圈起,并用木板和干树枝扎成一道简易大门,院内会种一些日常食用的蔬菜,比如辣椒、豆角、油菜等。大多数农户还会在院子周围种几棵香蕉树或是一两棵坚果树,出产的果实主要用于出卖。除了农作物、经济作物以及家庭的种植外,几乎每户村民家里都会养些鸡鸭,一方面满足自家的肉食需求,另一方面可以在赶圩时卖掉换钱。为了增加家庭收入,闲适的生活使那些自感在乡村无用武之地的年轻劳动力选择转移出去,走出去的打工者很少是自己闯出去的,大多数都是投奔同乡打工者或者可以信赖的熟人。通过别人的介绍与帮助,打工者在流出地落脚。由于缺少学识和生活经验,W乡出去的多数人都从事不需要掌握太多文化知识和技能的行业,比如需要大量体力劳动的服务业、建筑业等。

④ 家庭环境

学生的健康成长不仅要依靠学校管理者和教师所提供的学校教育,家庭教育的影响也至关重要。家长作为学生的第一任教师,对学生的影响是从他们出生开始的,学生的价值观和行为表现不断受到来自家庭其他成员潜移默化的影响,并在长时期内不易改变。有社会学家研究发现,家庭经济环境的好坏,家庭成员的个人性格构成、家庭成员相互的态度和感情、家庭人际气氛以及家庭成员的兴趣与活动等,都对儿童的人格和兴趣培养及形成起着至关重要的影响作用。

随着交通的便利,农村生活的闲适,W乡部分村民选择外出打工、或到较近的县城找些散工来贴补家用。因此在W乡有一部分学生留守在家,父母的缺失使得家庭赋予年幼孩子的关爱以及引导孩子养成良好行为习惯的缺失,凸显出有些学生在学校不易管教且个人生活行为习惯不良的问题。

家长A:我和孩子的爸爸都在龙州县钢铁厂工作,女儿不好好上学的话就让她去种坚果,还能贴补一下家用。家里的奶奶在家看着孩子,老人家每月只有95元养老钱。她不识字,对学校里面教的东西也不懂,就是照顾孩子的生活。我女儿能读到高中毕业像她姐姐那样就不错了。

家长B:我自己就不识字,什么也做不了,只能在家。孩子的爸爸在工地打工,我留在家里照顾两个孩子,孩子的学习都是自己操心,她有多大能耐我就供多大,出不出去都一样,还是要靠她自己。

W乡村民家庭中成年人的受教育程度普遍偏低,多数家庭不具备辅导学生课业的能力,孩子的学习多靠学校教育和学生自己的努力,小部分家庭经济条件允许的父母选择将孩子带到外面上学,有些靠做边贸生意富裕起来的家庭,则对学生依靠读书成才存在质疑、放任的态度。

(3) 文化生态环境

"文化"有着极为丰富的内涵。泰勒(Tylor)给"文化"这一术语作了描述性的解释,指出:"文化,或文明……是个人作为社会上的一个成员所得到的,包括知识、信仰、艺术、法律、道德、习俗和任何其他能力的一个复杂整体。"[1]魏思勒(Wissler)给文化以准则性的解释,他认为:"由一个社区或部落所遵循的生活方式可视为文化……包括了所有标准的社会程序……部落文化是该部落所遵从的标准信仰和程序的总体。"教育与文化是错综交叉的,教育本身是文化的一部

---

[1] 爱德华·泰勒. 原始文化[M]. 连树声,译. 上海:上海文艺出版社,1992:1.

第四章 民族地区乡村学校的发展生态：广西龙州县 W 乡中心小学的案例

分,受到文化的制约,在此着重分析社区的文化传承方式。

传承文化是族群生存的需要,也是个体适应生态人文系统的必需。据考察,W 乡的文化延续主要是通过民俗教育和学校教育两种形态的文化传承方式实现。民俗教育在社区和家庭中实现,主要是对当地生产生活经验以及习俗文化的传递,这类经验主要由家中的长者以潜移默化的方式施加影响,经验的学习体现在人们的日常生活中,通过在社区和家庭中获得并伴随着年龄的增长,使得个体的人生角色不断丰富。W 乡作为少数民族壮族的聚居区,几乎每个月都有传统节日,每逢节日家家户户会做糍粑、糯米饭、肉粽等传统食物并到集市上去赶圩,就是在这种日常的生活中不断渗透本民族的文化,青年人在参与和学习中,不断习得自身族群的习俗文化。

文化的传承即为一种教育过程,在这个过程中个体对自身族群文化习得、理解与认同,学校教育也具备强大的文化延续功能,不仅能够保存族群,更能促进族群的发展。W 乡的学校教育开端于 1905 年,现有的学校教育主要为义务教育小学阶段,学校教育作为当地人学习现代社会知识的窗口,已成为当地文化传承与文化观念更新的新阵地。

2. 学校内部生态环境

社会是一个大的生态系统,学校是其中的一个小生态系(或可看作一个教育生态群落)。[1] 学校作为一个小的生态系统也不是孤立存在的,它有着各种生态背景,对学校内部生态环境的分析,角度不同,结果就会不同。本节从较为通行的角度,将学校内部的生态环境分为物质环境、制度环境和精神环境,[2]这三种环境一定程度上综合表现为特定学校的学校文化,因此本节将从学校文化层面来具体分析学校的内部生态环境。

(1) 物质环境层面的学校文化

物质层面的学校文化主要是通过教职工和学生在教育实践中创设的各种

---

[1] 吴鼎福,诸文蔚. 教育生态学[M]. 南京:江苏教育出版社,2000:29.
[2] 徐书业. 学校文化建设研究——基于生态的视角[M]. 桂林:广西师范大学,2008:57.

物质设施来发挥其效应的,学校物质文化作为学校文化存在和发展的基础,通过向师生提供鲜明的视觉刺激,以潜移默化的方式彰显学校文化内涵,发挥育人功能,优质的校园环境无须像政府发布行政命令一样,强制人们被迫接受,它就像那春雨以"润物细无声"的方式影响着学生的价值观念和行为方式。

  W乡中心小学学校入门处种着两排高高耸立的树木,学校教学楼前面为依次排开的小花坛,操场中间有面积较大的绿化带,学校前后被石山环绕,因此学校的环境优美,绿化面积相对适宜。学校各处的墙壁是创建良好校园环境的一个好选择,学校一般会将一些复杂、抽象的人文历史和教育理念,以图文结合形式彰显于墙壁上,以"润物细无声"的方式影响学生的精神和行为习惯;其次,学校宣传栏作为了解学校办学特色的一扇窗口,可以让人最直观地去感受一所学校的办学文化。W乡中心小学的宣传栏主要为学校安全教育、各类活动的颁奖照片,在校园里随处可见"无毒生命灿烂,涉毒生命暗淡""深入开展禁毒战争,抵制毒品对青少年的危害"的宣传警示栏,似乎在预示着这所爱民固边"模范中心小学"外部环境的复杂性。学校教学楼身悬挂着"以壮为主,壮汉结合,以壮促汉,壮汉兼通"这十六个大字以及"广西壮族自治区壮汉双语教学实验学校的标牌",但纵观整个学校物质环境并不能让人感受到物质层面学校所带来的学校办学特色和学校文化为何。此外,作为一所学生总数中99.6%为壮族生源的学校,其学校物质环境层面的文化丝毫没有体现出与优秀的壮民族文化相匹配的学校文化。W乡中心小学临近自然、少数民族学生聚集,有着得天独厚的办学特色,学校文化更应彰显自己的乡土特色,形成自己的文化个性。

  (2)精神环境层面的学校文化

  精神环境层面的学校文化,既包括教育教学过程中必须贯彻的人才培养目标,也包括学校自己的办学理念,是以物质层面的学校文化、制度层面的学校文化为载体的一种深层次的文化形态,具有不可忽视性,它需要人们切实地感受学校文化载体所透射出来的独特感染力、凝聚力和震撼力,体现学校成员的共同价值理念及其目标愿景。

第四章　民族地区乡村学校的发展生态：广西龙州县 W 乡中心小学的案例

精神环境层面的学校文化研究有一定难度，它不易找到实际的文字材料，更多体现在学校的历史传统、学校领导的作风、学校教师的日常工作和学生的学习中，在此笔者主要从 W 乡中心小学教师的日常工作来展现精神环境层面的学校文化。在中心小学学校多数教师对自己的职业并不满意，懈怠感较强。在大范围的教师访谈中，笔者的这一观点得以印证。教导处副主任 H 老师所带的班级是六年级民族班 59 班，他认为"教师的实际工作并不与教师的付出成正比，在学校教师的专职应该是教书育人，但是大家身兼数职，经常加班，又不给加班费，就导致工作积极性不高。工资低，有些教师还会有副业，这避免不了会影响教学。"

以笔者选取观察的二年级、六年级的四个班级为例，六年级的 S 老师将教师这一行业形容为"清水养田螺"，S 老师是位和蔼的数学老师，平日身边总是围满学生，除了是一名教师外 S 老师还有着一门好手艺，精通水电排线图纸设计，常有人找 S 老师做水电布线，S 老师每天下午学校放学后骑着摩托到县城接水电改造的生意，第二天一大早再赶回学校上课。此外，学校的小卖部、一些低年级外宿机构，校门口的超市，包车接送学生上学放学等，多数都是本校老师所经营的副业。在 W 乡教师身兼数职的现象绝非偶然，老师的主要任务本应是教学，当教师大量的精力被副业占去，很难想象教师如何去提升教学和给予这些低龄学生甚至留守儿童更多的关心与呵护。

在 W 乡老师普遍存在一种干多干少都一样，针对自己教学外的其他工作一般都是采取一种冷淡消极的态度，中心小学校长对此很无奈，"国家没有区分寄宿制学校和走读学校，是学校存在最大的问题，这对老师是最大的影响，老师思想上有坎儿，不容易迈过去，干的比别人多，干的比别人累，但是没有任何福利"。

（3）制度环境层面的学校文化

学校制度文化是学校文化的内在机制，包括学校的传统、节日活动、仪式等各种规章制度、管理条例、领导体制、检查评比标准等，是用以规范师生行为，维系学校正常秩序必不可少的保障机制。① 一所学校要实现管理的科学化和规范化,那么学校必须有完备的制度文化。只有系统完善的制度体系确立并得到贯彻执行,才能推动学校管理工作高效、规范进行,预防和抑制不良风气的蔓延,避免不良风气对教师和学生的影响。

案例一: 安全责任书

W中心小学校长及相关领导为进一步落实学生的在校安全问题,制定了学校《安全事故责任追究制》。周头会上校长对这一制度的主要内容进行了阐释并颁布了学生安全责任书,要求每一位班主任都要签署责任书,对本班学生的安全问题负责,学校老师对此意见很大,老师们表示要签署的责任书在制定前并没有和他们商议,责任书的合理性还有待商榷。最终只有6名教师签署了学生安全责任书,其他老师拒绝签字,这一制度并没有实施就中途夭折。

案例二: 光脚的学生

针对学生行为规范方面欠佳的问题,学校制定了《W乡中心小学行规养成教育实施规划》,借以落实学校"德育文化"建设,促进学生良好行为规范养成。这一活动规划由Y副校长指挥,学校少先队总部负责具体实施,通过调动班主任、学生干部参与管理,实施全校性的量化管理来强化学生的行为规范认识,达到让学生认识到哪些是好的行为,哪些是不该做的行为,从而调整改变自己的言行,帮助学生改掉生活学习的陋习。然而实际的实施效果差强人意,春夏季节学生在校不爱穿鞋子的习惯是学校老师很头疼的一件事,甚至县里领导下来检查时一些学生也在学校赤脚。学校广播天天强调,学生在校必须穿戴整齐,不准不穿鞋子,学生的这一行为反而在老师的一再强调下得到强化,老师在的时候穿鞋子,一旦老师离开调皮

---

① 赵中建.学校文化[M].上海:华东师范大学出版社,2001:122.

的男生立马会脱掉鞋子光脚玩耍。

目前，W中心小学现已制定《安全工作责任制》《安全事故责任追究制》《食堂安全管理制度》《小卖部安全管理条例》《学校安全保卫制度》《安全排查制度》《节假日值班制度》《财务管理制度》《采购及报销管理细则》《教职工考勤制度》《教职工坐班制度》《教职工请假制度》《W中心小学学生日常管理规章制度》《W中心小学内宿生管理规章制度》等多项规章制度，但仍旧存在着制度不规范的现象，有些学校制度制定下来却得不到落实，或者实施效果不佳，造成许多事情不能照章办事，学校主要领导的管理权削弱，一定程度上还造成了上下级关系的恶化。

三、W乡中心小学发展成就与存在问题的生态审视

（一）W中心小学的发展成就

W乡中心小学作为W乡教育事业的龙头单位，吸纳了其辖内8个建制村多数分散的生源，并且在国家及当地教育行政部门的大力扶持下获得了较好的办学条件，生源的集中管理也在一定程度提高了学校资源的利用效率，本部分将以教育生态学的相关原理与规律对W乡中心小学当前取得的成就以及存在的现实问题展开具体分析。

1. 整合教育资源，提高办学效率

乡村学校的教育资源短缺是农村教育一直以来的诟病，乡村教育资源的分散性在一定程度上加剧着乡村教育资源的短缺性，将提高乡村教育水平的重任全部放在依靠外部的投资上显然并不可靠，更加需要在教育资源的利用上着力，因此将分散的乡村教育资源集中起来加以利用可以提高乡村学校的办学效率，尽可能使乡村学生最大程度享受优质的学校教育。

W乡中心小学是在国家、各级政府大力扶持下发展起来的，通过"国家贫困

地区义务教育工程"、广西"边境建设大会战教育项目工程""广西农村中小学远程教育项目"等项目工程的贯彻实施，较为丰富的物质流、能量流进入使得学校办学硬件资源得到进一步改善，建设了新的教学楼、餐厅、学生宿舍，且每间教室均配置多媒体教学设备，学校图书室藏书丰富，满足了学生课外阅读的需求，丰富了学生的精神文化生活。教育资源的配置只有在高效利用下才具备其应有的价值，中心校集中辖下8个建制村的主要生源，将分散的学生统一集中起来实现集中管理，实现了对学校现有物质资源的充分利用，保证了乡镇范围内的大多数学生都能够获得较为均质化的管理服务。

2. 初步促进义务教育均衡发展

2005年5月，教育部下发了《关于进一步推进义务教育均衡发展的若干意见》，将义务教育均衡发展作为国家的教育重点建设目标来推进，2006年9月，新修订的《义务教育法》宣布实施，其中提到："县级以上人民政府及其教育行政部门应当促进学校均衡发展，缩小学校间办学条件的差距，不得将学校分为重点学校和非重点学校。"

一系列政策法规的出台预示着国家对农村教育的重视，伴随而来的就是逐渐加大对乡村学校建设的投资，龙州县政府紧抓时机积极向上级部门争取资金，并通过"国家贫困地区义务教育工程"、广西"边境建设大会战教育项目工程""广西农村中小学远程教育项目"等项目工程的贯彻实施，改善了学校的办学条件，为学校生态系统增添了内在的动力和活力，加上W乡中心小学相关管理执行层的群力下学校于2015年在生均教学及教学辅助用房建筑面积、体育运动场地面积、信息技术装备、体育、卫生、音乐、美术器材、图书配备等方面，依照广西壮族自治区义务教育学校办学基本标准评估已达标。在教育行政部门统一筹划下以及相关学校领导负责下W乡中心小学提高了办学的硬件实力，初步促进了义务教育均衡发展，使学生享受到了较好的办学资源。

3. 学校寄宿生活条件得以改善

赖特（Knight）曾指出当生态因素缺乏时，或在低于临界线，或超过最大忍

第四章　民族地区乡村学校的发展生态：广西龙州县W乡中心小学的案例

受度的情况下，就会起限制因子的作用。在W乡这样一个少数民族聚居的边境地区，恶劣的生存条件很难留住年轻教师，食宿问题很大程度上影响着教师工作的心态，这个问题一旦成为学校生态系统健康发展的限制因子，教师就很难安于工作岗位，学校教育的质量就更难以得到保证。要想留得住老师，良好的生活条件是必须的。W乡中心小学于2008年建成了教师安居工程楼，2010年建成了教师餐厅，目前学校44位教师中42位住校，这些老师均为W乡或龙州县人，他们对现在的工作环境还算满意。学校的两名特岗教师都受过正规的师范教育，具备组织教学的能力，这两位教师作为学校年轻的血液，均为女性教师，但是他们不是本乡人，听不懂当地人的壮话，在与笔者的闲聊中表达了想调回自家附近教书的想法。在这里没有亲人，没有合适的结婚对象，日常生活也不便利，不过由于学校可以解决住宿问题并且条件还不错，因此他们对于自己现在在异乡工作本身没有什么抱怨，并且他们在报考特岗教师时早已做好心理准备。良好的食宿条件使学校多数教师可以安心于本职工作，避免工作的调动影响学校正常的教育教学活动。

此外，学校的"学生营养改善计划"得以严格落实，国家的"两免一补"政策每学期补助学生500元，学生在校的伙食费是140元每月，每一学期共计700元（餐费按每餐计算，因事不在校就餐的餐费会扣还给学生）。学生每学期还享受50元的寄宿补贴补助，因此学生每一学期的伙食费共计需要家庭支出150元左右。学校师生每餐均为一样的饭菜，保证每餐有肉和青菜，碗筷由学校后勤统一回收清洗消毒后再使用，保证师生在校的饮食安全卫生。

4. 家庭提升对学校教育期望

W乡中心小学自建校以来培养了大批人才，这些人成为本乡的骄傲，有些在外仕途坦荡，有些回到家乡扎根学校继承老一辈培养学生的使命，学校教师中有22名为本乡村民，学校现任校长H校长、副校长C校长、科研处处长Z主任、教导处主任Q老师，均为W乡中心小学民族班的毕业生。正是具备一定知识和基本素质的村民，本乡走出去和走回来的人才，在W乡产生了积极的作用。由此带来的是 W 乡对知识和教育的更多尊重和需求,教育回报率的提高,村民经济状况的改善,村民会加大对子女的教育投入,对学生的教育都持有较为积极的态度。

对于当地社区经济生活和教育事业产生重大影响的新政策和新举措,都直接或间接改善着 W 乡村民的生活,使他们有能力去负担学生的教育支出,"两免一补""学生营养改善计划"、提供寄宿制补贴等举措,也减轻了一部分家庭的负担,激发着村民对子女教育的热情。

(二) W 乡中心小学发展问题的生态学审视

一所学校是一个教育生态群落或生态系统,人力资源作为这个生态系统的主体其配置和质量是影响学校生态系统健康发展的重要因素,教师的数量和质量以及梯队的状况作为学校生态系统的主导生态因子,如果其结构不合理,那么势必会影响学校的教学工作和课程质量;其次,学校物质环境中存在的各种限制因子也在一定程度制约着学校生态系统的发展;再次,学校生态系统作为一个开放的系统必须有外部社会、文化生态系统的信息不断流入才可能维持健康的学校生态环境。及时了解学校生态系统内部存在的问题,增进内部发展的协调性,弥补限制因子的限制作用才能促进学校生态系统的健康发展。

1. 学校人力资源配置的生态分析

学校生态系统作为一个开放的系统,里面有能量流、物质流、信息流的不断输入、输出和转换。如果能量流、物质流两者不足,必将影响教育事业的发展规模、质量和速度;信息流匮乏则影响教育观念的更新,教学内容和教学方式的改革。物质流、能量流以及信息流若流向不尽合理,则必然造成学校生态系统的失衡。

(1) 学校教师群体内部失衡

在学校生态系统中,各个子系统的动态均衡是生态学的核心宗旨,即生态系统各部分的结构与功能处于相互适应与协调的动态之中,并且平衡在一定范围内是动态而非绝对静止的平衡。

教师群体作为学校生态系统的子系统,是学校发展中最为主要的物质流,是为学校生态系统增添内在动力,促使教学与教育质量提高的关键,因此合理的教师结构十分重要。在W乡教师队伍看似合理,实质上学校教师老龄化问题显著,这部分教师整体教学素质偏低,知识结构老化,一部分已不能胜任教学工作。此外,学校受编制所限,难以注入年轻的新鲜血液,由于师资的不合理,在W乡中心小学教师包班、跨学科教学的现象常有发生。

W乡中心小学作为龙州县唯一一所民族小学、壮汉双语实验学校,其生源中有99%以上为壮族学生,但学校实际壮语的学习情况令人担忧。中心小学的师生在学校多以壮语作为日常交流的主要语言,但是学校师生普遍不会书写壮文。学校唯一的一位壮汉双语教师也只在有领导下来检查时才会象征性地开设壮语课,多数都是从事语文、数学的教学工作。此外,学校缺少有专业特长的教师,如美术、音乐、地方课程等课程形同虚设,实际层面学科的设置十分不合理,课程的设置只为符合国家义务教育阶段课程开设的要求标准。

(2)耐度定律对教师发展的限制

在学校生态系统中影响教师发展的除教师内部群体外,学校管理也是重要主导因子。依据耐度定律,无论是教师群体还是教师个体其承受力和耐受度是很明显的,达不到或超过"度",就会产生不利的或相反的影响。学校当前的规章制度、教师评价机制不同程度超过了教师生态系统的上限,阻碍了教师的发展。在W乡中心小学教师的职称评定晋级主要是依据教师所带班级的考试成绩是否达标,在考前学校会依据教师所带班级为教师划定达标分数,不论班里学生的品行,成绩达标是硬标准,只有达标才能进行职称评定,当教师教出分数高的班级时,学校会认定教师为名师或骨干教师,在学校、镇里张贴教师个人简介进行宣传。

在一所寄宿制学校里,仅以学生的成绩这种硬性指标作为对教师评价的标准多少失之偏颇,学校很少从一些软性指标例如教师的爱心、责任、敬业态度等方面进行考量,那些在工作中任劳任怨为学校发展做出突出贡献的老师,在不能得到学校硬性评价指标肯定时,长久下去不免会失去工作热情。此外,现存的教师评价体系易导致教师以外部动机作为主要工作动力,即努力工作提升学生成绩只为能够评级晋升。当职称达到一定高度时,现行的评价体系很难再催人上进,加之学校教师没有学生的升学压力,教师很少会再设法提升教学,因此当W乡中心小学中一部分教师获得高级职称后明显表现出工作积极性不高、职业倦怠的倾向不足为奇。

(3) 学校教师"花盆效应"显著

在学校生态系统中,无论是个体生态还是群体生态,受"花盆效应"影响表现得尤为突出。在封闭或是半封闭的教育系统中,只能进行从书本到书本的闭锁式小循环,这样造成的后果必然是脱离实际,生态系统中的种群都得不到长远的发展。W乡的教师群体属于类似局部生态环境效应的群体,学校教师很少有外出学习的机会,即使县教育局教研室、一些毕业班老师会来学校进行交流指导,但是这种机会非常少,且交流效果不显著;学校教师也很少流动,流动仅限于从乡辖的完小到中心校的往返调动。

笔者访谈的教师中只有一位教师表示自己私下会看一些理论书籍,"不为别的,只为了自己做一个明白人。"教师群体自主学习的意识普遍薄弱,除学校集体组织学习外,教师很少学习教材以外的教育教学知识,因此知识体系很难得到更新。"学校提倡教师集体备课,但是由于老师的时间很难配合,各有各的事情,所以大多是流于形式,当教材熟悉后就不会再备课"。学校教师群体与其他教育者的交流、群体内部的交流、自主学习意识的缺失,使得学校教师群体"花盆效应"显著。

(4) 学校领导管理力不足限制学校发展

校长作为一所学校的主要管理者和决策者,是影响学校组织发展和教育教学质量的关键。在学校管理中最主要是针对教师的管理,即管理全体教职工的日常教学、职称评定等工作。学校领导作为学校发展的引导保障群体应不断向学校内部输入信息流,灌输教育方针、办学的指导思想、有关学校的政策规定,以及经济和社会发展对教育的要求、教育发展的远景规划等信息。实际调研发现W乡中心小学校长和主要领导更多关注学生安全问题、学校硬件发展,重视数量、外延的发展,对学校物质精神层面的学校文化、教师的组织文化关注较少。正是源于学校管理理念的偏差和学校主要行政领导自身管理能力的不足,忽视培养开发教师群体动力的重要性,造成了学校教师工作散漫、身兼多职的现象;学校领导在制定学校相关管理制度时有闭门造车的现象,没有深入调查反映民意,导致制度本身要求与现实存在一定差距,在实际工作中难以执行,此外对制度执行力重视不够,对制度的贯彻没有彻底监督检查,执行效果不佳;对物质层面的学校文化建设明显不足,从学校显性文化来看学校的办学理念,校训、校风、教风、学风等有形文字的内涵得不到彰显,学校的显性文化没有推动学校办学文化的发展。

此外,学校教师的录用、聘用、辞退等人事变动权利由县教育行政部门依法进行管理,一定程度上限制了校长的管理权限,学校没有用人自主权,校长负责制难以落实。W乡地处偏远的中越边境,学校的大部分教师是本县本乡教师,很少有外面的老师来这里任教,以签订合同或发聘书的形式聘请有关人员来校工作,使教师与学校之间形成一种组织契约关系,在W乡根本不可能实现。

2. 学校物力资源配置问题的生态分析

在学校生态系统中,物质资源很大程度上决定着学校的办学条件,当物质流、能量流的不足和低于基本需求时就会限制学校的发展。限制因子多种多样,对不同时期而言,限制因子是不同的,当前学校物力资源层面的限制因子主要为学生上下学存在一定安全隐患,学校寄宿生寄宿环境较差,缺少生活老师。

(1) 学生上学路途存在安全隐患

义务教育阶段的学生年龄较小,安全意识淡薄,自我保护能力欠缺,无论学校、家庭还是社会方面,都应将学生安全问题摆在突出位置,特别是在校园外,在学生上学和放学的路上,安全问题成为所有人的焦点。W乡中心小学地处山区,生源分布较为分散,因此学生回家的路途相对较远。由于学校办学条件有限,没有多余资金为学生配备校车,而学生包车上学放学存在较大安全隐患,这些车辆通常没有取得合法营运执照且超载严重,家长和校方均十分关心这个问题但也表示无奈,学生坐车安全等问题尚未得到妥善解决,学校学生安全管理工作的压力依然巨大。

(2) 学校生活教师缺位,学生寄宿环境较差

一所寄宿制学校不仅需要管理人员、教辅人员,更离不开生活保障人员,办学场地和学校教师有限使得 W 乡中心小学无力实行所有学生寄宿,因此低年级距家较远的学生多数选择在学校附近私人开办的住所寄宿,虽然还算安全,但是这些住所更多是为了营利,对年幼的学生缺少悉心的关爱和引导。这些学生长期与家庭相离,并且其中还有一部分是留守儿童,他们长久缺少父母关爱,专业的生活保障老师不仅可以管理学生的寄宿生活,一定程度上也可以替代父母的角色,给予学生关心呵护,引导他们养成良好的生活行为习惯。由于 W 乡中心小学师资力量有限,寄宿生的管理由学校两名保安员负责,他们没有教师的威严且缺乏对学生日常生活指导的经验,导致学生宿舍的生活起居、卫生情况无人监管,当前合格的生活老师是这所寄宿制学校极为缺乏的。学校当前寄宿生为 510 名,占总人数的 68.7%,每间房住十二个学生的标准远超过国家对农村寄宿制学校规定的八人一间宿舍的标准,W 乡终年气候较为炎热,居住环境的恶劣再加上密集的居住空间并不利于学生的健康发展。

3. 学校系统与社会、文化系统的割裂

学校生态系统的开放性特征表明学校不是一个封闭的系统,与学校外部生态环境中的家庭、社区的联系互动是必要的。W 乡学校生态系统与社会、文化生态系统的割裂主要表现在与家庭、社区的联系不足,忽视了与家庭、社区的联系,缺乏与外界正常的交流。

(1) 学校与家庭联系不足,彼此缺乏理解

随着社会对学生在学校中主体地位的持续关注,学生的自我意识得到不断

强化，W乡的教师普遍认为教师的地位越来越被动，管理学生压力越来越大。

  L老师：你太严了会讲老师太凶了，你不严格了，又会讲老师不负责了。家长把孩子宠坏了，回家就说老师批评他们，他们心理上接受不了，家长就会气呼呼地来找老师要老师不得批评他们的孩子。作为老师，真的不知道怎样处理这种状况。家长维护孩子正当权益是应当的，家长对教师和学校工作提出建设性或者批评性的建议都是合理的，但部分家长溺爱孩子，老师稍有处理不当，家长就会来学校，轻则让老师、学校领导道歉，重则让学校吐血赔偿，这些行为实际上是将教师和学校的责任无限放大，这让教师和学校倍感压力。

  H老师：中心小学的一个老师因为管理学生，结果家长把老师告到县教育局，还要求老师赔偿学生精神损失费，这在学校影响很大，老师更不敢严格管教学生了，老师们普遍认为学生只要不出安全问题就好了。

  学校当前对学生的安全问题过分敏感，选择了一种趋于避险"保全"学校的方式，将学生的安全放在首位。学校老师认为家长不理解老师，不敢放手管理学生，家长认为孩子交给学校，那么学校就应为学生在学校的一切行为负责。学校与家长之间缺少沟通和理解，造成了学校教师与部分家长沟通的缺失。

（2）学校生态系统与社区文化的割裂

  从教育生态学的观点来看，学校教育与文化的关系十分密切，学校教育只是文化中的一小部分或一个方面，教育在文化环境中发生发展，受文化环境中诸因素的影响，同时亦对文化环境发挥传递、传播、发扬与创造的功能。在文化交往中语言、地域、时间、习俗的一致性，我们就可认为某一团体具有一个共同的文化环境。如果其中某一方面不相同，则可认为这些团体可能具有两种以上的文化环境。作为开放性的学校生态系统存在于多种文化环境中，并通过不断与文化环境进行物质、能量、信息的交换,维系自身的发展,所以教育依赖于文化环境,教育的目的、制度、内容、方法、手段等等,都应是一定文化环境的反映。

生态位(niche)是生态学的重要术语。白塔克(H. Whittaker)指出,在一个群落里,每个物种都有不同于其他物种的时间、空间位置,也包括在生物群落中的功能地位,它表明每一个物种在生物群落中都处于不同地位。[①] 乡村学校在整个教育生态系统中处于同一生态位,W乡中心小学这样一所以山区、革命老区、边境地区、少数民族聚居区为背景的乡村学校,其背后蕴含的自然、文化资源十分丰厚,学校却没有找准自身的特色生态位,建立自主发展的机制。学校生态系统与社区的互动不足,直接忽略了将优秀的社区文化引入学校对学生发展的重要意义,忽略了将独具特色的民族文化引入学校打造学校独特的文化景观,以此帮助学生了解、热爱本民族的文化、习俗,并形成自身办学特色的重要意义。学校不应以学校围墙为边界简单进行划分,只对学校内部的事物给予考虑,而学校围墙之外的各种更为广泛的事物却不予考虑,走向自我封闭和孤立的状态。

---

① 吴鼎福,诸文蔚. 教育生态学[M]. 南京:江苏教育出版社,1998:140.

第五章

乡土资源开发与课程整合：
广西罗城县 L 小学的案例

夏 珍

教育走向后现代领域之后，普遍的、整齐划一的教育不再拥有绝对的话语权，取而代之的是承认人类文化的多样并在统一与多样之间寻找一种张力。从文化回应的理论出发，越来越多的专家、学者和一线教育工作者已经有意识在学校教育与乡土文化之间填补沟壑，建立联系，民族文化进校园已初具成效。然而在我国广大多民族混居地区，汉族已不再是主流民族，多个民族共存的情况让学校场域变得更加复杂。我们需要思考的是：如何处理多民族地区乡土课程中的单一民族与多民族、各民族与国家共同体、中华民族与全球人类的关系，这是当前民族文化课程建设中面临的新问题。从文化回应的民族模式，到文化平衡的区域模式，再到现代融合的全球模式，民族文化课程的目标应该是培养具有地方知识根基和全球视野的中国人。

一、乡土课程

乡土，意即本乡本土，是一个人生于斯长于斯的地方。在时空格局中，中国辽阔的地域上分布着具有不同生态基础、生计方式、意识形态、历史文化的各个族群，他们从远古而来，带着祖先的记忆生活在一个特定的区域；"从基层上看来，中国社会是乡土性的[①]"。无论任何一个族群，都是由"一根根私人联系所构成的网络"组成了乡土社会的基层村落，人们生活在熟悉的环境中，人与人的关系在无数次的接触中形成了时间和空间上的亲密感觉。随着生产方式的不断演变，教育作为"化民成俗"的活动在族群内广泛开展。从图腾崇拜到结绳记事，一直到文字的产生，本质上都是一个族群内部人们约定俗成的集体记忆的再现。乡土课程就是基于本地人的教育实践所开展的教育活动，它与族群内部的社会文化共生共长。

广义上说，在任何时空中，族群内部发生的建立在民族文化上所有有益于个体身心发展的教育活动都可以叫作乡土课程；狭义上讲，在族群的学校产生后，由教师依据当地的传统文化背景，挖掘精华，设计出符合学生身心发展的课程叫乡土课程。

---

① 费孝通. 乡土中国[M]. 上海：华东师范大学出版社，2018：1.

(一) 我国"乡土课程"简史

考察我国历史上的乡土课程,自"罢黜百家"的文教政策后,儒家大一统的中央集权思想顺生了教育的整齐划一,即便是辽金元时期的教育仍然在尊用汉法。从课程成果来看,乡土教材成为考察乡土课程起源的物质载体。清末民初,受日本和德国乡土教育的影响,同时旨在唤醒本民族意识,我国出现了小学乡土教材"乡土志"与乡土教科书,其目的是完成编纂省志的需要。在1903年《奏定学堂章程》中,规定"历史、地理、格致三科内容主要以乡土研究为主"[①]。国家下发了乡土志的范本,随后各种乡土志大量问世。辛亥革命时期,教育部颁布《普通教育暂行方法》,规定设置常识科,课程旨在"注重环境四周的事物,体现了乡土教育的精神"[②]。这一时期乡土教材在增强民族意识方面卓有成效。

抗日战争时期,民族意识空前崛起,涌现出大量乡土教育思想。蔡元培的实利主义教育,旨在"以人民生计为普通教育之中坚",呼吁教育应当紧密联系当地居民的经济生活,以实体世界为出发点,培养超脱现象世界的人。陶行知从教育和生活的关系出发,提出了"生活即教育,社会即学校,教学做合一"的生活教育理论。他认为教育是和一个人生活的环境息息相关的,"一切课程都是生活,一切生活都是课程"。晏阳初带着他的"四大教育""三大方式"走进了定县,向我们阐释了乡村教育是与乡村经济、文化、卫生、道德等方面共同进行,学校、家庭、社会相互促进的系统工程[③]。梁漱溟首先从文化失调的视角审视了中国教育,认为乡村建设与乡村教育是解决中国文化失调的唯一途径。他认为,乡村教育应当立足当地实际,各校根据自身生活环境的需要来设置课程,"产棉地区,可组织农民学习植棉技术,建立运销合作社"。在这些思想的影响下,一大批乡土教材应运而生,这一时期的乡土课程多以结合各地社会政治经济文化

---

① 滕星.中国乡土教材应用调查研究[M].北京:民族出版社,2011:29.
② 滕星.中国乡土教材应用调查研究[M].北京:民族出版社,2011:31.
③ 孙培青.中国教育史[M].上海:华东师范大学出版社,2008:457.

实况而开设,通过让人们以客观角度审视自身所处环境,创造有利于个体和家庭生计的生产方式,反思个体、民族与国家的关系,进而唤醒民族意识,形成文化自觉。

新中国成立后,国家高度重视教育事业的建设,通过全国范围历时14年的民族识别和8年少数民族社会历史调查,各地发表了多篇少数民族语言志、民族史志、社会历史调查丛书等[1],这一时期,乡土教育的重心在广大少数民族地区。

改革开放新时期,乡土教育迎来百花齐放的春天。20世纪80年代,国家将课程权利逐渐下放给地方,确定了"地方负责、分级管理"的思想及"中央、地方、学校三级管理"的课程模式。"新课程改革纲要"中鼓励农村学校开发乡土教材,合理运用各种自然社会资源,引导学生利用已有的知识经验,为当地社会经济发展服务。新时期,乡土课程是"依托学生生长、生活地方的自然环境、历史文化、风土人情和变化发展的经济社会资源而开发的课程"[2]。无论是民族地区乡村学校抑或是广大农村腹地,都存在着与本地文化共生共长的乡土课程,从某些方面它与地方性课程和民族地区校本课程的涵义接近。

(二) 回应文化的乡土课程

1. 文化与教育

(1) 人是文化中的人

无论是泰勒眼中的"知识、信仰、艺术、道德、法律、习惯以及作为社会成员的人所获得的任何其他才能和习性"的复合体,还是马林诺夫斯基基于"货品、技术、思想、习惯及价值"而言的"一群传统的器物",文化都是在一个群体中,由长期的历史沉淀而来的各种物质和精神的残存。这些残存中保留着一个群体的集体记忆,它温热地流淌于群体中每一个现代人的身体里,是每每想起孩提

---

[1] 杨圣敏. 中国高校哲学社会科学发展报告 1978—2008 民族学[M]. 桂林: 广西师范大学出版社, 2008: 11.
[2] 郭春飞. 乡土课程的育人价值[J]. 现代教学, 2013(Z2).

第五章 乡土资源开发与课程整合：广西罗城县L小学的案例

时代依偎在祖母的怀抱里，听着熟悉的乡音，想象着关于祖先的传说时的温暖与安定感。这种记忆是其他群体不曾复制的，它裹含着文化的基因，作为一个群体区分于其他群体的最明显标志。人到了一个环境里，这个环境首先就是文化化了的环境，在文化的创造中，人类也创造了文化自身，它是群体内部共享的一套理想、价值和行为准则。"正是这个共同准则，使个人的行为能为社会其他成员所理解"①。脱离了这种熟悉的文化，人会感到缺乏安全感和不适，即便生活在一个新的空间，他也始终带着原生文化的"肚脐眼"②，发出"月是故乡明"的感叹。

（2）人需要教育

既然社会是文化属性的，人是文化中的人，那么每个群体中的人都要经历社会化的过程，努力习得群体中的社会性规范，进入这个共享的、约定的文化世界中。教育是进入文化世界的重要途径，它可以将群体特有的文化传承下去。

罗赫（Werner Loeh）认为个体的成长发展实际上是文化学习的过程，教育是"文化的代际传递过程，并对个体的学习活动承担着帮助的功能"③，"教育的意义在于训练后生如何应用工具及器物，如何接受种种传统习惯，如何使用社会权利及责任"④。人需要教育，它的理论前提是人的本质属性。与动物相比，人类的童年期是所有物种中期限最长的。他需要至少一年的时间才能学会行走，三年的时间才能完成基本对话，在成年之前，他有漫长的时间需要习得一个成年人生活于这个社会的基本技能。即便在成年之后，人还带有各种不确定性。这正如尼采所说"人是一种不确定的，不定型的，其本质还处在发展中的动物"⑤。因此，人的一生都要不断地学习，从而能够持续地向更新的阶段发展。

---

① 威廉·W·哈维兰. 文化人类学[M]. 瞿铁鹏，张钰，译. 上海：上海社会科学院出版社，2005：35.
② 厄尔斯特·盖尔纳. 亚当的肚脐："原声主义者"对"现代主义者". 1995 年 10 月 24 日参加沃里克讨论会的文字稿.
③ 庄孔韶. 教育人类学[M]. 哈尔滨：黑龙江教育出版社，1988：59.
④ 马林诺斯基. 文化论[M]. 费孝通，译. 北京：华夏出版社，2002：31.
⑤ Bollnow. Antheropologische Padagogik, 3. durchgesehene Auflage, 1983, S. 41.

人的学习是在文化中发生的,从文化和教育的关系来看,文化决定教育,教育作为文化的一部分,必须遵守文化的价值、性质和形式,但同时,教育又反作用于文化,没有教育就没有文化的存在,教育是文化传递和文化形成过程中不可或缺的重要因素和部分①。

(3) 文化与教育的时空属性

博尔诺夫在人与时空的关系中,将人比作类似坐标图中的一个点,人总是处在一个点上,点的周围是他所处的环境。这个点不是个人能够选择的,而是被人置于一个任意的位置。从个人所在的点出发,在一个横向的平面里可以延伸到个人的家、社区、民族、国家。如果将这些画成一个又一个同心圆,就和格雷布纳的文化圈概念不谋而合。"实际上就是一个地理上的空间概念,它显示于外在的、有明显地域性特点的文化关系之中"②从人所在的点的纵向出发,我们可以找到文化的时间纬度。博尔诺夫在思考人与时间的关系时认为"我们不能从钟表测定的客观时间出发,而是要从人在其生活中具体的度过时间的方式出发……正确地处理人与时间的关系主要体现在人对现在、过去和将来的态度方面。"③这为我们思索人与时空关系时开辟了新的视角:这个坐标图应当是一个几何立体,人处在纵向的历史时空中,他需要从历史的传承中继承先人的文化基因,"每个社会都会产生一种理想的成年人的性格,每个社会都会努力以濡化造成某种理想的成年人性格。"④我们都在努力成为我们特有文化里的"人"。同时,从"现在"的坐标点出发,在文化圈的交融中,势必产生不同文化圈的碰撞和交融,他需要处理不同文化之间的冲突,最终他带着过往的、现在的所有文化成果走向一个他设想中的又在不断变化的未来。教育在时空中架起了一座通往过去、现在和未来的桥,让个体能够在时空的纵深中来回穿梭。

---

① 滕星. 教育人类学通论[M]. 北京: 商务印书馆, 2017: 203.
② 滕星. 教育人类学通论[M]. 北京: 商务印书馆, 2017: 231.
③ O. F. 博尔诺夫. 教育人类学[M]. 上海: 华东师范大学出版社, 1999: 19.
④ 庄孔韶. 教育人类学[M]. 哈尔滨: 黑龙江教育出版社, 1988: 21.

2. 回应文化的乡土课程及功能

我们讨论了文化与教育关系的应然，而在实际的发展过程中，文化的传承和教育的发展常常发生偏折。教育走向后现代领域之后，普遍的、整齐划一的教育不再拥有绝对的话语权，取而代之的是承认人类文化的多样并在统一与多样之间寻找一种张力。长期以来，在中国的乡村社会尤其是少数民族地区，基础教育课程都是以汉文化为中心，忽视了民族地区原有的传统文化背景。在向现代化发展的进程中，"现代性裹挟着一种生活方式、一种社会制度和一种价值观念，全面嵌入民族地区，并确立起主导地位。"①以汉文化为主流教育的学校教育与少数民族的家庭教育、社区教育的长期脱节，必然导致民族传统文化与现代文明的断层和博弈。在国家普及义务教育的过程中，少数民族地区学生辍学的现象仍然屡见不鲜，尤其是初中后半阶段，相当数量的学生在长期的主流教育中找不到自我价值，越来越多的初中毕业生不再愿意留在家乡，认为不如"打工"来得实际，他们急切地逃离学校这个场域，去他们所不熟悉的文化环境中寻找生存之路。尽管国家在政策和经济上给予了少数民族地区大力支持，但教育欲望②在这些地区却一直处于较低水平，在少数民族学生学业失败、低教育欲望的原因中，文化的冲突是一个相当重要的因素。民族文化本是一个人最值得骄傲的生命烙印，然而在主流文化的冲击下产生了强大冲突，如何解决这种冲突成为少数民族地区的稳定和繁荣、教育质量提高的根本所在。

考察国外对于多民族国家教育的应对策略，多元文化教育作为一种旨在"改变教育的环境，以便让那些来自不同的种族、民族、性别与阶层的学生在学校获得平等受教育的权利"的教育而受到人们重视。盖伊（Geneva Gay）教授结合自己作为一名非裔美国人在美国学校教育中的个人经历提出了文化回应教学，直接成为呼应多元文化教育的教学方法。作为一种回应文化的课程，它首

---

① 滕星.教育人类学通论[M].北京：商务印书馆，2017：408.
② 向伟.治理欲望：研究当代中国教育的文化向度[C]//钱民辉.教育社会学专题研究选集.北京：人民日报出版社，2016：332.

先强调的是学生的个人文化处境在学习过程中的位置,将学校课程放在个体生活世界中,回应着个体在纵深时空中的文化基因,让知识以一种"熟悉"的方式建构在个体已有的知识经验体系中。在回应文化的课程中,教师应根据学生的文化差异实施教学,并以学生熟悉的族群文化为中介,用一种共情的、公平的、多元的视角去对待来自不同文化中的孩子。盖伊认为,"除了做到尊重、移情和理解之外,还应对不同的学生提出可实现的较高的期望"[①]。

二、 罗城仫佬族自治县 L 小学的民族课程

(一) 罗城县东门镇 L 小学概况

仫佬族,又称"姆佬",是由古"僚人"发展而来的一个少数民族。仫佬之名,最早载于《新元史》,明、清相继以"狑""狑獠"等载于史册,《大清一统志》称:"狑人又名獠,俗名姆佬。"[②]1953 年 8 月,仫佬族被正式列为中华民族大家庭中的一员,主要集中在广西壮族自治区河池市罗城仫佬族自治县,东北邻融水苗族自治县,东南接柳城县,西南连宜州市,西北与环江毛南族自治县接壤[③]。拥有自己的语言,但无文字,使用汉文。仫佬族主要聚居地罗城属于半山区地带,境内多高山大岭,仫佬人靠一种坚忍的精神默默地从历史的源头走向今天,是典型的稻作农耕民族。当前,罗城仫佬族主要聚居在东门、四把两镇。罗城县目前以"民族小学"冠名的是位于四把镇的民族小学,但该校并未开设民族校本课程。我们在该校校长的建议下去了位于东门镇的 L 小学。这是一所基于当地情况建立的一所富有民族特色的小学,建于 1971 年,位于罗城县城中心,全校有 30 多个教学班,仫佬族学生占 73.3%。学校是自治区 106 所民族示范校试

---

① Gay Gh. Culturally responsive teaching: Theory, research, and practice [M]. New York: Teachers College Press, 2000, 3.
② 韦显波. 国家非物质文化遗产——仫佬族依饭节[J]. 广西地方志, 2009(4): 61—62.
③ 潘琦. 仫佬族通史[M]. 北京: 民族出版社, 2011: 8.

点之一。该校在校长的带领下,坚信"民族的就是世界的"的发展理念,不断尝试、完善民族校本课程。笔者通过对校长和部分教师、学生的访谈,对师生的问卷调查,以及对校园环境、课程的实地考察,结合仫佬族的历史文化现实,就该校校本课程的开发做以下分析。

(二)乡土文化选择

在乡土课程开发的过程中,涉及到文化资源选择的问题。劳顿指出"课程源于文化传承的需要"①。乡土课程必须从本乡本土中贴近学生现实生活的内容中汲取养料,这才是能够让学生及教师形成基因响应的文化内容。对于课程开发来说,并不是所有的乡土文化都能具有同样的价值,这就必然涉及乡土文化选择的问题。考察仫佬族的历史文化对当地课程开发尤为重要。仫佬族源于百越族群,由于没有文字,仫佬族并未留下丰富的史料,现今流传下来的多是通过代代口耳相传而留下的传说和神话。《百越源流史》和《隋唐民族史》中均认为仫佬族自隋唐时期就生活在岭南地区②。仫佬族姓氏中以罗、银、吴、谢为主,有着独特的社会组织、缤纷的岁时节庆、庄重的民族礼仪、多样的居住民俗、五彩的民族服饰,向我们展示了一幅瑰丽的生活画面。下表分别从这些方面罗列出仫佬族文化中的课程资源(见表5-1):

表5-1 仫佬族文化中的课程资源

生活饮食	白馍、水圆、五色糯米饭、白炸肉、鸭酱、狗舌糍粑、枕头粽、斗糍粑、碱粽、重阳美酒、酸品、酸坛
岁时节庆	达年、春社、婆王节、牛诞节、端午祭真武、驱虫保苗节、走坡、重阳节、依饭节、安龙节
民俗礼仪	添丁报喜、新生之礼、背带情、礼敬契娘、补做风流、增寿衣、添粮与添六马、深夜歌谣
婚娶恋歌	走坡组诗、婚娶三部曲、三双过门鞋、送嫁十姐妹、拦门歌、歌堂

---

① Awton D. L. *Curriculum and studies planning* [M]. London:Hodder&Stoughton, 1983, 2.
② 潘琦. 仫佬族通史[M]. 北京:民族出版社,2011:11.

续表

民族服饰	蓝靛布衣、送嫁衣、同年鞋、鲤鱼腮、猫头帽、麦秆帽、杨梅竹帽、草编艺术、双鱼绣、凤凰绣、平绣、剪纸绣、马尾绣(非物质文化遗产)
空间建筑	聚族而居、造屋礼俗、新衣新箩进新居、地炉
民间游艺	斗鸡会、舞草龙、凤凰护蛋、群龙争珠

从上表可以看到,仫佬族的民族文化丰富多彩,可供课程选择的文化资源十分丰富。如果能按照课程编排的原则悉心安排课程内容,就能够将仫佬山乡文化与国家课程有机结合起来,形成具有地方民族特色的乡土课程。

在东门镇L小学,校本课程自2011年开始实施,目前已开发出一套校本课程教材,所实施的对象是全体班级,以"民族课程"的形式排课。

校长向我们介绍L小学的校本课程开发时,阐释了她的"民族的就是世界的"理念,要将仫佬山乡的文化融入孩子的教育中,融入到校园里,让孩子以自己是仫佬族人而感到自豪。L小学着重打造"竹文化":"竹自古就是有气节的

图5-1 L小学校本教材及"竹文化"
1:L小学校本教材
2:L小学校本教材目录
3:L小学"竹文化"宣传栏

象征,仫佬族人多以农业为主,竹子与仫佬族人的生活息息相关,学校打造竹文化,就是希望竹子的精神在校园内生根,希望每一个仫佬娃娃像竹子一样有气节、谦逊有加。"同时,L小学着重打造"沐心教育",意在洗涤、润泽儿童的心灵,使之变得干净,性情平和。在这种教育理念的影响下,L小学M校长带领全校师生打造了具有民族特色的课程体系。

个案1：民族歌舞

仫佬族是个能歌善舞的民族,在多项民俗节日时都有唱山歌的传统。例如,"走坡"是仫佬族青年男女传统的社交方式,走坡时节,男女要相互对歌,在一唱一和中表达对对方的爱慕之情。再如,仫佬族文化中牛是非常重要的动物,为了感谢牛帮助人们耕田,仫佬族有专门的"牛诞节",人们会在节日上唱起古老的歌谣：

> 尖石划破我脚板,
> 刺藤勾破我衣裳。
> 手给牛儿捧青草,
> 口唱山歌情谊长。
> 野牛啊,莫撒野,
> 要学勤劳和善良。呀嗬牛！[①]

歌谣中表达了人们对牛的感激之情,以及仫佬族人对勤劳和善良美好品质的赞扬。

M校长将仫佬族山歌曲调和风俗融会在一起,由她本人填词,创作了"迎客歌""送客歌"等乡土歌曲：

[①] 过伟著.仫佬族民俗风情[M].南宁：广西民族出版社,2012：7.

送客歌

送客送到大门口,再敬一碗仫佬酒;

花灯舞起人更美,难舍难分唱不够。

咿呀喂,咿呀喂,

醉人山歌在心头,情深意切交朋友;

盼君来年再相会,友谊之花心中留。

L小校歌

美丽神奇凤凰山,翠竹掩映有人家。

白的墙,黑的瓦,我是快乐仫佬娃。

童音读成一首诗,巧手描成一幅画,

跟着娃儿画里走,心里乐得开了花。

走坡节里看神仙,依饭时节有文化。

清水流,山脚下,住着快乐仫佬娃。

山尖筷尖笔头尖,仫佬山乡传佳话。

共洒水墨出丹青,迎着晨光伴彩霞。

图5-2 L小学"迎客歌"

第五章　乡土资源开发与课程整合：广西罗城县 L 小学的案例

图 5-3　L 小学"送客歌"

在 M 校长的影响下,学校组织了飞跃彩虹仫佬童声合唱团,2018 年 6 月,L 小学的仫佬娃娃离开乡土,到福建开展民族文化交流活动。仫佬山乡的孩子走出民族的藩篱,将民族文化传播到千里之外,极大地增强了师生们的民族自信。

仫佬族舞蹈也有独特的特点。在依饭节等多种节日庆典中都有仫佬族舞蹈。例如：为纪念白马娘娘而跳的"白马舞",动作刚健明快,多展现民族负重的刚强气息。"花灯舞"则吸收了依饭节师公表演"手诀罡步"等动作顺手顺脚,屈膝向右顶胯。步伐为起伏的横垫步,有时向前走跳。为了让更多孩子感受到民族舞蹈的魅力,自觉传承民族舞蹈,学校开设了仫佬族舞蹈课堂,由校外教师教授孩子们民族舞蹈。

个案 2：仫佬族语言课程

仫佬族是个有语言无文字的民族,民族语言的传承靠的是口口相传,学校就变成最好的传承阵地。在长期与壮族、汉族及其他少数民族的交融中,很多现代的仫佬族人已经不再会说仫佬族语言,或者说的夹壮夹汉,并不是传统的民族语言。在罗城地区,至少有三种通用语言：仫佬族语、桂柳话、壮话。今天,仫佬族与壮族、汉族和其他少数民族通婚的现象已十分普遍,有的孩子父亲是仫佬族,母亲是壮族或其他少数民族,长期由母亲或祖父母养育(父亲多外出打工)的孩子很少或不会说仫佬话。即使在仫佬族家庭,由于考试升学的需要,家长也越来越推崇普通话,仫佬族语言使用情况逐渐式微。为此,M校长特别邀请校外专家(本地仫佬族年长族人)开设仫佬语言课程。"普通话让我们走得更近,方言让我们记住自己的根在哪儿",M校长的理念让仫佬族语言在课堂内生根开花,让孩子们能够在主流文化中找到本族语言存在的意义,有效推动民族语言的传承。

个案3:民族手工艺课程

仫佬族手工艺包括民族服饰、已被列入非物质文化遗产的"仫佬族刺绣"、竹编斗笠、藤编生活用具以及富含仫佬族文化元素的剪纸等。

仫佬族崇尚青色,人们手搓棉条,经过纺纱、排纱、织布,最后用蓝靛染制而成土布,制作成衣。在染制的过程中,往往要经历很多特定的步骤:将白布放进染缸,用染液浸泡,历时数小时待着色均匀后捞起,再次用蓝靛汁液浸泡,加入艾草液,不仅可以驱蚊,还有辟邪之说,最后用米汤、牛皮胶、薯莨糊面。用这种土布做成的服饰穿着冬暖夏凉,透气吸汗。土布还可做成婴儿背带、鞋面、荷包等物件。如在这些服饰物件上加上仫佬族刺绣,那更加生动美观,画龙点睛。

目前,在L小学,扎染和刺绣还未开设课程,已开设了剪纸课,教学生剪双鱼、祥云、太阳、麒麟等图案。教授剪纸课的教师是该校兼职教师,该校Y老师表示:"纺织、刺绣我们(老师)做不来的,要请外面的人来教,剪纸还能剪一些,其他就不行了。"该校剪纸课是单独开设的,并没有作为美术或活动课程的一部分来开展。

个案4:校园文化活动

在L小学,最热闹的就是大课间,因为在这个时间段孩子们要跳属于仫佬族的"竹梆舞"。竹梆是空心的,可以根据旋律打击出节拍。在仫佬族文化中,竹梆是一种重要的打击乐器。学校将竹梆舞纳入大课间活动,让孩子们在文体活动中感知先人,传承文化。

同时,学校开展主题班日活动,仫佬族孩子们穿上民族服装在班级里向大家介绍仫佬族的文化传统,学校还开设了仫佬小书法家、仫佬小歌王、仫佬小灵通、仫佬速写手、抢粽粑进校园等校园文化活动。

除此之外,学校还组织学生参观仫佬族博物馆,聆听民族文化的由来。

个案5:校园里的隐性文化

校园隐性文化无不体现出民族特色:校服上绣着仫佬族的双鱼图案,走廊悬挂着仫佬族民族图画,校歌根据仫佬族山歌小调谱曲、校长亲自作词……这一切都显示出校长在治校过程中的民族教育理念。

学校走廊文化墙标语,牛的图案是本校一名小学生自己设计的,纪念牛在仫佬族农耕文化中的重要作用。学校升旗台下方印刻着双鱼图案,在仫佬族文化中,双鱼图案寓意着吉祥,在仫佬族的刺绣及服饰中,常常出现双鱼图案;学校长廊悬挂着仫佬族的图腾——凤凰图案;学校民俗展示长廊中罗列了仫佬族的服饰和农耕工具。学生每天行走在学校中,扑面而来的乡土气息在潜移默化中被植入学生的记忆中。

在M校长的带领下,L小学研发了校本教材《大美罗城 神奇仫佬》,涉及民俗简介、婚俗、饮食、生态旅游、文化名人、红色革命、建筑、传统项目等内容。

该校《大美罗城 神奇仫佬》的校本教材的内容结构如下表:

表5-2 《大美罗城 神奇仫佬》内容结构表①

多彩民俗	"依饭节"简介;"牛诞节"简介;附图片;一页内容
婚俗	"走坡"的简介、形式、过程;附图片;一页内容
服饰	仫佬族服饰的特点;附图片两张;一页内容

---

① 该表整理自该校校本教材

续表

饮食	喜食冷食的特点;典型食品;附图片;一页内容
生态旅游	野生葡萄之乡;有色金属之乡;煤炭之乡;附图片;一页内容
文化名人	四位仫佬族名人;简介;附图片;一页内容
红色革命	佛子坳战役;简介;附图片;一页内容
建筑	矮楼建筑、地炉取暖;附图片;一页内容
传统项目	图片分别为:舞草龙、竹梆谣、抢粽粑、竹球;一页内容
其他	校歌、《银河之星》栏目、图腾标志、校园文化建设

图 5-4 学校走廊文化墙标语

图 5-5 升旗台下双鱼图

图 5-6 学校长廊的凤凰图案

图 5-7 文化墙和仫佬族全家福

三、L 小学民族课程的评价与文化反思

罗城县东门镇 L 小学的校本课程开发是值得肯定的,在 M 校长民族理念的带领下,以仫佬族传统文化为基础,通过民族特色课程设置、校内外文化活动、乡土教材的研发等显性课程以及治校理念、班风校风的管理、校园环境的设计等隐性课程呈现,让我们看到了一个欣欣向荣、蓬勃发展的民族地区小学。然而,在校本课程的开发中,仍然存在一些问题。

从课程主体来说,参与校本课程开发的只有少数精英者,他们认识到本地文化的重要性,极力促进民族文化、地方知识进校园,但作为校本课程的主要参与者的广大教师和学生的意识并未体现。从课程形式方面看,乡土教育以校本课程、校本活动、大课间、兴趣小组等形式呈现,民族文化并未真正融入学科课程中。从课程内容来说,主要集中在语言、美术、音乐、舞蹈、手工艺制作等较为外显的领域,其他像语文、数学、历史、地理、科技等交融性较高的课程内容难以开展。从课程规划来看,这一阶段的课程往往缺乏长期的规划,对于课程资源的选择没有科学地考察哪些是可以进入学校教育里的,哪些是可以在校外补充的,哪些是不符合时代发展、需要摒弃的。

(一)课程内容浮于表面,乡土资源尚未有效融入学科课程

L 小学的校本课程目前集中在民族音乐、民族舞蹈、民族语言、民族手工艺、民族体育方面,辅之以主题活动、艺术团等形式。所有校本课程都是独立于学科课程之外的,除剪纸课外,其他课程都是从外聘请的教师。在对该校五、六年级的学生所做的问卷调查中显示,对学校开设的竹梆舞、剪纸课、舞蹈课、民族语言课以及合唱团持有"非常喜欢,让我们了解民族文化"态度的学生占比为22%,31%的学生表示"不喜欢";在回答"你喜欢学校里的民俗文化展厅、学校长廊及墙上所贴的图案吗?"这一问题时,43%的学生"喜欢,但不懂图案代表什

么意思",有12%的学生表示"不喜欢";同时,有学生表示相比较校本课程而言,"课程应该外科也要上,例如:科学课、音乐课,我们这学期都没上过。"在问到学生对学校开设的民族课程有什么更好的建议时,33%的学生给出了开放式建议,总结下来分为三种态度,一是"希望能多开展仫佬族风俗活动,多介绍仫佬族风俗",二是希望每天或每周有固定一节课,"可以让老师为我们讲解民族风俗、历史故事、文化、饮食、服装,不要占课",三是"希望能了解其他民族的文化,多讲一些汉族、壮族、其他少数民族的风俗习惯"。

在与该校师生的访谈中,我们了解到,校本课程并没有按照严格的课程表去上课,更多是按照一种兴趣小组的形式,且参与课程的大多是仫佬族的学生。在整个校本课程的研发及实施过程中,本校教师很少参与其中。对于在校教师的问卷调查中发现,该校教师并未系统地接受过政府或学校针对编写校本课程的相关培训。在对L小学师生对本民族了解程度的问卷调查中,知道依饭节(仫佬族最重要的一个节日)是国家非物质文化遗产的教师仅占所调研比例的37.20%。考察教师对依饭节内容中"冬"的含义、历史起源、传统仪式、唱本、民俗音乐、依饭舞蹈、传统项目等方面的了解,以对历史起源的了解程度为例:

表5-3 教师对仫佬族依饭节历史起源的了解程度

选项 学校	完全没听过 N(%)	听说过 N(%)	一般了解 N(%)	比较了解 N(%)	非常了解 N(%)	总计 N(%)
东门镇L小学	0	10(22.72)	25(56.81)	7(15.90)	2(4.54)	44(100)

对样本答案进行赋值:"完全没听过"为1,"听说过"为2,"一般了解"为3,"比较了解"为4,"非常了解"为5。

可见,教师本身对仫佬族文化的了解是并不普及的,即便是知道有某项风俗习惯,但不知道其渊源又怎么向学生传承这项传统文化呢?

同时,乡土课程的开发未有效融入到学科教学中。在乡土课程开发过程中,少数民族的语言、历史、地理、文学、艺术、风俗、生计等丰富多彩的文化内容应该被视为重要的课程资源加以利用,其中也包括学生在家庭和社区中所获得的"地方性知识"及生活经验①。在仫佬族文化资源中,有很多可以融入到学科教学中,例如白马娘娘的传说、潘曼的故事、吴平大王的故事等。这些仫佬族传统神话或历史人物具有浓郁的地方色彩和民族特点,反映了仫佬族人民智慧、坚韧、顽强、正直的民族品质。L小学校本课程除了上述音乐舞蹈等兴趣班之外,其他课程内容体现在《大美罗城 神奇仫佬》这本校本教材中,在这本薄薄的小册子里,汇集了仫佬族相关的民俗文化,然而这些民俗只是只言片语呈点状分布,在上地方课程时,教师也是按照这本小册子来上课,学生知道有"竹球"这个体育项目,但竹球是怎么踢的呢? 学生并不知道。在对该校体育老师的访谈中我们发现,普适性课程中并没有融入民族文化传统,在对该校五年级学生关于"通过什么渠道或方式了解仫佬族的历史与风俗"的分析得知:59.6%的学生通过"老人或家人讲述"得知,24.7%的学生通过"相关书籍"获取,9.8%的学生选择"其他方式",通过"老师讲述"获取的只有8.3%。

(二)课程设计缺乏系统规划,未形成课程开发合力

2003年,我国启动实施"中国民族民间文化保护工程","民族文化进校园"活动自此吹起了号角,众多高校、中小学尤其是少数民族聚居地学校纷纷以校本课程的形式将民族文化引进校园。但"民族文化进校园"绝不是一朝一夕就可以完成的,也不是毫无章法、随心所欲的小事。"民族文化进校园"是需要汇集政府、高校、学校、专家、教师、学生、社区等多方力量、有规划、有目标的一个谨慎而长期的过程。诚如巴战龙教授所言:"如果让'民族文化'未经过教育学尺度严格筛选就'进校园',将是典型的教育懒政。"民族地区校本课程的开发,首先在文化资源的选择上要经过筛选,必须是基于当地人视角的乡土文化,同时是符合教育和学生身心发展规律的内容。

---

① 海路,滕星.文化差异与民族地区校本课程开发———种教育人类学的视角[J].中央民族大学学报,2009(2).

其次,"任何课程要能够发挥其效能,都必须透过教师的运作和学生经验的建构。"①在对该校教师的调查问卷中,我们了解到接受问卷调查的47人中仅有2位教师表示接受过校本课程教学培训。"上面检查或者参观的时候,一般都是校长带着参观我们的文化走廊呀,唱校歌呀,平时也是校长和语文组的一些教师讨论(校长是语文学科背景)"说到培训,Y教师表示,大部分教师是没有参加系统培训的,"我们是想在上课时涉及一些内容,语文还好,数学要怎么体现呢?我们也很想弄这个民族的东西,但不懂怎么搞……除了剪纸有的还懂一些,其他像山歌,现在的山歌是官方的,和以前那种不同了,我们哪里懂得?"正如Y老师所说,L小学的校本课程开发源于该校校长的理念,校长想要开发校本课程的愿景是极好的,然而前期的调研、目标设定、计划执行明显是不充分的。乡土课程的开发从目标设定到过程执行、结果评价都需要全体教师的共同参与。

同时,民族地区校本课程的开发也需要家长、学生和整个社区的认可与支持。在与该校六年级某学生家长D(仫佬族)的访谈中,她认为"学校搞这些(民族文化课程)是浪费时间,最后还要升学的,家里有时候也会说一些这种,学校就没必要搞了,小孩压力也大的。"她的观点代表了相当一部分家长的意见,在参与访谈的三年级、五年级、六年级共六名家长(其中有三名是仫佬族)中,仅有一名五年级孩子的家长(仫佬族)认为"民族文化应该广泛开展,支持学校推广仫佬族文化",其余几位家长认为民族文化进校园并没有太大意义,增加了孩子的负担,有家长(汉族)还提出"学校的合唱团孩子参加不了让孩子很难过,还不如不开班。"家长的反应情况与学生调查问卷统计出的数据是基本吻合的。在该校高年级学生的问卷中,回答"你喜欢学校开设的竹梆舞、剪纸课、舞蹈课、民族语言课以及合唱团吗?"这一题时,33%的学生认为"不喜欢,和学习无关",另有8%的学生认为这些民族课程"很难学,有压力,增加负担"。

L小学所开展的校本课程在"当地人"中并没有得到热烈回响。

---

① 丁钢.以教师专业发展为核心的校本课程开发[J].教育研究,2001(2):50—53.

第五章　乡土资源开发与课程整合：广西罗城县 L 小学的案例

（三）课程开发围绕单一少数民族，未考虑多民族杂居的现实

在对 L 小学的校本课程开发做出肯定的同时，我不禁有了另一种担忧。正如钱民辉教授所言："在许多民族地区，校本课程开发太注重民间性、乡土性、传统性和民族性，这一方面可以增进本民族认同与民族感情，另一方面则可能引起我们走向极端，造成对其他文化的忽视和排斥。"

罗城聚居着仫佬、壮、苗、瑶、侗等少数民族 20.68 万人，占全县总人口的 75.84％，其中仫佬族人口 9.58 万人，占 35.15％"①。在地理边界上，属于骆越民族的几个少数民族已经形成了你中有我、我中有你的混居格局，然而，在社会边界上，我们必须找到基于群体共同文化的民族同质性。这种同质性直接催生了民族认同。在罗城，虽然仫佬族是主要少数民族，但同时还有相当数量的汉族和其他少数民族学生，推行基于民族特色的校本课程固然是好的，但刻意强调某个主流民族的文化可能会削弱其他民族学生的民族文化认同，同时在国家主义意识形态下，这种二元对立的观点实际上是十分危险的。如何形成一种和而不同的多元教育理念才是少数民族地区校本课程开发的关键所在。

在回收的调查问卷中，一位汉族的小学生在"仫佬族依饭节"的相关问题的选项均是空白，他在旁边写了一句"我是汉族"，在最后的"你觉得该校课程有哪些需要改进的地方？"这一问题时，他写到"讨厌大课间"。笔者从校长处得知在该校大课间，学生们要跳具有仫佬族特色的"竹梆舞"，这个汉族学生经历了什么？他为什么讨厌大课间？他是否因为不会跳竹梆舞而讨厌大课间？

在该校高年级中非仫佬族学生中发放问卷，36％的学生在"你觉得学校对于仫佬族同学和非仫佬族同学有区别吗？"这一题中认为"有，学校只开展仫佬族的活动，忽视了我们"，在回答"你喜欢学校开设的竹梆舞、剪纸课、舞蹈课、民族语言课以及合唱团吗？"这一题时，24％的非仫佬族学生认为"不喜欢，去的很

---

① 数据来源于罗城县人民政府网站全县第七次人口普查，http://www.luocheng.gov.cn/sjfb/sjxx/t9607043.shtml。

多是仫佬族学生,感觉和自己无关",另有4%的学生"很排斥,我不是仫佬族的,不想学习他们的文化";回答"你喜欢自己所属的民族吗?"时,44%的学生选择"没感觉,和其他民族没什么区别",另外,有4%的学生选择了"不喜欢,想成为其他民族",回答"非常喜欢,感觉和其他民族不一样"的学生仅占比17%。

在对该校老师的访谈中,三年级的Y老师说起飞越彩虹儿童合唱团,"孩子们都想参加,但必须是仫佬族的孩子才有资格,参加不了的就有情绪"。在问到是否有必要开展多种少数民族文化均有涉及的校本课程时,该老师表示非常有必要,"还是让大部分孩子参加好一些,现在民族课程是精品课程,开设的还有尤克里里、3D建模,但是这些和民族课程没太大关系的,应该有一套民族课程,让孩子们都可以参与进来"。同时,对于"你认为在学校开展壮族、汉族、瑶族、苗族、仫佬族等多民族文化的校本课程怎么样?"这个问题,无论是仫佬族还是非仫佬族的学生都有较高比例选择"非常好,可以了解不同民族的文化"以及"比较好,可以尝试"的选项。

在整理仫佬族文化的过程中,笔者接触过一位正在接受高等教育的仫佬族大学生(W,23岁,大四学生),她回忆上学时的经历:

"我上中学的时候,班里大多是仫佬族的人,但也有一些壮族、汉族和其他民族的。那时候仫佬族的学生是一个帮派的,他们说土话(仫佬语),经常欺负其他人。我有一个好朋友她是壮族,被仫佬族的同学骂了,我还帮她骂回去了。我那时候就好不想去上学。"

"你不也是仫佬族的学生吗?"(笔者)

"对。但我爸爸是仫佬族,我妈妈是壮族,我妈妈不会讲仫佬语的,我也不会,上学的时候他们(仫佬族学生)经常欺负我们壮族的。"

"你有时候会觉得自己是壮族的吗?"

"我没有想过这个问题诶。无所谓啊,哪个族都可以,我没有觉得哪个族很好或者很差,但是我很讨厌欺负同学的人。"

第五章 乡土资源开发与课程整合：广西罗城县 L 小学的案例

在上述 W 的案例中，W 的族群意识是模糊的，民族认同是极低的，在不被认可的学校场域中，她对自己的民族身份怀疑而自卑，不断产生想退学的冲动。

基于这个假设，笔者在罗城某中学进行调研，选择该校初三年级中 3 个班共 118 名学生发放问卷，问卷分为仫佬族和非仫佬族学生两组作为参照对象，在非仫佬族学生中，回答"你觉得学校对于仫佬族同学和非仫佬族同学有区别吗？"这一题时，25％的学生认为"有些方面有，感觉仫佬族同学高高在上"，在回答"你想过辍学吗？"这一问题时，非仫佬族学生组有 41％的学生选择"想过，感觉压力太大，学不会"，高于仫佬族学生组 29％的占比。在问到你对未来的规划时，非仫佬族学生组有 67％的学生选择"考上大学，去其他城市生活"，只有 25％的学生选择"考上大学，回到家乡建设罗城"，同一问题，仫佬族学生的回答是与之相反的占比率（分别为 38％，51％）。非仫佬族学生的学业成就显著低于仫佬族学生，去其他城市生活是否可以理解为他们想逃离这个他们并不留恋的学校场域、生活场域？

事实上，像 W 同学的这种家庭有很多：在我们调研的 105 名 L 小学高年级学生中，父母双方中有一个是仫佬族，另一个为其他民族的占比 57％。我们可以想象，这个孩子出生后，他面临的是多种文化的冲突：他在没有入学之前，接受的来自家庭和社区、族群的传统教育，他的父母、祖父母从他尚在襁褓时就用祖先的语言呼唤他的乳名，待他慢慢长大，他学会自己的民族语言，习得了民族文化与思维方式。到了学龄期，他必须参加国家九年义务制教育，在学校里，他带着民族世代沿袭的烙印接受着国家主流文化的洗礼，他必须逐渐克服各种障碍，适应国家主流文化引导下的教育模式。而同时，在学校场域中，还发生着多种文化的博弈：新时期国家在少数民族聚居地实行区域自治制度，致力保护和发展少数民族文化。广西壮族自治区是壮乡，罗城属于广西，但它又是仫佬族自治县，罗城县政府近年来致力于打造特色鲜明的仫佬族文化品牌，同时，罗城境内还居住着侗、苗、瑶等少数民族，几种少数民族文化在不断接触的过程中势必相互影响，产生了雷德菲尔德（Redfield）所说的文化适应现象

(acculturation)。在这种文化不连续的适应过程中,学生可能会出现学业中断、学业失败等现象。

我们一直基于国情将汉族文化作为主流文化,乡土教育归隐于街头巷尾,常常被排斥在主流文化之外。在乡土文化和主流文化的对弈中,我们致力于站在本乡本土的立场为乡土文化重新扬名。然而在多民族聚居地区,尤其是多民族混居、某个"少数民族"占据较大比例的地区,曾经的"主流民族"是否也会走向那些"少数"呢?"不同的族群存在语言、习俗、信仰等方面的差异,他们拥有的权利、占有的资源往往也不尽相同,这就产生了优势族群和劣势族群的区隔"①。这种区隔往往导致族群间的歧视和偏见。我们呼吁回应文化的乡土教育,回应的不是单一民族,而是让每个民族、每个群体内部的个体都能得到文化上的回应。

(四)乡土课程开发的回应、平衡与融合

联合国自1946年开始,持续推进国际理解教育的理念,旨在坚持"全球公民"培养下的世界和平教育目标,呼吁学生跨越国家和民族的疆界来实践这些价值。② 大力弘扬民族地区乡土教育,不是仅仅停留在文化中寻根的阶段,而是需要经过从传统到现代的对接。从乡土走向世界,需要实现从自然人到社会人、从民族成员到国家公民、从传统人到现代人的转变。③ 在课程模式方面,笔者认为从地方知识到世界知识,乡土课程的开发需要经过回应、平衡与融合三个阶段。

1. 文化回应的民族模式

文化回应的民族模式的基础是文化同质性。针对某种同质性文化,比如某个少数民族聚居地或者使用同一方言、有着同样生活习惯和文化生活的一个特

---

① 滕星. 教育人类学通论[M]. 北京:商务印书馆,2017:445.
② 姜英敏. 全球化时代我国国际理解教育的理论体系建构[J]. 清华大学教育研究,2017(1).
③ 顾玉军,吴明海. 乡土教育:"乡土"与"天下"之链[J]. 湖南师范大学教育科学学报,2012(1).

定区域，人们对本民族、本地区有一定的文化自觉，清楚我们拥有怎样的文化，我们需要做什么能够体现我们的文化。这一模式中的教育，将乡土性作为课程开发的重点，用文化回应的视角，融入本地传统文化元素，如语言、历史事件、风俗习惯、生活饮食、节日礼仪、空间建筑等内容，旨在让个体认识自己的文化。从课程主体来说，参与者由少数精英者渐渐向教师、学生等内部力量的全员参与过渡，同时，政府力量、高校教师、家长、民间艺人、社区民众等外部力量开始有意识地参与进来，形成内部和外部力量共同走入课堂内的格局。从课程形式方面看，这一阶段的乡土教育开始注重乡土文化的深度开发，乡土文化开始融入国家正式课程。从课程内容来说，这一阶段的课程内容开始关注课程的融合，所关注领域不再局限于外显的语言、美术、音乐等课程，而是将乡土文化有效地融入语文、数学等主要学科。从课程规划来看，在课程资源的选择上往往经过高校专家、全体教师、学生、家长、社区民众的共同探讨，选择出回应当地文化的、符合教育规律和学生身心发展规律的文化精华，能够实现人与自然、人与文化的和谐共生。

　　文化回应的民族模式绝不是对当地文化的生搬硬套，简单粗暴地将文化中最外显的特征复制到校园中。文化回应的乡土教育应当是基于当地文化生态环境的有机融合。

　　文化回应的民族模式不仅仅用于指导少数民族地区的乡土课程开发，在更为广袤的乡村、城镇，只要有历史文化的地区都可以进行文化回应的乡土课程开发。从全国讲，各地文化也有很大的不同，已经是一个多元文化的基础。多元文化逐步交流融合，成为多元一体。① 费孝通先生提出"小城镇，大问题"，指出不同地区要走出具有特色的经济发展路子，如苏南模式、温州模式、珠江模式等。同样，在多元文化的中国广大腹地，在实行多元文化教育时也要走出各地具有特色的路子，就是基于当地文化的乡土教育。

---

① 费孝通. 文化的生与死[M]. 上海：上海人民出版社，2015：617.

2. 文化平衡的区域模式

文化平衡的区域模式的涵义在于：课程要从当地人的视角延伸至所属的空间范围，以居住的地域为单位，充分考虑同一居住范围内各个民族、各个社区、各个群体的文化差异，通过课程整合，让同一空间范围内的学生能够接受并理解周围出现的不同族群的文化，通过一种理解教育达到整个区域的平衡。

首先，在课程内容上，区域模式不是将不同族群的文化单独加工，也不是粗暴地将各种文化强行融合，而是要让不同族群的孩子经过相互接触、作用、渗透。从生活实际出发，所选课程需要基于同一主题，将人们能够看见的、感知到的现象或器物进行比较，让每个学生都在横向的比较中找到"我"的独特处。以罗城为例，每年的"三月三"是广西壮族自治区的盛大节日，广西人民会通过放假、举办活动等方式纪念节日。而实际上，不止壮族人民有"三月三"，仫佬族、瑶族也都有本民族的"三月三"，每个民族在这个节日中都有不同的传说、相似却不尽相同的仪式。然而由于壮族是当地的主流民族，"三月三"的文化传统已经通过各种各样的方式走进人们的生活世界和学校场域，人们渐渐忘记本民族的古老传统。学校可以以"三月三"节日作为主题，找寻每个民族的集体记忆，让每个民族的孩子都能了解到本民族的独特之处。其次，文化平衡的模式不仅要在"同"中求"异"，也要在"异"中求"同"。一生二，二生三，三生万物。为何在同一区域会产生不同族群、不同文化，若追本溯源，不难发现不同族群、不同群体之间千丝万缕的关系。通过异文化来求同，不仅能让学生对自己的"根"深入理解，还能产生对其他族群、群体文化的共情。例如：在古老的骆越民族文化基础上，仫佬、侗、水、毛南各民族各具特色地拥有自己独特的文化：如水族的水书和铜鼓，侗族的芦笙、琵琶歌和侗族大歌，毛南族的花竹帽与傩舞，仫佬族的依饭节与陶罐制作。在服饰上，毛南、仫佬处于壮族生活区域，他们的衣服都是衣襟右衽式，与水族有所区别，与侗族差别较大。这些各具特色的民族文化都可以在文化平衡的区域模式阶段中被添加到乡土课程的开发中。在罗城这个多民族混居的地方，在课堂上讲述到本民族相关的文化，能够极大提高不同民族学生的民族认同与文化自信。同时让学生理解了今日"我中有你、你中有我"多民族杂居格局的形成原因,因为理解最终学会包容。

在探讨少数民族学生学业成就低下的过程中,奥格布(J. U. Ogbu)认为只有关注学校教育与更为广大的社会文化背景之间的互动关系,我们才能更好地从文化层面为儿童和家长提供面对主流文化的适应性策略。

在西南和西北广大少数民族地区,多个少数民族混居的情况十分普遍,如何避免主流文化与民族文化的对弈、单一民族文化与其他少数民族文化的冲突,文化平衡的区域模式可以成为一次尝试。

多元文化教育不仅关注非主流群体的学生,最终目的是将其教学理念和方式运用到主流群体的教育中。文化平衡的区域模式同时可以运用在广大城市、乡村中。从地域上说,从中华民族多元一体格局的形成来看,首先是在黄河中游出现了华夏,随着不断地吸纳异族,华夏民族发展越来越壮大,成为当前人数最多的汉族。现在,全国以省市划分,但每个省、每个市、每个县、每个乡村,也都有自己的乡土文化。即便是相邻的两个乡村,也可能有很大的文化差异。文化平衡的区域模式旨在让学生了解到周边地域的历史文化,拓宽自己的视野,培养学生的历史格局与比较视野。我们需要学生从小了解他生活的乡土环境,树立起热爱家乡、回报家乡的愿景。其次,我国在城市化进程中形成了大规模的人口迁移,伴随而来的是一系列社会问题的产生。新时期的教育公平倡导树立以"人"为核心,以育人质量为重心,关注每个人的尊严。"以人为本"要从个人的生活世界出发,让每个人都能通过学校场域内文化回应的教学找到自己的尊严,在文化平衡的整合课程中实现对其他群体的理解与包容。

3. 现代融合的全球模式

在党的十九大报告中,习近平总书记要求要以宽广的全球视野和深邃的历史眼光,扎根中国、融通中外、立足时代、面向未来,发展具有中国特色、世界水平的现代教育。全国教育大会中总书记强调要加快推进教育现代化,建设教育强国,办好人民满意的教育。这将我国的教育现代化定位到了一个新阶段。

乡土教育的终极目标不是固步自封地局限于传承本地文化,而是要实现从地方知识向世界知识的转变与融合。自1983年邓小平提出"面向现代化、面向世界、面向未来"的教育目标后,我国教育领域将教育现代化置于国际环境中紧跟时代,不断丰富其内涵,先后出现全球化教育、国际教育、跨文化教育、国际理解教育、可持续发展教育等理论。2018年中国学生发展核心素养研究成果发布会敲定"人文底蕴、科学精神、学会学习、健康生活、责任担当、实践创新"六大素养,在责任担当领域,强调"学生在处理与社会、国家、国际等关系方面所形成的情感态度、价值取向和行为方式。具体包括社会责任、国家认同、国际理解等基本要点。"①有学者认为,要以"人的全面发展"为目标,以"中华优秀传统文化"为融合点,以"人类命运共同体"思想为指导,实现教育内容国际化与本土化的相互转化,才能保障新时代教育现代化的顺利实现。②

每个少数民族的文化都属于中华民族多元一体格局的一部分,而从世界文化来看,华夏文明又属于世界文化的一部分。在空间维度上,中华文明要在实现文化自觉的基础上和世界各国的不同文化相互尊重、相互沟通,做到和而不同、美美与共。在学科领域的广度上,社会和世界日新月异,涌现了大量现代化学科和技术,文化自觉只是指生活在一定文化中的人对其文化的自知,明白它的来历、形成过程、所具有的特色和它发展的趋向,不带任何"文化回归"的意思,不是要复旧,同时也不主张"全盘西化"或"坚守传统"③。林奇(James Lynch)认为,在选择多元文化课程中必须在内容选择上注重国际性,观点上重全球性;学生学习的小说、故事及资讯方面应明确显示多元文化的社会及其多元的价值准则;消除对少数民族的刻板印象、偏见和歧视,并让学生接近与此相关的精确资讯;承认并尊重其他文化或民族的价值。④

---

① 米绿儿.《中国学生发展核心素养》总体框架正式发布.[2017-5-23]. https://www.douban.com/note/621557729/.
② 谭亲毅,等.加快推进教育现代化(笔谈)[J].教育研究,2018(11).
③ 费孝通.文化的生与死[M].上海:上海人民出版社,2015:447.
④ 王鉴.民族教育学[M].兰州:甘肃教育出版社,2002:217.

第五章 乡土资源开发与课程整合：广西罗城县 L 小学的案例

这一阶段，可以学习全球范围内的有益经验，从多学科的角度结合本地的资源、文化特点开设走向世界的现代化课程。民族教育始于寻根，但并非沉湎于过去的文化，而是思考一种"乐学、易懂"的有效教学。寻根的同时，更重要的是带着学生发现当今的处境，并能开展对未来的思考。

任何一个民族，都需要通过本民族的历史文化来认识自己，也需要通过其他民族的历史文化来认识其他民族，并从中汲取创造的力量。在这个阶段要处理的是乡土文化的过去、现在与未来的关系，去除糟粕，汲取精华，认识到原生文化中落后的部分，不抵触现代的、外部的、其他文化中的可以让个体、族群更加进步的内容，让乡土文化与现代性有机融合。

我们期待通过文化回应的民族模式、文化平衡的区域模式、现代融合的全球模式的理论建构，在多民族聚居地区、在中国广大城市与乡村，用一种人类学的人文关怀，实现乡土教育的时空性转向。

/ 第六章 /

民族地区乡村教师的境遇与自我成长：
广西上林县的案例

姜秀影

在"在扶贫先扶智"的倡导下，教育是乡村振兴的基础性工程，但在新课程改革进程中，乡村教育对于新的教育理念和教育目标的适应存在着诸多矛盾，这主要表现在乡村教育困顿于其自身与生俱来却又急于摆脱的乡村性上。因此，把握乡村教育的发展，首先要把握在民族地区乡村中建构形成的乡村教育，依据乡村教育赖以生发的民族地区乡村实际来考察教育发展，寻找乡村教育发展的文化根基和解决乡村教育问题的场景要素。作为乡村教育灵魂的乡村教师能否积极地融入民族地区乡村，利用已有空间资源解决教育问题，提高教育质量，对提升自身的资源应用、困难应对能力显得尤为重要。本章内容将乡村教师回置于当前民族地区乡村空间，立足于民族地区乡村教育现实，以人类学的视角，在人与民族空间的互动中分析乡村教师自主发展状况，尝试论述乡村教师在整个乡村教育当中的中心地位，并寻找民族地区乡村教育发展的内生动力。

在人们的文化情感的认知上,农村似乎更多地被当作与城市相对的以农业为主要生产方式的区域,其更强调的是农民和农业。而相比于农村,乡村这一概念展现了更为完整的生活场景,其中除了农业这一主要内容,内涵中还包含着农村的生活方式、地方习俗、人际关系等更具文化意义的标识与符号,正如费孝通先生所讲的中国人的乡土情怀,乡村这一概念承载了更多的精神与情感寄托,由此,我们选择"乡村"而非"农村"为主要的研究对象和范围。

"乡村教育说到底也是一种教育,其旨归不是为城镇生活做准备,应该是做好个体生命的培育,实现人的发展。"①乡村教育不应该囿于城乡的边界,而应立足于乡村特定时空和条件以及学生的特点,坚守以知识技能为表征的智育以及以人格建立为目的的德育,进行适宜的教育,促进乡村儿童生命的发展。因地制宜,才能激发出乡村教育本身的活力,也焕发出乡村儿童的生命活力。而乡村教师在乡村教育中的灵魂和核心地位,是乡村教育效果实现的重要凭借,乡村教师对乡村教育的理解,以及其自身的教育信念、教学状态、对乡村教育空间的把握,是乡村教育质量整体提升的重要因素。本章以广西壮族自治区上林县为田野,对该县内的教育整体情况和教师生活状况进行了整体考察,了解乡村教育空间中教师的境况,发掘乡村

---

① 邬志辉.中国农村教育评论[M].北京:北京师范大学出版社,2013:11.

教育活力提升的着力点。

一、上林县乡村教育的独特时空

上林县是广西壮族自治区民族县,该县有壮、汉、瑶、苗、侗、布依等 12 个民族杂居,其中壮族为主要民族,是广西壮族传统节日"三月三"的发祥地,素有"壮族老家"之称;语言上以壮语(85%)、汉语为主(西南官话、客话、新民话),保留着鲜明的民族特色。上林县位于大明山脚下,当地地形多以山脉为主,不利的地形因素,导致当地的乡村之间相对隔绝,学校合并难度较大,目前乡村学校仍保留了诸多偏远地区的教学点,部分村小和教学点采取隔年招生、复试教学等组织方式,农村教育发展面临诸多困难。但是近几年,上林县涌现出一批如黄桂香(2018 年度"马云优秀乡村教师奖")、石兰松(2018 最美乡村教师)等坚守乡村教育的农村优秀教师形象,启发我们在这个"国家一级贫困县"的艰难教育环境中,仍然能够涌现出优秀的乡村教师。那么上林县的教育状况到底如何?教师发展生态如何?是什么原因促使这些优秀乡村教师的涌现?基于这一系列的问题,笔者选择上林县作为研究民族地区乡村教育发展的考察对象。

对上林县乡村地区的考察从两个方面进行:一是在长期的历史发展过程中,民族乡村在特定自然环境的建构和历史积累下,形成了相对稳定的空间记忆和文化氛围,乡村教师的发展深深植根于民族乡村的沃土之上,生于斯、长于斯的乡村生活经验,是乡村教师发展的底色,由此,了解民族乡村,是将乡村教师发展回置到民族乡村中研究其自主发展的基础和前提;另一方面,民族地区乡村处于现代化进程之中,处于现代化进程边缘,出现诸多新的时代条件的变化,充分考察这种现代化的流变,是将乡村教师置于时代的变革中,考察其未来的应对与发展。本章对调研地域上林县乡村空间的整体状况进行了描述和呈现,后续将在这一整体空间中考察当地乡村教师自主发展现状。

（一）稳定：广阔纵深的民族地区乡村文化空间

在长久的历史进程里，民族地区乡村中人与自然的关系直接和紧密，人与人的关系也更为亲密和融洽。乡村中人与自然的紧密，是乡村生产方式的本质特征，而人与人关系的融洽或许可以看作是在农村这一相对狭小、有限的空间范围内，人际距离的缩小。在这一层面上，民族地区乡村教师的生活是相对稳定的，一些被保留的传统生产、生活方式，天然的地理环境格局，以及相对稳定的人际个体。稳定应该是民族地区乡村在长久的历史过程当中形成的最为突出的特点，人与自然、人与人之间的关系共同构成了乡村教师的生存网络，并作为一种内部经验，影响着乡村教师的行为选择和价值判断。

1. 乡村空间中的人与自然

（1）自然馈赠

上林县城环抱于大明山下，青山为被，绿水为源，该县经营着多种多样的作物。大面积种植的有水稻、玉米等粮食作物，还有辣椒、冬瓜等大量外销的蔬菜，也有红薯苗、瓜苗、空心菜等应季常吃的蔬菜，还有些农户用自己承包鱼塘养鱼虾，上林县本地还有远近闻名的水牛肉，平时只吃水草，肉质鲜嫩，牛肉贵时可卖到百元一斤，大明山上还会产出八角、花椒等香料。在这样的精耕细作下，产出满足了人们的日常花销。与此同时，这些自种的粮食、蔬菜、瓜果，也满足乡里人们日常饮食，吃不完的就带到镇上去卖。天然、新鲜的蔬菜，少油少盐的烹饪方法，使得这里成为长寿之乡。这种生活方式也决定了该地农业为主的社会生产方式，人们与土地关系紧密。但是，这些收入又不足以满足社会转型期市场带给人们的诸多消费需求，所以村里的年轻人大多外出打工。乡村中留守的百岁老人，自然承担起留守儿童的抚养任务。而学校中的教师，虽然临近退休，但也都身体健康，人与自然的和谐共生共长，为他们日常的工作提供了一定机体上的动力支撑。人也在与自然的互动中收获新鲜的力量。

y小学：学校靠近大明山水源，村里开发了天然浴场，老师们每日最期待的事情就是放学后赶到学校前面村公所附近的浴场游泳。这是学校里几位女教师近日里最开心的话题。虽然都已经是参加工作20年以上的老教师,但是,却对游泳这一活动充满活力,每日放学后都能游1—2个小时。通过游泳,老师们感觉自己身体比以前好很多,干起活来也越来越有精气神儿了。

图6-1 大明山自然风光

a小学:经过一整天的忙碌,李晓华(化名)老师放学后走进了学校后面的菜园,这里是学校的几位老师们一同利用课余时间开辟的。大山脚下,雨水湿润,气候适宜,栽种什么都能够成活,不到一亩地的小菜园里,种了黄瓜、红薯苗、青豆角、还有空心菜、生姜之类,放学后老师们就到学校后院的小菜园里摘菜回家,嘴里笑念着"自己种的菜,吃起来放心!"。采摘过晚饭要吃的豆角,李老师还带了几根黄瓜回到办公室,洗净之后老师们你一截我一截地吃起来,津津乐道大自然馈赠的清甜。这大山一隅的小学校里,学生们知道自己食物是如何从土地上而来,教师也因这一块小小的菜园,融洽而真实地生活。

一处天然的浴场,一方小小的菜园,开辟出乡村生活中独特的生活气息。青山绿水、蔬菜瓜果,为教师的生活平添了许多"接地气"的乐趣与满足。对于乡村教师的生活而言,这种生活方式是他们觉得舒适且不觉得与城市有差别的,正如调研时多位老师都说:"我们这里可比南宁舒服多啦!因为有大明山,我们这里夏天也会有风,一到南宁总是热得不行"、"南宁太闷了,就像一个火炉,我在那里可没办法生活",诸如此类,大多数老师们更享受在本地吹着山风,吃着本地的绿色蔬菜,过着慢节奏的生活。人与土地的关系,在乡村好像更容易被联结。乡村生活本身是有着自身独特吸引力的,如同方便快捷构成了城市的特色一般,自然舒适的生活方式也建构起民族乡村自身的特色与吸引力。

(2)空间依恋

上林县城中的大部分教师均为该县本地人,都是外出求学后又返回家乡工作和生活的。年纪大些的,有二十到三十年教龄的中年骨干教师,多为中师毕业后,为了家人,为了熟悉的生活环境回到家乡。年纪轻些的,刚入职两三年的年轻教师,几乎也是本地人。笔者通过教育局和校长了解到,引进的非本地教师几乎都留不住,乡村学校本身条件艰苦,发展空间小,因此,外地教师多是来了几年就走了。只有家在本地的年轻教师才可以留住一些。

> 大学毕业后的覃老师,组过乐队,去过企业,最后几经流转还是回到家乡y小学做起了特岗教师,村上有自己的房子,父母也不常年在家,他觉得这种生活稳定又自由。
>
> 特岗教师小秦,小时候耳濡目染,作为教师的爷爷备受敬仰,就把当教师作为了自己的梦想,毕业后考上了特岗教师,便回到家乡的y小学任教。
>
> 追求稳定的教师一家三口:李晓华老师和其丈夫秦老师中专毕业后,就一直留在上林县教书,他们的女儿考大学时走了定向计划,现在即将毕业,在a小学的另外一个教学点实习。我问她未来的规划,李老师说:"因为是定向计划,所以她也会回上林县,这样一家人离得很近,安安稳稳的。我和他爸爸都希望她能回来教书,她自己也愿意,毕竟家里就她一个孩子,她也希望离家近些。"

第六章 民族地区乡村教师的境遇与自我成长：广西上林县的案例

这是一种非常具有中国"家"文化意义的空间选择。也正是由于都是本地人，所以县城中、各个镇中再到各个村落中的个体，都有着强烈的归属感，这种归属感的最小单位主要体现在"镇"这个范围。不过毕业后选择自己家乡的教师，由于农村教育中支教、轮岗等政策的实施，所以教师们在县城中各镇间的流动频度也相对较高，因此在谈及教育经历时，教师们都会强调自己原先是属于哪个乡镇的，然后在不同的乡镇间流转，但是却尚存着归属和认同。这种基于乡村文化的眷恋和归属影响着乡村教师对未来的发展规划。

诺伯格·舒尔兹在《存在·空间·建筑》一书中提出了"存在空间"的概念。所谓"存在空间"，就是比较稳定的知觉图式体系，亦即环境的形象。也就是说，"存在空间"是沉淀在意识深处的"比较稳定的知觉图式体系"，它具有认知的功能。[①] 乡村生活本身是对个体的认知有着重要影响的，甚至构成了个体认识世界的基本框架。因此，民族乡村教育应该充分认识到民族乡村空间在乡村儿童和乡村教师认知中的图式作用，充分考虑空间本身作为乡村内部个体认知图式时，对于学生学习新知，教师的专业发展和提升的影响。也即民族地区的乡村教育的研究，应该扎根于民族乡村教育的实际，民族地区乡村教师的发展应该扎根于其所熟知的生活空间和生活经历，以此来获得更好的知识、经验的迁移。

2. 乡村空间中的人与人

（1）教师与教师：人情

除了对故乡的归属及眷恋中的浓浓人情，民族乡村中的人际关系也更为紧密。村小的规模一般都在 100—200 人之间，按照当地乡村小学教育中 1∶19 的师生配比，一所学校大概有 7—8 个老师，多位教师共用一个办公室办公，而且由于科目多，基本上各个年级、各个班级的课都会去上，所以同事之间的熟识程度更高，与此同时，师生间的关系也更为密切。在一个范围里，你几乎与每一个人相熟，并且无太多的利益纠葛，营造出一种人际安全。

[①] 诺伯舒兹. 场所精神：迈向建筑现象学[M]. 施植明，译. 武汉：华中科技大学出版社，2010：19.

w小学：校长的办公室里总是欢声笑语不断。教导主任讲，他们是配合了多年的老搭档，大家默契地有着明确的任务分工。我们学校里一共就这七八个老师，大家都相处得十分融洽。教导（主任）告诉我，学校里近几年也陆陆续续来过支教和轮岗的老师，但是都是很短的时间就走了，最后留下的还是我们这几个"老人"。大家在一起合作了二十几年，已经形成了默契，有什么任务都可以很快地完成。而且大家工龄都差不多，都已经评上副高，工作上都是互相配合，共同完成。尤其是在迎接义务教育均衡评估检查期间，学校有很多的资料需要补充，新增设的功能室需要管理，老师们就分工协作，各自管理，保证了整个工作的有序推进。

相反，在镇中心的学校，教师的关系反而更复杂一些。

回到d镇中心校办公室的异样眼光。d镇是上林县城的中心镇，d镇中心校是县城里比较被家长和社会认可的"好学校"。调研期间，我一直以d镇中心校为据点，白天下去跑村里的学校，晚上再回到d镇。回去早的时候就去看看负责对接我调研的黄秋香老师，看看班级的情况，顺便帮她做些活。今天我回到办公室，像往常一样和她办公室里的其他老师打招呼，但是坐在黄老师对面的两位老师明明看到却没有回应，我又问了一句黄老师在上课吗？两位老师相视一笑，交换了目光，我不明其中深意……直到那一周的周五，我回到办公室继续帮黄老师批改作业，放学时，黄老师和我讲了她在办公室的处境，老师们都很抗拒她，防着她，本来是一个很好的带动榜样，但是却遭到小心思的排斥，甚至连教研这类的事情都不通知她，一位屡获科研和表彰的教师就这样被埋没了，不能充分发挥她的辐射作用。

农村有句谚语"低头不见抬头见"，形容由于经常见面，所以就尽量减少摩擦。因此，在这种小圈子里，人与人之间相互了解程度更高，彼此更为熟悉，而

第六章 民族地区乡村教师的境遇与自我成长：广西上林县的案例

且有意识避免摩擦，使得人际关系更为紧密。这也就在一定程度上使工作能够更为顺利地进行。尤其是对于领导者的管理和日常工作的任务分配，在所调研的学校中，教师有限，教学等日常工作任务量大，因此，校长在统筹学校工作全局时，这种和谐的人际关系对日常工作的完成大有裨益。而在城镇学校，由于机会相对来说更多，竞争更为激烈，人际关系也相对复杂。乡村教育中相对简单的人际关系，为教师发展提供了更为自由的环境。但与此同时，由于人际关系相熟，所以权力的领导力也一定程度地被削弱，因此，教师自身的认识在维系乡村教育发展中的作用也更加突出。

（2）教师与学生：亲近

乡村教育中除了教师之间的关系，师生关系也与城镇学校大有不同。由于学校中学生人数有限，学校的领导几乎能够认得自己学校里的每一个孩子，对学生的情况也有比较清楚的了解。而且，在乡村学校中，由于教师的缺乏，校长一般也要在班级代课，与学生关系紧密，小班级教学使得教师对学生以及学生的家庭情况掌握程度都比较高。

r 教学点：教学点上有两位常驻老师，一位走教的英语老师，二十几个学生，三个年级，两个教室，实行的还是早期学校建设时为应对师资不足而采取的复试班。这是这个教学点的全部构成。大山给予了人们资源的馈赠，但是，蜿蜒的山路却似乎是这种馈赠向人们索要的一些代价。

n 教学点：该教学点可以说是上林县最为偏远的一个教学点，坐落于大山深处，车子几经曲折的山路才缓慢到达。我与校长访谈时，下课铃声响起，学生们蜂拥着跑出教室，有几个学生跑到校长办公室的门口，在门口张望。校长说平时如果没有生人在办公室，他们就会自由进出。校长从来不批评他们，或者不允许他们进去。校长走出办公室时，有的学生会缠在校长身后，讲些班级的事情，有些会抱住校长的大腿，问东问西，还有个别的就在门口站着，一句话也不说。而校长也对这些学生了如指掌，逐一地为我介绍这个是四年级的,那个是二年级的,有的是和爷爷奶奶住,有的是父母离婚寄宿在姑姑家等等。

  x中心校:该校是一所镇上的完小,除了接收镇上的学生之外,还要容纳镇里其他村上五六年级的学生来寄宿。我到这所学校时,该校的校长,穿着黑色的T恤、牛仔裤、运动鞋,这样的装束,明显要比其他着西装、凉鞋的校长们要年轻许多。而事实也如此,这位三十五岁出头的校长十分获得学生的青睐。在访谈的过程中,一年级的两位小朋友借了老师的电话打给校长,说捉到其他的同学偷大家东西,坚持着让校长帮忙"主持公道"。访谈期间,电话打进来三四次,这位年轻的校长也并未发火,都是在耐心地安抚和承诺。

  通过以上两个小事例,我们发现乡村教育中学生和老师之间的距离更亲密,老师对于学生的情况掌握十分清楚,也能够充分关注到学生多方面的发展因素,如个性、家庭背景等等。同时,乡村的学生对老师也有着更多的依赖和寄托。这些留在乡村中的孩子,很大一部分是留守儿童,老师对于孩子来讲,亦如父母。a小学的李晓华(化名)老师说:"这些孩子都是留守儿童,父母在外打工,爷奶只照顾吃饭睡觉,其他的一概不管。有的时候,女孩子到学校时,老师还

图6-2　老师指导学生

要督促孩子洗脸,帮忙梳头发。生病时,老人家行动不便,也是老师带着孩子去医院。"这些生活的细节,使孩子对老师有着深深的依赖,他们的联系已经不仅建立在传授知识的课堂,更是延伸到了日常生活的方方面面。师生之间除了教学关系外,由于留守儿童等情况的存在,学生对于老师的依恋更加强烈。

(3)教师与家长:熟悉

在乡村学校有限的范围内,学生数有限,乡村生活范围也有限,加之留守儿童家访、扶贫的次数多,教师对于学生的家庭情况都比较熟悉。

> n教学点:黄校长笑着将守候在办公室门口的学生都催去上课了,转身和我谈起这些学生家庭的情况,父母离异的、留守的、家里还未脱贫的、父母只管给钱不管学习的,所有学生的情况他都熟记于心。某个调皮的孩子,爷爷来处理孩子间的祸,几乎都是哭着将孩子托付给黄校长,校长又急又无计可施。
>
> a小学:李老师主要负责的是四年级。这个班里共有17个同学。在课后的访谈中,李老师对这些学生情况滔滔不绝,并且对班上每个孩子的变化都观察得细致入微,尤其是背后家庭的一些情况。有的孩子是爷爷奶奶照顾的,孩子生病了,往往也都是老师带着去医院,处理好了才跟家长说,因为老人行动不方便,孩子的父母又不在身边,说了也没办法照料,所以,只能老师跑在前头,因此家长们也都格外感谢这些老师。

在乡村中,乡村的家长对教师的认可度相对较高,教师与家长之间也都十分熟识。

3. 乡村空间中的人与文化

乡村中的文化主要表现为熟人文化、自由、竞争小三个特点。首先,在乡村,权利的约束力更小,民族乡村的个体生长于相对自由的氛围中,乡村是朴实的、原生态的,人们满足自身生存需求更容易;其次,乡村中的文化是熟人文化。

图6-3 儿童节家长响应老师号召准备六一美食

教师与教师之间、教师与家长之间、家长与家长之间都在固定且有限的空间内,有过漫长的时间接触,因此,人与人之间的关系是彼此熟识和相互了解的,而他们之间的交流也更频繁,对于乡土本身有着共同的文化,并且一同遵守着当地固定的生活规则,因此,彼此之间都具有充足的背景性了解;最后,民族地区乡村空间内的竞争性较小,不同于城市职场的利益牵扯多,相对简单的乡村生活中,个体之间的利益冲突较小,发展的机会也有限,并且又深陷于熟人文化之中,所以,民族地区乡村的文化氛围是相对轻松和自由的。

(二)流变:城镇化进程中的流动与置换

伴随着市场的进化和交通的发展,民族地区乡村不可避免地被裹挟进现代化的洪流。施坚雅在对中国农村的市场和社会结构的研究中谈到,市场分布和交易行为方式的基本变化为现代化进程提供了一个综合性指标,他将中国社会的市场分为三个层次:基层市场、中间市场和中心市场的三级结构,基层市场为这个市场区域内生产的商品提供了交易场所,是农产品和手工业品向上流动进入较高范围市场体系的起点,也是供农民消费的输入品向下流动的终点。①

---

① 施坚雅.中国农村的市场和社会结构[M].史建云,徐秀丽,译.北京:中国社会科学出版社,1998:5—11.

市场对于乡村生活而言是必不可少的,尤其是现代化进程以来,物质的流动性加强,人们已不满足于基层市场,开始向往上一层次的市场,从而出现了流动。还必须承认的是,当代中国的都市化进程并不是一个完整的整体,从城市之间到城市内部都存在着巨大的差别,这些差别不仅反映在发展规模与发展模式等方面,而且同样反映在不同的社会群体的生存方式上,由于固定生活的范围不断延伸,个体的流动也更加频繁,信息和产品置换,对民族地区内的文化产生了强烈冲击。

1. 人的流动与置换

(1) 流出的家长,留下的孩子

乡村教育培育的目标不是为了将所有的儿童都培养成"城里人",而是给乡村儿童更多的生活选择,给他们适应现代社会所必须的基本知识和技能,重要的是也能够给乡村儿童打开与城市儿童同等的了解这个世界的窗口,培养他们参与现代社会生活的能力,更重要的是让他们有足够的勇气和正确的价值观、人生观以及世界观来面对生命中可能出现的事,能够理智地做出生命历程中的选择。但是,伴随着城镇化的流动和经济社会的迅猛发展,乡村里的中青年都随着流动的浪潮到城镇谋生、淘金或者做建筑,打工赚的钱确实要比务农多。因为供养人口的土地终究是只管人的温饱,却管不了诸多的建立在钢筋水泥基础上的需要。但是从软土生长、又嫁接到硬土之上的父母,既没有安于乡村的朴素,又不是完整的城镇人,所以,他们的教育观念也是割裂和异化的。流出的家长和留下的孩子,在教育和情感上开始出现诸多矛盾。

n教学点:难于教育的留守儿童。校长讲道:"这些留守孩子家里的经济条件已经不像从前,父母在深圳或者广东打工,有些去南非'挖金子',父母知道不在孩子身边,所以就尽量在零花钱上弥补他们缺席的父爱、母爱,家中的爷爷奶奶管不了又心疼远离爹娘的娃,所以也给不少零花钱,这些孩子每天零花钱五块、十块都有,这些钱都被拿去小卖部买零食,尽管我们学校每天都会提供营养午餐,但是,这些孩子都不吃,偷偷去小卖部买零食吃。学校和老师屡禁不止,非常头疼。"

由于家长们在外打工,收入不低,所以有部分家长对孩子未来的预期也不寄太多希望于教育。卢校长讲道:"有些家长对于孩子的教育持消极态度,认为孩子就算上不好学,以后像自己一样,出去到外面打工,一个月同样可以赚个五六千,也是不错的出路。"家长的这种思想也在一定程度影响着孩子,当研究者走到班级时,和学生聊将来想做什么时,班里一个相比同龄略微高壮一点的男孩子大声喊道:"工地搬砖"。他说完后,班级学生一片哄堂大笑。

图6-4 爷奶负责接送孩子上下学

在这种流动中,家长的流出,一方面给留守儿童的童年造成了缺失;另一方面,学生家长的经济提升与价值提升并未完全同步,对孩子的教育观念也尚存很大的差别,尤其是远距离的隔空教育,更是难以及时掌控孩子的思想动态。我们不禁追问,城镇化背景下的流动之后,家长和孩子之间的距离到底产生了什么?流动后时空的变迁与观念的变迁是否能够同步?首先,家长和孩子之间长久的隔绝,孩子成长过程中,关爱的缺位,导致了诸多留守儿童的心理问题和行为失范。其次,家长流动之后,由于距离的隔绝,不能掌握孩子的真实动向,导致教育理念与孩子现实生活脱轨,也不利于学生个体生命的成长和完善。

(2)流入困难的年轻力量,留守的老教师

城镇化进程中,市场经济背景下人也有了更多的选择自由,因此,师范大学培养出的各种师范人才,自主选择了城镇学校,而乡村学校面临着教师年龄结构断层的危机。相对于流入困难的年轻力量,当前撑起乡村教育的大都是平均教龄30年以上的老教师。在接受访谈的几十位教师中,均是当年中专培养出的教师。

> W小学:目前,该校共有164名学生,按照当地1:19的师生配备比例,只有7位教师,其中4位教龄已经超过三十年,两位相对年轻的老师也都有二十几年教龄,其中只有一位80后教师,刚刚到这所学校,对业务也还不熟悉。校长和我说道:"虽然我们已经满足了师生配比,但是100多个孩子,却是6个年级都要开课,所有的老师都处于包班教学状态,也很难将音体美这些课上全了,即便是上,也是各个老师'随便'上的。并且老师们还要抽出时间培训、开会、扶贫、做材料,而且电脑技术又不熟练,所以每天忙得不可开交。现在学校里紧缺英语教师,学校每年都会打报告去教育局里面要人,但是已经要了三四年,始终没有要到。"老校长在访谈时对学校的未来有着隐隐的担忧:"等到我们这群老家伙都退休了,学校和孩子们要怎么办呢?"

所以,村小的这些老师都是职业趋于稳定的老教师。

据此,我们可以看出乡村小学当中教师年龄结构问题远比我们想象的要严重得多。这种教师的缺乏和老中青的断层,使得乡村教育无以为继,形势日益紧迫。而教师的年龄结构也影响着其发展的规划。因此年龄结构上的缺陷,无论从数量还是质量上都对乡村教育的发展产生着重要影响。

2. 物的流动与置换

伴随着人的流动，乡村的物质有所变化。城乡之间沟通增强，属于城市和属于乡村的专有物资也开始交换。新型城镇化背景下，乡村中的蔬菜、水果等农副产品有了更多的流通渠道和更广阔的流通空间，乡村在这种流动和交换中逐渐找到自己的定位；而伴随着农副产品以及家庭中个别成员的流通，专属城镇的产品、工具也逐渐走进乡村，走向乡村人的生活。城乡差距的缩小，肉眼可见的表现就是物质差距的缩小，而物在乡村与城市间流通。城市逐渐揭开高深的面纱，将所谓的"发达"逐渐地表达给乡村。

3. 文化的流动与置换

伴随物的流动，城市的文化也逐渐影响到乡村。城镇化进程中的农村也正在适应和接纳城镇文化，去适应和接受新的变化和时代的发展。在这种流动和置换中，乡村教师和乡村学生都无时无刻不在接受着社会变革的洗脑。这种文化的流动，逐渐拓宽了乡村人的文化视野，打开眼界；与此同时，文化的流动也使得民族地区乡村文化注入新的活力，引入新的元素和节奏。

（三）聚焦：义务教育均衡支撑后的民族地区乡村教育

除了稳定的环境和流动的变化，就民族地区乡村教育而言，还包含了一些重要的节点。例如，2017年开始的县域义务教育均衡评估活动。经过一轮的义务教育均衡检查，乡村学校有了很大的变化。义务教育均衡评估期间，上林县获第二期"国家贫困地区义务教育工程"（简称"义教工程"）共1590万元，其中：中央专款1060万元、自治区配套资金530万元。用于土建1061.6万元、仪器设备购置63.2万元、图书购置63.6万元、课桌椅购置31.8万元、信息技术教育设备购置158.7万元、师资与校长培训158.3万元、贫困学生助学金52.8万元，为本地中小学教育状况的改变提供了诸多支持。

1. 漂亮学校——校园改建与文化建设

在义务教育均衡的支撑下，乡村学校的校舍情况得到了极大改善，学校成

第六章 民族地区乡村教师的境遇与自我成长：广西上林县的案例

为乡村中一道靓丽的风景线。校舍重建后，家长和教师对学校教育的态度都有了很大改观。教师的教育教学环境有所改善，有了宽敞明亮的办公室。

黄秋香老师支教的 n 村教学点：这个教学点就是我们前面提到的县城里最偏远的教学点。2017 年黄老师来到这里支教。彼时，这里一片破败，通往学校的"红尘之路"，晴天烟尘四起，雨天泥泞不堪，学校破旧的铁门，挂着锈迹斑斑的牌匾，两排低矮的小房，没有操场。多年不曾粉刷的墙面上，挂着旧式粉笔书写的黑板，下半截的墙面是孩子们抓踩之后留下的痕迹，层层累积，水泥地面上，是扫不净的灰尘和泥土，还有几双赤着的已经踩黑了的小脚。这是乡村的本色，却不是现代意义上学校的颜色。经过 1 年的义务教育均衡支持和评估，n 教学点旧貌换新颜，学校重新修葺了大门，两排矮房也被建成了四层小楼，一排用作教师办公室，对面的一排是教学楼和功能室。教学楼内，宽敞明亮，图书角、宣传栏、文化墙、电子白板配备齐全，应有尽有。图书室内分门别类地摆放着各类书籍，体育器材室里，整齐摆放着球拍、篮球、跳绳等各类体育器材，阅读课、体育课学生就可以过来登记借用。另外一所 L 小学的李校长也说道："自从学校改变了之后，家长也更愿意让孩子来上学了。现在学校的楼是村里了。以前对于学生管理不支持、不配合的家长，现在态度也逐渐变好了。"

图 6-5 义务教育均衡化验收评估后改建的乡村学校

由此，我们可以发现，学校环境的改变，是义务教育县域均衡检查、验收后的一项重要成就。校舍和办公室的改建，教学资源的丰富和补充，为老师和学生的发展提供了良好的教育环境。漂亮学校和功能室的配备让学校的样貌焕然一新，但是如何加强管理和提高利用的效率，仍旧是一个难题。

2. 智慧学校——现代化设备的投入

在义务教育均衡验收和支持下，乡村学校除了在环境上旧貌换了新颜，另一个重大的变化和突破就是电子交互白板的投入与使用。

电子白板的配备，提高了教师的教学效率，丰富课堂，提高学生的学习兴趣。电子白板的投入，使一些年轻教师备课上课更加丰富。网上海量的教学视频以及课件资料包、题库等，丰富了教师的备课资源。有了电子白板，声、光、电能够更为直观地展现给学生，声音、图片、视频、动画等等，多种多样的教学素材，可以直接联网观看，也可以通过PPT投影给学生。小学阶段的学生，仍属于形象思维的发展阶段，因此，在教学中多应用图片、视频等具体化的材料，可以帮助学生对知识的理解。另外，学生对电脑和网络充满好奇，激发学生的学习兴趣和求知欲。

n教学点：教学点共有68个学生，5位教师，其中除了校长和教导主任之外，都是老教师。他们平时上课大部分还是采用传统的教学模式。上午到达学校时，去听了二年级的一节语文课，教导主任可能是对我听课有些顾虑，也一起跟进了课堂。上课的是一位激情满满的老教师，五十岁左右，还有几年就要退休了，现在被从其他镇派到教学点支教。本节课是习题讲解，老师使用投影仪，将练习册投影到大屏幕上，使用白板的手写功能给学生讲解。但是在讲解的过程中，设备多次出现问题，谭主任就在一旁帮忙。下课时，谭老师和我说到，学校里的老师都不太会用白板，也不会做课件，一般只能用用投影。她还说自己是学校里唯一比较懂电脑的老师，基本上包揽所有需要计算机操作的工作。

图6-6 电子白板设备使用的课堂

总而言之,在广阔的乡村教育沃土上,在城镇化转型的过程中,乡村教育已经有了改观。对于上林县基本状况的考察,为乡村教师的发展提供了空间和场景,也为分析乡村教师发展样态提供了可供参考的依据。乡村教育,应深深扎根于乡土文化现实,在享用当前资源的同时,依据乡村教育的独特性,立足乡村教育实际,不断提高乡村教育的质量和水平,帮助促进乡村学生个体生命的完善和提升。

二、上林县中乡村教师主动、被动发展的两种状况

当前国内外都注意到对教师自主发展的研究,从研究的体系上看大部分对教师自主发展的研究均放在教师专业发展体系下进行,其中对于教师自主发展的研究多集中于教师专业自主发展问题中,或散见于教师专业成长的相关研究中。教师自主发展不仅仅体现在教师专业技能的发展,还包括教师自身的成长、工作成就感和职业责任感等,专业提升只是教师专业能力的部分内容,但是在以往的研究中关注较少。因此本研究不仅着力于乡村教师专业发展及其学习提升的部分,还着重挖掘职业理想、生活经历、目标规划、教育认知等方面。这与教师专业发展的研究既有相通之处,也有着立足于民族乡村地区和乡村教

师生命整体的独特性。

一方面,部分学者们尝试编制自主发展的问卷和量表,以实证研究的方式对教师自主发展水平进行测量。如姚计海和申继亮(2007)在对国外自主性测量的基础上,建构了包括教学自主权和教学自主性两个层面的教师自主,确立了包括目的性、独立性、责任性、自发性、自省性、胜任性和自控性的教学自主性七因素结构,但是这一结构主要存在于课堂教学之中,并未涉及教师发展的所有面向。孟晓磊、郭成(2010)编制了《中小学教师自主性问卷》,由自我定向、自我主张和自我发展一阶三因子构成中小学教师自主性多维结构模型。之后,姚翠荣、郭成(2011)对该量表进行了修编,提出并验证了中小学教师自主性的四因子结构模型,认为中小学教师自主性包括自我定向、自我控制、主动性和自我依靠四个方面,并以此作为测量工具,考察了中小学教师自主性现状特点研究。[1] 之后,郭成、唐海朋(2014)在构建教师自主内在心理结构维度的基础上,编制了《中小学教师自主量表》,以此为测量工具,在问卷调查的基础上考察了中小学教师自主的发展特点及其与工作投入和职业幸福感的关系,进一步探讨了中小学教师对自主信息的认知加工偏好,以及支持性和控制性外部情境对教师感知自主的影响。中南民族大学张艳玲(2007),采用了随机抽样调查的方式,对河南省许昌市一中、许昌市实验中学、许昌市十二中等五所中学的 220 名教师进行了调查研究,了解教师自主发展的认识程度,自主发展的水平以及采用的自主发展方式等,以期通过对中学教师自主发展过程中存在问题的研究探索出促进中学教师自主发展的有效措施。研究发现影响教师自主发展的因素主要包括教师的成就动机和自我效能感等内部因素,以及社会环境和学校环境的外部支持。这类研究中,对于教师自主发展的结构和维度的划分,使教师自主发展的内容更加细致深入。但是此类研究多将视角定位于教师专业发展上,自主发展也主要集中于课堂、教学,以及教师专业能力的提升。

---

[1] 姚翠荣. 中小学教师自主性问卷的修编及发展特点研究[D]. 重庆: 西南大学,2011: 24—30.

另有一部分研究,是从对教师自主发展本身来看,从经验和归纳出发,探讨教师自主发展的原理和逻辑。如任英杰谈到"教师个体的自主成长是提升教师专业实践水平的重要手段,也是教师"自造"和"再生"的重要过程。对于前者,教师个体的专业发展是立足于其专业生活中自身的发展需求、愿望,基于其本身原有的基础,并在日常的教育教学实践活动中展开和实现,对于其专业活动更具有现实针对性,能够更为切实和有效地提升自己的专业水平。对于后者,教师个体的专业发展通过"自造"进一步改进和提升自己的专业生活方式从而不断实现专业生活的"再生",保持健康、合理的教师专业生活方式。"①;杨天平、申屠江平也从教师主体的发展中考察教师专业成长:"自主成长,是教师以自觉、自主的发展理念为前提,通过自主反思、自主建构、相互合作,最终超越自我,实现其作为教育专业工作者的生命意义和价值的过程。专业自主发展不仅是一个自主的过程,而且是自我在与环境互动的关系中发展的,是在对环境的不断适应中,调整自我与环境的关系,不断改变自我使自我不断走向成熟的工程。""教师专业自主发展体现着以人为本的思想,其特点可以概括为主动性、能动性、有效性、个体独立性、内在相对性五个方面。""主动性即强调教师是专业发展的主人。教师享有专业发展的自主权力,并对自己专业负责。教师自主专业发展是一种自觉、自愿、主动的发展状态,而不是被动、消极、强制性的发展状态,是基于教师主观能动性的自我超越活动。"②吴金辉通过对比传统教师发展观,展示出现代化过程中,教师自主发展的重要意义:"传统教师专业发展观,忽视了教师在自我成长中的主体意识与主观能动性。而后现代主义学者纷纷对这种传统的自上而下的教育培训模式进行了批评,认为教师发展不是被动、被批、被卷入的,而是自觉主动地改造,构建自我与世界、他人、自身内部的精神世界的过程,这种新的教师发展观反映了后现代学者所倡导的内在发展思想,发

---

① 任英杰.知识管理视阈下的教师专业发展[M].沈阳:东北大学出版社,2009:148.
② 杨天平,申屠江平.教师专业发展概论:做人民满意的教师[M].重庆:重庆大学出版社,2012:26.

展越来越被看成是一种唤醒的过程,一个激发社会大多数成员创造性力量的过程……教师发展的本质是发展的自主性,发展是教师不断超越自我的过程,不断实现自我的过程,更是教师作为主体自觉、主动、能动、可持续的建构过程。"[1]

东北师范大学金美福(2003)将自主发展作为教师职业人的一种生存方式,在教师职业发展不平衡的发展及现象中研究"教师自主发展论",通过对比分析教育家和特级成长轨迹,挖掘教师自主发展与发展环境,揭示教师自主发展的发生学原理,并建构出教师自主发展模式,他认为教师自主发展是教师自觉主动地追求作为教师职业人的人生意义与价值的自我超越的方式。[2] 东北师范大学孙颖(2011)运用叙事探究的方法,对东北山区五名农村教师的专业自主发展进行挖掘和分析,探索其从自在到自觉的成长历程,展现了五位乡村教师在专业成长方面的自主发展。研究发现专业发展是农村教师基于实用理性的选择,社会关注促进农村教师自我身份的认同。[3] 以上对于教师自主发展的研究,都立足于对教师生命价值、尊重和主体性的体认之上,教师自主发展是对教师生命主体地位的肯定,也是教师自身生命成长的本质需要,以质性研究的方法体察教师自主发展的内在因素和逻辑成因。这更符合本文人类学研究的出发点,即将乡村教师作为完整的生命个体,回置于民族乡村空间之中,考察其生命发展历程和自主发展的可能性。

综合来看,从研究主体上,当前对于教师自主发展的研究主要相对于城镇教师或者是普遍的教师而言,而对于乡村教师自主发展的单独关注较少。但是在当前乡村振兴背景下,在乡村教育质量亟待提高的诉求中,乡村教师的自主发展是一项迫切需要关注的症结所在。所以结合民族地区乡村本身的特殊性,考察乡村教师自主发展是当前促进乡村教师自主发展、提高乡村教育质量的重

---

[1] 吴金辉.教师专业发展的理论与实践[M].北京:中国传媒大学出版社,2006:9.
[2] 金美福.教师自主发展论[D].长春:东北师范大学,2003.
[3] 孙颖.从自在到自觉——东北山区五名农村教师自主发展的叙事研究[D].长春:东北师范大学,2011.

要内容。从研究内容上看,对教师内部、主观因素研究较少,且均为2015年启动《乡村教师支持计划》和2017年《县域义务教育均衡评估验收》之前的研究。因此,本研究在2018年完成一轮义务教育验收之后,对乡村教师自主发展这一主题的研究是具有一定价值和贡献意义的。当前对于教师自主发展的研究多存在于教师的专业发展中,但出于对民族乡村地区整体发展和教师是发展中的个体,具有主观能动性,是乡村教育提升和发展最具可能性的活力点,本文将乡村教师作为个体生命去理解和建构其生存状态,将目光置于乡村教师整体生命的提升,而不单单局限于对于教师专业发展的论述。乡村教师的发展是整体的,教育和乡村的发展也是一个整体,而非割裂的局部,因此本文从整体的、联系的理论视角出发看待民族地区乡村教师的自主发展。

本节主要呈现在考察过程中上林县内乡村教师主动和被动发展的两种现状。由于县域内政策和物资配置等外部因素具有一定的一致性,并且正在执行轮岗、交换、支教等系列师资调配政策,当地老师大部分都有过交换经历,在该区域不同乡镇的学校间流动,使当地大多数教师能够从不同侧面经历和体验本县的教育实践。但在物资情况、物理环境一致以及相同的社会文化、教育政策、资源支持的背景下,不同学校之间、不同课堂之间的效果却存在着较大的差异。在确保调研场域内诸如工作量、工作环境和工作氛围等客观条件相同的情况下,通过课堂观察和学生的反馈,发现上林县的乡村教育中存在着两类老师,一类是教学成果突出,深受学生喜爱,工作实现程度较高,会主动争取提升的积极主动发展的老师;一类是中规中矩地完成教学任务、在配合领导工作要求中被动发展的老师。这两种状态突出表现于职业认知、困难解决、资源应用以及学习发展四个层面。

(一)职业认知——清晰与模糊

1. 责任:"教好"与"教完"

当被问及成为一名优秀的教师的主要因素时,大部分老师都强调是一种责任感。就责任本身而言,其本质是外部的规范,而责任感则是将责任感内化了的自我要求,并作为一种指导个体自身行为的观念而存在,成为了个体对自身的原则性要求。

(1)"教好课"

能够在岗位上出色完成自己教育教学任务的老师,都出于对自身职业的判断。优秀的乡村教师为何能够在面临诸多的教育困难时表现出比其他教师更强大的承受能力,愿意付出更多的时间和精力高质量完成教学任务时,他们普遍回答出于"责任心"。相比于"教学","教好学"对于他们而言,是工作的职责所在。y小学即将退休的二年级班主任姚连明老师说:"虽然我要退休了,带的也是低年级的孩子,现在身体也不大好,但是每天必须给他们批改完作业。因为,这是我的工作。"为了工作付出了自己业余时间的老师们,并未觉得这是额外的工作,反而将这些加班的努力看作是自己本职的责任。相反,一些只在工作时间完成任务的人,却会抱怨自己的任务太多,工作太忙,这两者形成了鲜明的对比,说明个体对于工作本身的认同和看法,决定了其工作的态度和工作的方式。

上好每一堂课

黄秋香老师的一节课:黄老师个子不高,人又瘦弱,深邃的目光带着犀利,神态上也不符合那种慈母般教师的温柔,如果你走在路上遇到她,不会对这位老师有很高的期待。但是,当我第一次走进她的课堂,站在讲台上的她仿佛就会发光。这一课她带领孩子学习的是四年级语文《乡下人家》,课文中从几个不同方面展现乡下田野四季的美和丰收的喜悦。通过老师的引导和启发,孩子们积极地回答问题,大胆地想象,在掌握基本的语言表达之外,仿佛真的置身于美妙的田野之间,整堂课充满了活力与温度,那是一位站在讲台上会发光的老师。

第六章 民族地区乡村教师的境遇与自我成长：广西上林县的案例

加班也要完成作业批改

黄秋香老师：四年二班的孩子们摞成小山一样的语文作业，每一本的每一页都有黄老师批阅的笔记。大如一段、一句话，小到一个字一个标点，都是红笔圈圈点点的痕迹。每天下班，黄老师都是最后一个离开教室的，有的时候要把作业批完才肯回家，有的时候是趁着学生扫除的时间，留住几个基础不牢的反复修改纠正。班级里的每个孩子，成绩好些的、成绩不好的都有被留下的可能，她从没放弃任何一个孩子。所有人只要有知识点不过关就要被老师一遍一遍地提问。

一个有激情的老师，才能够带走工作中的疲态，带动周围的同事，才能付出自己更多的努力，"千方百计"地想着把学教好，能够完美把控课堂，把学生带入学习的深处，才是对学生最大的负责。活力的老师，建设出活力的课堂，是乡村教育活力提升的核心。乡村学校的维系，就是靠着教师的责任感，在复杂的任务面前抽丝剥茧，完成教书育人的使命，这对于承载着师资不足等各种劣势条件的乡村教育者来说，是一种职业的坚守，更是一种责任。积极教师的自主发展很多情境下就自主于责任的内化。

（2）"教完课"

而还有一些教师，将教学的责任外化为一种形式，即"上完一节课"，当老师已按时走进课堂，并按照下班时间走出校门，他似乎已经完成了自己全部的教学任务。但是学生对知识的掌握程度、学习态度变化、学习习惯的养成是完全没有被关注的。虽然按照工作的时间规制，教师已经执行，但是教育的效果总是难以保证。

讲错的习题

n教学点：这是一节小学一年级的语文课，我和担任班主任的语文老师一起走进课堂，今天他要讲解习题，许老师刚把我安顿在教室后面，教导主任谭老师也跟了过来，上课铃响起，学生按指令打开配套的练习册，我翻阅了坐在我周围的几个孩子的作业，他们的作业本都是空的，学生没有写答案，老师也没有批阅，往前翻了几课，都是星星点点地写了几题，看不出有没有讲解。老师打开投影设备，将自己的练习册投影到屏幕上，开始讲解，老师的练习册也是空的。期间设备几次不顺利，好在谭老师一直在旁边，帮忙解决了设备问题。讲的第一个题型是填部首组成新字再组词，但是老师没有备课，课上直接让学生组两个词，到最后，是一个不成字的部首，班级一片骚乱，老师在教导主任的提醒下才发现了错误。一节课就这么混沌地过去了，我没听出个所以然，学生也是。

学生讲作业

在n小学听的第二节课是谭老师上的三年级数学。上课开始，老师问学生是否都完成了作业，学生异口同声地回答完成了。当然，还是有人没参与这个异口同声的，就是那些并没有完成的孩子。老师讲了几道题后，感觉很慢，指挥着班级的小组长给同学们批改作业，虽然一个班级不过十几个学生。就这样打打闹闹中，一节课的三分之一过去了。老师没有讲几道题，学生作业的真实完成情况也不得而知，小组长批作业批得很是愉快。

这样的教师，基本的教学流程都没有完成，虽然按时走进了课堂，但是无备课，对学生的学习状态无了解，教学过程基本处于无效状态。在乡村小学中，不备课、不督促学生完成作业、不批改作业的教师众多。乡村学校班级规模小，教学管理不严格，教师多凭借自身的教学经验直接上课，长期不备课导致教学内容长期不更新，课程不经设计，教学效率难以提高。

对比以上两种状态的教师，在同样的教育条件下，上完课和上好课之间还有很大的差距需要弥补。具备发展自主性的教师在职业认知上，将教育质量的提高作为自身工作的本职要求，这是出于职业本身的内部要求，也是教师对自身岗位的判断。这些教师将关注学生发展、高质量完成教学内容看作自身必须完成的任务。运用当前的说法,即这些教师并不认为自己是额外的付出,反而是将完成这些任务作为自身工作的底线,并以此决定着自身的工作态度。

2. 目标:成长与停滞

教育是一项长期的投入性行业,其劳动成果的展现具有一定的延时性。因此其目标的长远性,教育者的眼界决定了教育的境界。有活力的教育者不只看到眼前的一摞摞作业和试卷,他们的心中有孩子的未来,有更长远的眼光,也在不断追求更好的自己。

(1)成长:累积的成就与幸福

黄秋香老师说道:"做教育势必要有一些经得起等待的长远目光和理想,因为有了目标,才知道当下所做的努力,有一个美好的终点,因为会有好结果,所以才会充满希望。"尤其是乡村教育,面对着流动的社会背景和相对落后的教育现实,教育者更要为个体生命的培育注入长远的活力。

黄老师的教育理想

  黄秋香老师说她的教育理想有两个方面,一方面用黄老师自己的话说是"功利的目的",就是评上正高职称。这几天的接触下来,发现这个职称对她的影响很重要,在她当前所在的学校里,她的职称甚至比自己的校长还要高,这是她一直不懈努力的结果,也是老师非常骄傲和自豪的地方;另外一方面就是获得教育的幸福,而这种幸福也是双重的,"老师要放低姿态,'低到尘埃里',关怀和关爱孩子,具体而言,就是在帮助孩子的过程中,让孩子获得进步的快乐,看到孩子的成长与快乐;另一方面,在这个过程中自己也能够获得喜悦,体验自我价值的实现。"

专家推门听课的成就感

  自治区委派到县里督促和评估课题的专家组,突然"袭击"了黄老师的课堂,来了一次推门听课。黄老师说:"原本以为熊教授一行是来学校跟校长调研的,我只需带去见校长就行了,我就继续上我的课。没想到教授说听我的课。听就听吧,常态课,按照我的备课思路行走课堂就行了。"不过还是调侃了一下:"听我的课要给我指导哦。""学生在这节课里,并没有因为后面是专家组来听课而噤若寒蝉,同学们发言积极,就连平时不主动发言的吴金媛也举手发言。而温悦彤在这节课里大胆发言,表现出色。可以说不同层次的同学都通过发言表现自己,这是最棒的!当然,我十分注意倾听同学们的发言,从他们的发言里发现可以激活学生思维的兴奋点,让他们在教师的赏识和引导中说得越来越好。整堂课积极活跃,大家没有紧张感,精神面貌良好个个轻松愉快,这就是我们语文课的常态。"

听课事件中黄老师又增加了一分自信和成就感。对于教师个体而言,教育是一种生长和流动,是一种作为互动的存在,学生是不断成长的个体,教师也是在生长中的个体,优秀教师凭借较高的责任感和自我要求,教学的完成度较高,收获丰富,累积来自自身职业提升、学生成长与改变、自己被认可的成就感,在教育之中收获提升和幸福。而这种收获和幸福又激励着教师继续提升,从而使教师生长形成良性循环,促使着教育水平的提高。

(2)停滞:保持现状

相比于能够自主发展的教师,还有一部分乡村教师处于停滞的状态。他们或已经满足了职称的年限,已经获得了较高的工资水平,或将自己处于劣势地位,主动放弃竞争。在无目标的状态下,职业发展处于稳定和停滞阶段,对未来的规划也是抱着"过一天算一天"的态度。

抗拒听课的教师

上午听了一节二年级的语文课,想着和在其他学校听的做对比。原计划是听邓老师的,我以为经过一段时间的共同生活我们已经非常融洽,但是她坚持说自己都是随意上的,不备课,老油条,所以帮我安排到隔壁班韦老师的课上。语文课结束后,我提出还想听一节数学课,老师帮我联系好了她邻座的一位女老师,高高的,妆很浓,稍作思索就答应了,但是等到上课之前,老师又拒绝了,说让我去找别的老师听,我尽力解释,但她态度还是十分坚定,并且说自己是教体育的,教得不好,所以我就被赶下来了。

抗拒听课的本质,一方面是源于教师自身的不自信,不自信则源于一种对于不确定的恐惧,亦是抗拒对自身的考验。

差不多就行

今天的家长会,邓老师坚持让我代为召开。作为对班级情况一点不了解的我,几次推拒,老师还是态度坚决,无论如何都不想自己讲。通过不断地融入,我尝试了解她的教育经历,她总是轻描淡写的带过,从不提起。谈到对教学的看法和对未来的规划,邓老师总是回避。她即将退休了,已经放弃思考这些问题。

民族地区乡村现代化进程中,作为教育者的教师更应该让自身参与到成长之中。主动寻求自身动力的成长。而当前,教师行业现在过多地谈及了职业倦怠,尤其在乡村教育中,教师年龄结构偏高,缺乏新生力量的补充,倦怠的程度更为普遍。但是,何种职业没有倦怠呢?做任何行业都会有疲倦,但是不能因为这种疲态就放弃了对职业、对工作本身的坚守。既然还停留在教师岗位,就应该完成自己的教学任务。而对于中青年教师而言,抗拒成长是自主性匮乏的累积,相比于积极教师成就感的累积,形成鲜明的负向驱动和正向驱动的对比。

(二)困难解决——突破与被困

1. 行政事务的增加:征服与被征服

在当前的农村教育中,教育的行政化摄入为大多数教师所诟病,同时伴随着现代化设备的代入,信息传达的时效性不断加强,教师们突然忙了起来。在调研地点，走访的十几所镇中心校、小学以及县城的学校，老师们普遍感受到的是被一份又一份文件的压抑。行政化事务的复杂和繁多，是当前教育中老师们感受最深的问题。

调研时正是六月份，月初照例要为孩子们迎接"六一"儿童节，此外，学期接近尾声，老师们要急于补齐落后的课程，同时又值夏季汛期，教育局每天都会下发文件督促学校进行防溺水安全教育。除此教育局下发的命令之外，学校还要接收当地政府"美丽办"的绿化活动以及每周两次的入户扶贫，一系列的复杂工作确实给学校教育带来了诸多困难。

(1) 征服：高效地解决问题

在纷乱复杂的行政工作前，人手本就不足的乡村学校感受到很大的压力。由此，面对这些复杂工作的处理方式展示出教师克服困难的自主发展能力。

z小学规范化解决问题的李校长

z小学的李校长是一位十分严肃认真的校长。经人介绍，我到z小学调研时，不同于其他学校的"专人接待"，我在学校中都会提出调研不要影响上课，但李校长在我陈述调研目的的时候，就先强调不能因为任何领导的到来而改变教学安排，提出校内所有教师必须要上完课才能接受我的访谈，而且从我们交谈的态度来看，李校长并非是出于抗拒才进行这样的安排，只是出于其对工作的严苛。李校长总是很有原则，李校长还给我列出了一周的任务，但是无论对于"事务"还是我的调研，"调研也可以，听教师讲故事也可以，但是不能影响我们的工作"。面对纷繁复杂的教学任务，李校长和我分享他的经验，他会将本周的任务全部都写下来，"把任务列出来就相当于完成了大半"。我还赶上了z小学的一次例会，办公室里的李老师给我看了自己的会议记录本，本子十分简单，就是学生用的笔记本，但是自己加了个封皮。上面详细记录了一学期以来学校开展的大大小小的会议，教学的、安全的、培训的，笔记内容表明了详细的时间和会议主题，以及一些会议内容。李老师说这样的笔记学校里的教师人手一本,这是校长要求的,这样一来,虽然事情很忙很乱,但是大家都很清晰。

面对复杂的工作,在不可避免的情况下,具有发展自主性的教师总是能够将目光聚焦于问题解决的本身,形成高效的问题解决思路,正确认识和区分任务的紧要程度,有次序、有方法地逐步完成,是克服困难的有效方式。

(2) 被征服:深陷于材料之中

而还有一部分教师深陷于材料之中,材料成为学校工作中难以逾越的关卡。材料总是做不完,材料影响了上课时间,影响了备课时间,影响了批改作业的时间。材料似乎多到占据了教师生活的全部。但在相同的背景下,各学校接到的通知基本都是同时间、同要求的,一些学校可以又好又快地完成,而一些学校却始终深陷其中,难以自拔。

被通知所累的教师

W小学的韦校长和教导主任,拿出手机,给我看一周的任务通知。韦校长为我细数近一周一个月下发的通知,"有的时候一天一条,有的时候一天很多条,有周的,有月的,还有些通知总是很紧急,早上发的,晚上就要,今天发的,明天就要,我们每天都很忙。"

"一团乱麻"的资助负责人

Y小学的张校长和他的教务主任,利用中午的时间处理资助材料。在做一份材料时,专门负责资助问题的王老师,用了一个中午的时间翻找以前的资料。"我记得我明明保存了",无奈打电话叫来张校长,校长帮忙一起想办法,最后决定重新录入电子文件,才算圆满解决了这一问题。录入完成后需要打印出纸质版由校内教师一一签字,但是在打印的过程中又是屡出差错,打印了几遍之后才顺利完成,但也响起了上课铃声。王老师感叹道:"这又是一个没有休息的午休。"

从两个学校校长应对相同任务的情况对比来看,我们发现在面临相同难度的任务时,具有发展自主性的教师应该是采取行动克服困难,主观能动性的发挥是解决问题的关键。由于在同一县域内,各校所面临的行政工作基本一致,不同的工作效率和工作方式所产生的工作效果完全不同。虽然两所学校的判断都是行政事务的繁杂,但是通过 w 小学的处理模式,说明一部分任务是在可控范围内,处理得当至少不会影响正常的教学生活。

由此也可以看出,教师自主探寻形成的处理问题的方法及效率,是及时处理行政任务,为教学本身留空的重要因素。由此产生的即是大多数没办法高效完成这些行政工作的教师将教学效果与学习成绩的不理想均归因于行政事务的繁杂。

2. 家校合作的困难:争取与对立

伴随着现代化进程的深入,乡村逐渐成为留守的乡村,青壮年劳动力外流严重,留守儿童是当前农村教育的痛点,隔代抚养、单亲离异,学生的家庭情况十分复杂,有些家长没有作业辅导的能力,有些孩子缺失父母的关爱,脾气暴戾乖张。家长的失位,是民族地区乡村教师又一不幸的"遭遇",除了面对家校合作的困难,教师还要在日常的教育中时常扮演学生心灵缺失的补位角色。

(1) 争取:获得家长配合

家长的感谢信

今天黄老师格外开心,他们班的韦同学带来了一封妈妈写给老师们的感谢信。信中真挚表达了对老师的感谢。他是第一个在《广西民族报》公开发表作文的孩子。黄老师和我讲到,刚接手这个孩子时,他不敢回答问题,总是怯生生的样子。文章发表后,他开始努力克服胆怯,上课积极发言,朝着心中的目标前进,努力写好作文。晚上回到家,黄老师赶紧把这件事分享在日志里,多年来,一直在坚持;运用 QQ 空间写教学日志,然后转发进家长群、班群，以鼓励学生和家长。黄老师在日志里写道"经过长期观察发现，那个不断进步的孩子，背后都有支持、鼓励、陪伴和帮助的力量。如果很多家长都这样重视，温柔耐心地陪伴孩子，哪愁孩子会暴躁不安？哪愁孩子不思进取？"这种积极案例日志获得了很多家长的点赞和支持，这种独特的暗示和鼓励，为建立良好的家校合作关系提供参考和引导，潜移默化地改变着家校合作的困境。

乡村学校中家校合作的困难很多，但是优秀的教师总是能主动地伸出手去抓紧家长。在民族地区乡村地区，家长的受教育程度有限，因此在家校合作上，教师处在了更具有权威性的地位。教师主动伸出连理枝，是获得家长支持，打造良好家校合作互动关系的有效途径。

（2）对立：无法建立的共情

但是也有一部分教师，总是将学生学习效果不好归因于家长的不监督，期待着家长的配合，但自身又将家长拒之千里，拉远家校之间的距离。

廖同学和她的单亲妈妈

帮邓老师开完家长会，一位年轻的妈妈拉住了我，说想跟我聊聊孩子的心理问题。这位妈妈说起了朋友家的孩子，孩子妈妈脾气非常暴躁，前两天又对孩子打骂，孩子离家出走差点丢了。这位妈妈在叙述时，眼里噙着泪光，她说自己很庆幸，自己的孩子曾经也有这样的问题，由于自己在外打工，没时间照顾，发现孩子缺少关怀，脾气暴躁。她当时决定回家照顾孩子，陪伴他中小学这个阶段。刚回到家时孩子对她非常抗拒，但是经历了两年的陪伴跟关爱，孩子已经好了很多。孩子是单亲家庭，所以比较自卑，在班级里，由于壮族同学的发音，周围同学总是把她的廖姓念成"尿"，同学们总是取笑她，她现在已经产生厌学的情绪了，并且经常找借口不来学校，已经反复了几次。我建议她去和班主任老师沟通，可以让老师在班级进行适当的引导,并且为孩子调整座位,但是家长说,她与班主任沟通了几次,但是每次都没有效果,老师思想比较传统,认为这并不是什么大问题,所以一直沟通不了。家长会结束后,我同邓老师说了这一情况,邓老师仍旧无动于衷,觉得这位家长小题大做。

通过以上两位老师的对比,家校合作上确实存在着一些信息的不对等,但是在面临家校合作的困难时,发展较为自主的教师总是能作为主动出击者,积极解决问题,建立与家长的联系,并尝试鼓励和刺激家长,参与到家校合作中来,拉近学生、家长和学校之间的距离;而自主性匮乏的教师则偏向对学生遭遇的旁观,于对家长问题的漠视,也就难以获得家长的支持,将学生、家长、学校之间的距离越推越远。

3. 留守儿童教育:爱与放弃

乡村教育当中一度最受关注的就是留守儿童问题。由于乡村中的人口流动,很多孩子都是隔代抚养,缺少父母的关爱,情绪波动受家庭情况影响较大,性格习惯的养成难度更大。除此之外,还存在着单亲离异家庭儿童,或者个别的身体残疾或智力障碍儿童,这是乡村教育的痛点所在,也是乡村教师面临的主要困难。这些处于班级边缘的孩子,往往需要教师更多的关注。因此,如何转化和教育留守儿童,也是当前民族地区乡村教育给乡村教师提出的重要挑战。

(1) 尊重:爱与关注

不放弃任何一个孩子

b镇中心校陆校长:陆校长今年刚到这所中心校做校长,之前的她一直在中心校的教育站任职,统管全乡的教学工作。伴随着任务的转变,从只管大局,到深入学校工作的每个细节,陆校长都要层层把关。除了日常的管理,还要坚持上课。面临着学校教师紧缺,专任教师不足的情况,她总是身体力行,亲自顶替请假的老师上课。大到学校的全局把控,小到学生的后勤保障,陆校长一样都不落下,用自己的周末和业余时间在支撑着这份工作。陆校长讲到学校中有很多父母离异的留守儿童,在谈到这些孩子时,她不禁为这些难于管理的孩子流下泪水,也在竭尽自己所能,带领全校老师给孩子们弥补这份残缺的爱。这是对每一个学生负责的表现和热忱,也正是凭借这份责任感,陆校长在新的工作环境中得到了学校老师和家长们的支持。

回校"探亲"的孩子

黄秋香老师和他的学生:今天,d镇中心校特别的热闹,原来是上一届毕业的孩子们回来看老师了。看着这些从小个头,变成一个个逐渐成熟的"大小伙",老师们的眼里都洋溢着满满的成就感。黄老师和我谈起了其中一个孩子小明(化名)的故事。小明在四年级的时候,他的父母经常吵架,闹着要离婚,这件事给他造成了不小的心理阴影。在班级时,不好好听课,经常与同学发生争执。黄老师及时发现,决定在每天放晚学的时候陪这些孩子打乒乓球。说做就做,黄老师马上执行起来,每天下班都多留半个小时,日复一日,坚持了整个学期。打球的过程中,她间接地开导小明,让他理解父母的选择,并且让他理解,虽然父母不在一起,但是对他的爱不会减少。通过这样一个学期的陪伴,小明逐渐乐观起来,或许是真的听懂了老师的话,也或许是感受到了除了父母之外来自老师的那份爱。上了初中之后,小明变得越发开朗了,经常会回来看黄老师,偶尔还会提着一份小小的凉粉给黄老师送来,和老师谈心。这是黄老师的骄傲。

(2) 对立:边缘区的孩子

调研期间,听课时总是坐在教室的后面,让我有了很多和最后一排的孩子接触的机会。一般,坐在教室后面和四个角落的基本都是班级成绩不好,比较调皮的孩子。这些角落,将学生置入了边缘区。

学习不好就什么都做不好

d镇中心校今天举行了地震逃生演练,我在四年二班帮忙拍照。第一次警报拉响后,学生们要蹲到桌子下面,练习躲避坠落物,第二次警报响起,所有学生要向外逃生,跑到操场的空地上。但是班主任对个别同学很失望,"学习不好的孩子干啥都不行,反应慢,不懂得跑。"

势不两立

d镇中心校:性格暴力的小明,与自己的班主任蒙老师十分"不对付",经常与老师发生正面冲突,甚至对老师说脏话。在四月份的某一周里发展到极端,小明竟然带着刀具到学校喊着"要杀了老师"。蒙老师脾气火爆,两人自然水火不容。自从发生了那件事后,蒙老师对小明更是彻底放弃了,把他安排坐在班级的最后一排,"自生自灭",毫无存在感。而在蒙老师的课上,小明也选择性无视,一到数学课就开启自己的睡觉模式。

坐在第一排的"韦文懒"

d镇中心校:今天校长带我巡视班级,顺便看看如何在班级设置禁毒图书角。进了四年级的教室,我们量完柜子的尺寸,班主任提醒校长看一看坐在讲台右边单独摆出一张桌子的男同学。是一个胖胖的男孩子,"班主任你不问问他为什么坐在这里了?"校长也正疑惑,班主任和校长反映这个孩子从来不写作业,平时比较懒惰,所以同学们给他起了"韦文懒"这个外号。之前放在后面一排,一点都不写,现在提到眼皮底下,多少还能写一点。班主任老师向校长吐槽,校长也比较生气,就说如果下次再完不成作业,就叫他去办公室写。

坐在边缘区的孩子,老师虽然在行动上已经给予了他们个别的关注,其实是有心改变他们的表现方式。对于学生绰号的强化,会不会伤害学生的自尊心,加强他的自卑心理呢?对于"问题"学生、"特殊"学生,到底应该选取怎样的教育态度和教育方式呢？至少，教师应该意识到自身的教育能力和对学生的塑造。问题学生虽然是班级的顽疾，但也正是最需要关注和引导的学生。基础教育阶段，育人的重要性远远大于教学的重要性。

（三）资源应用——为我所用与穷山弱水

正如在对民族地区乡村空间描述时所展现的，民族地区乡村中有着独特的自然资源和历史文化，与此同时，伴随着现代化进程中的物质流通与交换，民族地区乡村中不乏丰富的教育资源。但是，作为民族教育的整体发展推动者，对于已有资源的应用，在自主发展教师和被动发展教师之间却存在很大差异。

1. 乡土资源：创造应用与乡土贫瘠

民族地区乡村独特且天然的自然环境，为学生和教师提供了良好的生长平台，为教育教学提供自然资源。

（1）创造性利用乡土资源

不同于西方严密的逻辑思维体系，斯宾塞将知识按照有用性去划分类别，中国的儒道哲学观，将知识分为天的知识，人的知识，以及一些天人合一的知识。一直以农业为传统的中国社会，对于人地关系这个部分，一直是个体成长的必修课。

学校里的小花园

y小学：不仅老师们可以依山傍水舒缓心情，校长也给学生们创造了诸多亲近自然的活动。学校在经过义务教育均衡的拨款后，校舍进行了粉刷和装修，也开始强化环创。校长带领学生们种植花草，进一步建设他们的魅力校园。孩子们从家里带来花盆和种子，精心埋好种子、浇水，置于学校文化墙下。经过孩子们的悉心照料，和大自然的日照、温度和雨水，小苗茁壮成长，并开满了小花，装点了校园，也装点了孩子们的笑脸，孩子们在守护自己种子的过程中亲近自然、观察自然，了解了植物生长的完整生命过程。

图6-7　乡村小学的DIY环创

在这个过程中，校长充分利用乡村特有的自然资源，创建活动。学生通过与自然的互动，而获得个体生命的发展，和更为和谐的人地关系。只要教师善于发现和运用，乡村当中有很多可以利用的教育资源。

（2）乡土贫瘠

不过在调研中乡村教师只有少数部分的教师能够运用乡土资源，或者认识到乡土资源对于丰富乡村教育的重要意义。在更多的乡村教师的认知中，乡村教育总是贫瘠的。贫穷的标签似乎已经成为了每一个乡村人身上撕不掉的标签，并且这种刻板的印象也深深扎根于乡村人自己的心中。乡村教师对资源的认知也固化为资金这一单一的向度。

"钱"的问题

当被问及当前乡村教育发展存在的困难时，很多老师认为是贫穷。大部分教师都将乡村教育质量难以提升归因于发展的资金不足。资金制约着乡村教育的发展。在大多数教师的心中，都将资金与资源对等，作为评价的标准，成为涵盖农村教育发展的全部因素。

第六章　民族地区乡村教师的境遇与自我成长：广西上林县的案例

乡村教育中面临着诸多困难，但在基本的教学都已经得到满足。教师是资源调动的主体。乡村教师如果能够将目光聚焦于课堂，聚焦于学生的学习效果本身，乡村是具备诸多资源可以运用的。而教师自主性的发挥，是联结乡村本土资源与教育的重要纽带。

2. 现代资源：应用与退避

（1）物尽其用

正如前文所展现，民族地区乡村时空下，义务教育均衡评估掀起之后，国家和政府层面为拉齐乡村教育与城镇教育基本的物质水平，向乡村教育投入了大量的物资设备，改造校舍，改善教师办公条件，建设功能室，配备电子白板、计算机等系列现代化教学设备。加之智能手机的普及和大众化网络平台的传播，乡村教育的条件得到了基本改善。而人是这些"物"的作用发挥的主体性要素。

打印机与特色活动设计

特色板报设计：这一周，黄老师给学生办了一期特殊的板报。让孩子们把近期指导的作文自己录成文档。孩子们家里没有电脑不会打字，就让孩子回家拿着手机，运用输入法的语音输入，把自己的作文读出来发到老师QQ上。黄老师再帮助把孩子们作文从QQ里面导出来，整理好，然后再一人一页地打印出来。然后，用当天最后一节自习课的时间，给同学们发了彩色的画笔，让同学们一起"画作文"。有些爱画画的孩子大开脑洞，也有些不会画的小朋友左顾右盼、抓耳挠腮。经历过一节课的奋战，所有孩子都上交了自己的专属作品。一张张印了作文的A4纸顿时像换了新装，都涂满了花花绿绿的图案，有山水、房子、花鸟鱼虫，也有诸多科技幻想。等孩子们放学离开后，黄老师又拿来胶水，将同学们的作品布置在班级的板报上，一期出色的板报就这样完成了。

2016年带的那届学生，是黄老师最满意的一届，所有的孩子都特别听话，她带孩子们写了一个假期的教学日记，给每个学生建立文件夹，将教学过程中孩子们写的作文都收集起来。等到快毕业时,运用暑假,让学生在里面加入自己的照片,然后分头打印成册,在打印社都形成了一幅热闹的景象,打印店老板都在好奇地称赞这位帮学生"著书"的黄老师,家长也非常感念黄老师为孩子的成长留下的一份可贵的记忆。

具有发展自主性的教师,总是能够抓住身边的可利用资源,为教学的设计提供辅助。资源是不动的,而人是主动的;资源本身是单一的,但是其能发挥的作用是多方面的。教师只要充分发挥主观能动性,才能将资源的利用效率提升到最大。

(2) 退避抗拒

发展自主性较弱的乡村教师总是在头脑中臆想着城市文化,将城市教育描绘得高深且近乎完美。因此,即使乡村学校配备了相同的现代化设备,城市依然被当做高深的所在。

闲置的功能室

y小学:为了达成义务教育均衡的指标要求,学校对原有的教室进行了隔断、改建,腾出了几间专门的功能室,但是由于校舍紧张,老师的办公室最后也被合并为了多媒体教室。张校长说:"现在学校教师少,基本上都是包班制,老师们基本上全天都在教室,所以干脆就把办公室改成功能室应急,老师们被分配管理不同的功能室,顺便就在各个功能室里置一张办公桌,一台电脑,有需要时就在功能室进行办公。但是大部分的功能室都是每日落锁,只当有人检查的时候才打开参观一下。"上级要求学校按时上报功能室的使用情况,由于没有实际使用,很多老师反映这对他们而言是一种负担,因为要管理和填报数据,老师们为此感到伤神。

只能做投影的白板

在走访的学校中,很多教师并不会自己建构和设计课件,对于白板的

第六章 民族地区乡村教师的境遇与自我成长：广西上林县的案例

应用仅限于投影和视频播放等简单操作上。对于年老的教师学习使用的难度确实较大，一些中年教师，对这些现代化设备也不争取学习和运用。当被问及为何不向身边年轻的教师学习时，这些老师还是表现出不愿意接受的状态。白板的功能并未被完全开发，使用上还有很多空白，一定程度上造成了教学资源的闲置。

对于乡村的教育资源而言，当前尚存的资源数量是大于教师的使用的，而资源的运用主要倚靠的是教师使用能力的提高和使用意识的增强。面对时代的变革和新技术时代的到来，教师无论是作为现代化成果的受益者，还是社会生活的参与者，现代化技术手段的掌握都是必经的自我革新。何况，为人师者一担米，教师作为社会知识的传递者，现代技术作为自身职业能力的重要结构和教育现代化的本质要求。并且，在当前的乡村教育的有限资源下，现代信息技术对时空局限的突破，更是联结乡村外部社会大门的重要窗口。因此，乡村教师应该充分发挥自主性，主动迎接社会的变革，积极运用已有条件，使其发挥出最大的力量。

（四）学习发展：主动与被动

民族教育的整体提升是从个体的突破开始的，即跨越现实中遇到的困难和壁垒。但在当前民族地区乡村教育中，面对空间的突破和成长的抉择，仍然存在着消极被动和积极主动发展的两类教师。

1. 现代化教学：跨越与推拒

（1）跨越

老校长的百度网盘 VIP

y小学：张校长已经年近半百了，却总是精力充沛。中午，负责资助的老师在做表格时，之前留底的资料又找不到了。原本只要找到原始材料就可以很快填好的材料,却始终找不到,老师花费许久的时间,在电脑的文件夹里一遍一遍地翻找,最后还是没能找到,不得已只能重做。张校长在一旁一边着急一边帮忙想办法。最后还是没有找到需要的材料,只得重做。做完后,张校长和老师推荐了自己运用百度网盘保存材料的经历。张校长自豪地说道:"我现在可是百度网盘的超级会员,用了好多年啦。已经用了很久的网盘,之前几年的材料,只要想找的都可以马上找到!"

被逼学会计算机

在义务教育均衡验收的过程中,需要上交很多的材料和表格。时间紧任务重,老师没办法,求助无门,只能自己学习。谭老师在现实的逼迫下,买来了书,找来了身边会电脑的亲戚、学生,一点一滴地学起,逐渐摸索着使用电脑。期间遇到了诸多困难,但是在"不学不行"的逼迫下,最终还是迫使自己在一个假期的材料中摸爬滚打,掌握了计算机的操作。

(2)远离

会电脑的老师包揽一切

n教学点的教导主任谭老师,是学校里一个主要负责计算机的老师。学校里所有计算机相关的业务都会推给谭老师。谭老师说,自从她负责了计算机的工作,其他老师更没有了学习使用电脑的动力。当被问及学校里的老师,如果有计算机的培训是否愿意参加时,一些老师表示"我都这么大年纪了,学不会呀。"镇里、县里也组织过技术培训,但是大家都觉得无所收获。

现代化技术手段也是有自身的路径的,是一种可以逐步克服的困难,并非铁板一块,坚不可摧。就像智能手机兴起时,一开始总会遭到质疑和推拒,但是,随着时间不断地推移,现在无论是城市还是农村,上至白发老叟,下至黄髫小儿,无一不会用个微信,看个短视频。而乡村教师,本身作为文化的传递者,是具有最基本的如识字、拼音等学习计算机的基本能力的。究其本质,计算机,不是"学不会"而是"不肯学"的问题。也就是发展自主性缺乏的一大表现。

2. 培训:把握与抗拒

自从 2005 年《乡村教师支持计划》颁布以来,各级各类教育部门注重组织一线教师的培训,甄选不同层次的学员群体,以不同的主体组织培训。在调研的过程中,乡村教师们对于培训的态度不一。培训既是一种学习,也是一种交流,优秀的教师总是能够充分利用这些培训,从中汲取养分,而一些消极教师看到的却是培训的诸多不足。

（1）把握:抓住机会提升

在培训中成长

作为广西壮族自治区"深蓝工程"的学员,黄老师是每次培训课都坐在前面的学员,总是积极提问,课下积极与授课教授交流。通过培训,她跳出了日常教学本身,有了更多的机会反思教学。开始思考为什么教、教什么,怎样才能教得更好。这在她的教学日记中感受得十分明显。从早期的教学实录,到后来的教学日记培训后的黄老师开始逐渐评价和分析自身的教学步骤和学生的表现。

黄老师在培训中遇到了诸多的"贵人"。在培训中,一位教授讲行动研究,黄老师才发现自己坚持多年的教学日记,原来就是一种"田野日志"。这种交流更是鼓励了她做课题研究的信心。除了授课的老师,还有身边的学员,在小组活动中与来自不同地市、不同学校的教师交流,也给了自己很多启发。

培训中的成长是潜移默化的,难以预设的,用心参与,总会与收获不期而遇。

(2) 抗拒："没有意义的培训"

而在另一部分教师中，对于教师培训的接受程度比较低，甚至存在抗拒心理，不愿意脱离现有的教育环境。

"浪费时间"

n教学点："现在有很多培训啊，但是有一些培训和我们无关，平均一学期学校里的每个老师都会出去，但是这些培训影响了我们日常的教学工作。"在6月，自治区开展了新统编教材的培训，由于培训涉及各年级多学科，覆盖面积广，所以各校持续地派出不同学科不同年级的老师到南宁参与培训。这次大规模的培训，流动性较大，并且正值期末，很多老师还没有讲完课，因此抗拒培训的心理更强了。认为这样的培训占据了期末考试的时间，是一种浪费。也有一些学校，并未按照上级要求的学科派出教师，用校长的话就是"派出一个人对付一下就可以了。"

在提升乡村教师专业水平，国家、省、市、县举办各级各类、涉及各项内容的乡村教师培训中，参与者众多。在相同建制和相同的培训内容下，学员的领会程度和培训的效果总是因人而异。培训本身虽然也存在着诸多问题，这里不做讨论，但是培训的效果和领受程度却由教师的学习态度决定。既然已经走向培训课堂，就应将注意力集中，争取有所收获，一味的抱怨和抗拒，既无法改变现状也无法获得自身的提升。

3. 反思：习惯与无惑

叶澜教授曾说过："一个教师写了一辈子教案，不一定成为名师，如果一个教师写三年的反思就可能成为名师。"教师自主发展与突破，即基于自我经验的觉醒。建立在经验反思之中的教师自主成长，是突破经验和习惯束缚，温故以知新的重要手段。

(1) 坚持教学反思

黄老师的教学日记

  1994年,刚从中师毕业的黄秋香老师回到家乡上林县,成为一名语文教师。从教至今,她已扎根乡村教育25年。二十多年来,奋战在乡村教育的一线,她每读一本书、参加一次培训、看到一节好课都会将自己的感悟、体会写下来,无论工作多忙,时间多紧,即使压缩休息时间,也要坚持完成这项给自己规定的任务。日复一日,年复一年,才有了那一摞沉甸甸的笔记本,这就是在这些笔记中,她不断地求索与思考,追求着将教育做到最好。使用QQ之后,QQ空间就成了黄秋香的"笔记本",2012年成都"国培"总结、2013年广西百名壮汉名师培训日记、2014年苏州大学培训日志等,在她的日志列表里竟有1800多篇文章,相关图片更多达五六千张。2012年起,她还系统地写了三本"教学手记"——《我和四一班的故事集》《我和五一班的故事》《走过三年》,合计十万余字。

  教学日记一直以来是黄老师反思自身教育工作、提升自身业务能力的有力抓手,是黄老师教育的独特真谛,是保持家校沟通的有益工具。在每日思考中日益精进,不断提升,也因为这些记录和思考获得了更多的学习机会,开阔视野,提高平台,进一步促进个人能力的提升。

  黄老师通过坚持不懈的自我反思,收获自身的成长,先后获得八桂优秀乡村教师、南宁市优秀教师、南宁市优秀班主任、南宁市学科带头人、南宁市三八红旗标兵以及南宁市第六批、第七批优秀青年专业技术人才等荣誉,也成功申报了多项课题,并且于2013年入选了马云十大乡村教师。

(2) "没有问题"

  当前一线的无法涌动的教师主要分为两类,一类是基本任务无法完成的,另一类则常规、机械地完成教学任务,但是极少反观完成的效果,或积极思考如何实现教学的提升,对于教学研究、打磨的参与度也较低。

教过则过的教研课

5月,县里举行了一次督导课,即各镇中心校的领导和各校派教师到某一所学校进行集体听课。授课内容会提前通知,听课结束后,中心校的老师会给学生发一份检测题,当堂检测学习成效,然后由各学科的听课教师当场批阅,然后沟通和交流对课程的看法。在最后的评课阶段,教师们对于课程的看法都是一致好评,并未认真地思考与反思,只是机械地参与。

对于教学的持续反思,是教学水平提升的关键点。也是乡村教师不断突破自我的必经之路。反思既是一种总结,又是一种反观。能够让教师再认识自己的教学过程,再理解学生的课堂表现。自主发展的教师总是能够及时发现自己的问题,并总结教学经验,但是发展自主性缺乏的同学,则缺乏对教学的思考。

4. 科研:艰难前进与知难而退

(1)在课题上艰难前行

带着身边的老师做课题

自从参与自治区组织的教师培训以来,黄老师打开了教学研究的视野。先后申请了壮语教学、留守儿童教育等多项课题。通过做课题,黄老师积累的诸多教学实践有了更好的出口。做课题的时候,强化将培训内容应用到自己的研究实践中。在自己做课题的同时,还带动身边的教师加入自己的课题组,与同事一起讨论、研究、实践,反复打磨。不过课题并不如想象中顺利,课题申请容易,但是实践起来很难。对于一线教师而言,实践很多,但是如何将教育实践按照学术规范转化成研究成果,是最令黄老师头痛的事。在课题组教师下来之前,黄老师每日下了班就坚持修改中期报告,一遍一遍地修改,并且求援修改。黄老师说课题研究给她带了诸多收获,一方面是知识的提升和视野的开阔,一方面是看着厚厚的中期材料和结项材料,虽然很累,但是很有成就感。当然,还伴随着自身荣誉感的增强,通过课题研究,自己在参与各种评比的过程中也比其他人有优势。

(2) 被收回的课题

做到一半的课题

在课题组专家下来开中期报告会时,黄老师终于将中期报告改好。按照约定好的时间到皇周学校的会议室等待。期间一同申报同类壮族课题的另一位老师却迟迟未到。黄老师和几个同事相继打电话劝他过来,即便没做好研究,也可以在沟通中找到新的思路。但是一直到报告结束,这位老师也一直没出现,后来听黄老师说,那位老师已经准备放弃不做了。

乡村教师深处教育一线,对于乡村教育的诸多难题感受更为深刻,有一定的实践优势。不过不可否认,研究对于沉入日常教学的乡村教师而言,确实存在一定的难度,但是更难的是克服过程中的诸多困难。这是一个"折磨"的过程,只有克服和突破舒适区,才能够有所收获。

图 6-8 课题中期报告会

三、陷落边缘：民族地区乡村教师定位下移与被动发展

在固定的空间中,中心与边缘是一对相对的位置概念。中心指居于中心地位的,起主干作用的,亦指事物的主要部分。边缘指:①沿边的部分,如边缘地区;②靠近界线的,同两方面或多方面有关系的,如边缘学科。① 即中心往往处于支配地位,而边缘则属于依附的地位。这种位置不仅存在于现实的物理空间中,也存在于个体的精神空间,民族地区乡村的物理空间和精神空间均存在着这样的边缘和中心。在物理空间中,民族地区乡村本身处于现代化进程的边缘位置,由此也决定了民族地区的诸多不利现实的存在,而民族地区发展的旨归则是不断建立起一种中心;在精神空间中,中心和边缘是个体对自身的定位,将自身定位于民族地区乡村中心的教师,立足于特定的自然环境和以当地社会发展需要,以主人翁姿态,主动担当民族地区教育发展的使命,在困难解决和资源运用的过程中处于支配地位;而将自身定位于边缘的教师,则意味着远离乡村发展需要,放弃责任感和使命感,在整个民族地区乡村空间发展中处于被支配地位,在困难解决和资源运用时处于被动地位,被社会发展客观制约的同时,还受到自身主观的制约。

通过对民族地区乡村中教师自主发展现状的了解,可以发现当前民族地区乡村教师存在着自主发展和被动消极发展两种状态。但是同一民族地区相同的客观条件下,为何乡村教师在表现上会存在积极主动和被动发展两种状态呢?民族地区乡村教师被动发展的原因是什么?本节即从空间中边缘和中心的视角出发,结合被动发展教师的个体生命历程和生命体验,发掘消极被动发展教师的原因。边缘一方面是物理空间中的边缘位置,一种是精神空间中的边缘位置,即在民族地区乡村发展中处于一种被支配的地位。就其现实层面的意

---

① 夏征农,陈至立.辞海(第六版彩绘本)[M].上海:上海辞书出版社,2009,2992.

义而言,是以物资丰富程度从中心到边缘的排列,而就精神层面而言,则包含着对自身定位从中心到边缘的排列,基于乡村教师对外部物理空间的判断,乡村教师在精神空间中将自身定位于远离乡村教育中心的边缘,导致责任意识的淡化,规范的约束力减弱。也正是由于这种长期的边缘化,导致乡村教师对自身定位的下移,放弃了自身在问题解决、个人发展的主动权,从而陷入被动和消极的发展状况中。

(一)位置边缘:消极认同

1. 边缘乡村:低到尘埃里的乡村

现代化进程中,呈现差异不断拉大,以及信息的高速流通中所展示出的城乡对比,时刻刷新和刺激着乡村教育的心跳。加之媒体对个别乡村"悲惨遭遇"的描述,使得乡村教育的形象在人们心中逐渐向弱势和边缘滑落。而对于身处其中的乡村教师,也在这种强烈的城乡对比中,将乡村和自身作为现代化的边缘,消极认同带来的消极外部归因,即将教学效果的不理想归因于外部条件的不充分,而忽视教师自身作为教育实施主体的能动性和积极性,被动地接受安排,等待外部权力来实现自身境遇的解放。

条件有限的学校

令乡村教师倍感边缘的是乡土的贫瘠。无论何时,由于交通的限制,乡村学校似乎总处于整个社会教育系统的末端。无论在有形的资源占有,还是无形的政策关怀方面,乡村教师心目中的乡村始终是贫瘠且边缘的。

基础不好的生源

乡村教师对于乡村学生的判断,也存在着一种贫瘠。相对于对资源的判断,对学生生源定位上的下移,也是乡村教师自主发展的消极所在。乡村教师对于乡村学生的判断就是低城市学生一等的。对于不够理想的教学效果,一部分教师总是下意识地归因于"我们的学生基础不好",初中的教师认为是小学阶段的基础没打好，小学的高年级老师认为是低年级的基础没有打好，甚至到了小学一年级，老师还要责怪乡村的孩子不如城里的孩子在幼儿园阶段就开始学习了。伴随着这样的对于学生的消极定位，接之而来的是对于教学过程中无力的放任。"不是我们教不好，而是学生底子实在太薄了。"

不能辅导的家长

一些乡村教师对于乡村家长的判断是边缘化的。单亲、离异、留守等一系列特殊的背景要素，将乡村教育铺展于一种残缺和不完整之上，另外一方面，乡村的家长农活繁忙，知识能力有限，没有时间也没有能力辅导孩子。

乡村教师对于乡村的边缘定位使他们在一定程度上偏离了对自身的关注，并且降低了困难解决的效率，我们农村就是"差"的，各方面条件都不好，"教不好"似乎就成为了必然和常态，而非通过教师努力能够改变的现状。教师发展的自主性被压抑于较低的自我定位和发展的边缘之中，难以生发和成长。

2. 边缘职业：低人一等的乡村教师

当前的乡村教师对于教师行业的认同比较高，但是对于"乡村教师"这种回置于乡村教育时空内的角色认同度却很低，作为一项职业而言，在外部世界，教师在乡村中是比较受尊敬的"上班"角色，是比较体面的谋生方式；而在内部世界，乡村教师对于教师形象的认识是混乱且有限的，对教师行业深层的职业性质、发展却没有更多的思考与认同，出现一种内部的消极状态。与此同时，将教师角色回归于民族地区乡村认知的更是匮乏，对于教师这一行业而言，尚存在一些认知，但对于"民族地区乡村教师"而言，这其中的民族性与乡村性认识不够，且较为消极。乡村的教育条件以及生活条件一定程度上区别于城镇学校，部分乡村教师将外部条件内化为本质要素，认为乡村教师就是技不如人，低人一等，以低姿态迎接和面对乡村教育。

第六章　民族地区乡村教师的境遇与自我成长：广西上林县的案例

调研中大部分的乡村教师对于自身的认知是机械、被动且边缘的。在他们的认知中,教师即是"教书匠",把自身的教育任务限定于知识和技能的传递中,忽略了作为教育工作者肩上的育人使命。尤其在乡村教育中,面临着诸多留守儿童、单亲离异家庭以及部分残疾的儿童,个体间存在着学习能力的差异,这些儿童在知识的学习上处于劣势地位,如果单纯以成绩为指标与城镇学校的学生对比,难以达到相等同的水平。老师们经常挂在嘴上的是"反正我们是乡村教师,怎么努力也没有用。""我们乡村教师和人家城市比不了"等等。这些消极的职业认知和自我定位,抹杀了乡村教师在岗位上的诸多可能性,既然本身"底子"就薄,乡村教师本来就差,所以就不需要改变了,将"差"作为乡村教师的本来面貌和生活常态,继而不再寻求提升与发展。

（二）情感边缘：挫败与迷失

情感体验是影响乡村教师自主发展的主要因素。而消极的情感体验则会使教师感到挫败,从而抑制教师自主性的生发。

一些教师在职业发展中尝试参与竞争、比赛,而挫败所带来的消极情感体验是磨平乡村教师自主发展的顽石,不能从挫败中挣扎起来的乡村教师,就将永远流失于挫败的洪流之中。

特岗莫老师的成长之路

2015年,莫老师大学毕业之后就考了特岗教师,准备回到家乡从事教育工作。原计划是工作几年之后寻找机会考上教师编制,然后安稳地生活在家乡的小城。怀揣着对教育的热忱,莫老师走进了破落的村小,看着孩子们一张张朴实的笑脸,她忍住了环境的不堪,准备在这里坚持下来。莫老师作为大学生,懂得多会得也多,很快得到校长的赏识,经常让她帮忙处理一些日常事务。不过由于是特岗教师,所以被委派的任务逐渐增加,在上课的同时还需做大量的其他工作,每日都在超负荷加班,这严重打击了莫老师好好教课的积极性。后来,校长提拔莫老师做了教导主任。莫老师说,本以为做了中层领导,自己的处境会好一些,并且准备将自己对教学的一些方法实践起来。但是,事与愿违,职位的变化并没有给她带来预想中的改变。由于学校都是老教师,莫老师作为一名年轻教师,管理力度有限,总是得不到老教师们的配合,布置的工作总是没有人完成,提出的教学改革构想也没有人支持。莫老师感觉特别痛苦,最后只能放弃了。

不断累积的消极情感和挫败,将乡村教师从乡村教育的积极情感中心逐渐推向消极的边缘,在实践的挫败中,莫老师的发展自主性被逐渐消磨,最终还是没能实现自身的跨越与发展。

相对处在自主性的教师,他们在多次达成成功之后对自身能力结构的认识逐渐清晰,也形成了稳定的自我认知和自信,面临挫折与困难时也具有更强的应对能力和多方面的综合归因,因此抗挫折能力也更强。

(三)发展边缘:停驻于角落

部分乡村教师将自身发展置于边缘,追求稳定,安于现状,在整个社会的流动中处于边缘位置,在乡村发展的相对运动中采取着"绝对静止"的态度,主动选择于发展的边缘,从而缺乏发展的主动性。

1. 追求稳定

民族地区乡村生活,从环境和氛围而言是安逸的,尤其对于有固定收入的群体。乡村教师在乡村中的经济收入虽然算不上高,但是胜在稳定。不同于农民"靠天吃饭"的诸多不确定性,教师有固定的编制,稳定的收入以及养老保障,而乡村容易获得生活资源和较低的物价,一定程度上使得乡村生活的代价也更小,这对于有稳定收入的教师来说是非常安逸和舒适的环境,这也使得一些追求现状稳定的教师,放弃了发展的可能性。

第六章 民族地区乡村教师的境遇与自我成长：广西上林县的案例

现在挺好

乡村的生活是安逸的，尤其是在南方的小村庄里。y小学的几位老师，已经开始步入职业稳定期，他们收入稳定，儿女长大成人，家庭情况稳定。学校生活虽然忙碌，但是在课堂之下，他们是安逸的。当被问及对未来的规划时，有相当一部分老师说道："没什么规划，现在就挺好。"

以上对于现状的判断是不能用价值对错来衡量的，是应该得到尊重的个体选择。但是就个体发展而言，对于稳定的追求则意味着停滞和不再创生，在时代发展的洪流中，被冲刷至边缘地带。

2. 偏安一隅

乡村生活的边缘还意味着受中心控制的程度较小，尤其在上林县这样南方的少数民族，由于自然山川的阻隔，即便已经有了完善畅通的交通网络，但是乡村中点对点实际距离远远要大于其直线距离。撤点并校时期由于地理位置无法被撤并的学校，现在成为了乡村教师的偏安一隅。

n教学点的两位老师

n教学点只有2位老师，教学点采取隔年招生制度，现存班级只有一、三、五三个年级。两位老师在这里驻守了十几年，学生虽然越来越少，但是附近的家长不同意撤并，这也刚好符合两位老师的心意，她们也愿意一直坚持在这里。年轻一些的王老师说，她很喜欢这里自由的气氛。当被问及是否有调动的机会时，王老师回答道："有呀，但是我自己不想走。我很享受这里的环境，学生不多好管理，时间也自由。"另一位老师则面带笑意地说道："是呀，镇上知道我们这里条件不好，对我们的要求也不高。平时这里就我们两个，带着25个孩子，我们两个人，一个是校长一个是教导，每天都自己管理自己。"

这两位留守在教学点的教师,是一种无奈的选择,但更是一种庆幸的留守。乡村小规模学校"占山为王",在乡村中近似野蛮的生长。绝对自由的环境,追求稳定的生活状态,这些乡村教师停滞于这和稳定且自由的生活中,也将自己置于了发展的边缘。

(四)知识边缘:旧有经验与知识

知识域的拓展意味着视野的开阔,知识为看待事物搭建平台,而知识的储备量就是平台的高度。知识体量广大的教师,在意识到世界多样性后,对事物的认识程度更高,因此也趋向于提高自身的能力,以获得更高形式的发展。而在当前的民族地区乡村教育实际中,部分乡村教师将自身固守于知识的边缘,在过往的教学经验中困守,不再开拓知识的边界。

1. 旧有经验的束缚

相对于通过不断学习扩展自己的知识面,一些教师凭借着多年的教育经历,满足于以往的教学经验,对新的教育理念、新的教育方法了解较少,沉溺于经验化的教学之中。

不备课的教师

a 小学:我和卢校长的访谈进行到一半,上课铃响了,校长准备去上课。但是上什么课不是确定的,该讲哪里了也忘记了,校长随手抽了一本四年级的书,走进了课堂。

富有一定教学经验的教师,虽然对于课堂的把握优于普通的新手型教师,这些经验足以使他很好地把握课堂。但是值得注意的是,学生的情况是一个长久的变量,教学的效果也多是在建构中生成。对于已有经验的自信,往往会限制这种生成,束缚教师自身和课堂本身的发展。已有的经验对于教师而言,是财富,也是束缚,将对教学的生成和审思囿于自身认识的边界,停留于发展的边缘，因此只能在行政事务中被动地发展。

对于新手教师而言，经验是迫切需要养成和积累的，而对于老教师而言，也是迫切需要突破的。当今伴随着时代的变革，教育也在不断的变革中，教育的内容在逐渐地更新，教学的方式方法也在更新，然而乡村教育的难以提升，就是因为教师并没有依据教育变化更新自己，而仍然停留在以往的教育中。乡村教师在安于现状的稳定中沉溺于过去的成功经验，不再思考进行新的教学设计，从而束缚着乡村教师的自主发展。

2. 无法开拓的新知

随着国培计划、乡村教师支持计划等一系列的政策支撑与实践，乡村教师的培训机会大大增加。

培训都是年轻人的事

d小学的邓老师已参加工作多年。在与邓老师共同生活的几个月里，我尝试了解她的生活和经历，但是每次的深入交谈都是失败的，谈到刚入职，她说："那时候当然也是努力的，现在教了这么多遍，教案都在脑子里啦！"之后便抗拒聊教育相关的一切事情。我也几次征求过能否进入她的班级听课，结果也往往是被拒绝，一般拒绝的理由都是"有什么好听的，教了这么些年，老油条啦！"我也确实发现，在课下的日子里，她几乎不会备课。对于培训、教学的提升，打趣地说道："培训都是年轻人的事，我们培训的时候都过去啦！"。

总体来看，乡村教师对于民族地区乡村的边缘性解读，挫败的边缘情感体验，在发展中的消极地位以及知识对于一些普通教师，由于知识的封闭和局限，对人生的规划追求稳定、安于现状，从而遭受挫败，所以最终一切的任务都成为负担，乡村教师只能在被动地接受安排中消极成长。

四、返回中心：民族地区乡村教师定位回归与自主发展

在民族空间的整体层面上，边缘正为他们的自主性或某种程度的独立而奋战。就民族地区乡村内部而言，乡村教师本身就是民族地区乡村教育的引导者和主人，不是附属，而是动力所在。乡村教师应从边缘回到中心，融入乡村教育发展之中，成为乡村的主人，以自身的主动发展建设他们自己的乡村。这些主动发展的个体，就是乡村教育整体活力提升的力量所在，也只有主动发展的教师才能培养出创造性学生，为民族地区发展培养人才，从而隔断贫困的代际传递，促进乡村的整体发展。当前的上林县确实存在着一部分自主发展的乡村教师，对他们的观察，为我们追寻乡村教师自主发展的可能路径提供了诸多启示，也让我们看到民族区域中乡村教师对自身中心定位和价值体认是引导其行动的重要所在。因此，本节主要探索了乡村教师中心定位的回归以促进其自主发展的可能性。

（一）位置回归：融入与安居

能够融入乡村，将边缘的乡村和处于乡村边缘的自身拉回到个体视线的焦点上，是教师自主发展的前提。通过观察和访谈乡村教育中一些处于发展引领地位和具有创造性的教师，发现他们总是对教师行业和乡村本身保留一定热情和使命感，也正是出于这样的定位，他们总是能够积极解决遇到的问题、获得更加积极的情感体验，主动地改造和建设着乡村教育。

1. 融入：乡村教师任务艰巨

相较于"高深"的城市知识，乡村的知识最初被当作"土气"，但其实就知识本身而言，都是在各自空间范围内可以结绳记事，就比如于乡村中辨认五谷和杂草与在城市分辨红绿灯是同样基础的。积极的乡村教师虽然体验着乡村教育的艰难，但是在对自身位置的认知上，总是能够充分地将自身融入到乡村教

育生活中,将自身作为乡村建设的一员,将自身放在这些问题的中心,以深刻的使命感和责任感正确理解乡村学生的处境,以乡村学生的成长成才为己任,充分利用乡村教育资源,解决在乡村教育中遇到的问题。

把乡村教育当自己的事

今日又回到上林县,晚上 d 小学的蒙老师钓了大鱼,黄老师叫我去她家里吃饭。饭前,我们还去了一趟 w 小学认路。晚风习习,电车轻快,甚是惬意。路上我们聊了很多关于教育情怀的事,黄老师感叹道:"做教育真的很累很难,要有一定的情怀才能坚守住岗位,把学生教好;好的教育就是改变孩子的生命"。

状态积极的乡村教师,能够在乡村的角色中获得自洽,认识到了乡村教育中的诸多困难,但是依然能够将自己融入到乡村教师的角色中去,将困难的解决纳入到工作中。

2. 扎根:成为乡村的建设者

乡村教师自主发展,是扎根乡村的乡村自主,教师对于乡村的情感和认同是农村教师自主发展区别于其他教师自主的独特性所在。上林县的乡村教师大部分都是上林县本地人,都有本地生活经验。教师自身对于乡村文化的认同,是扎根乡村经验的教师自主发展的底色。

a 小学教师李晓华(化名)

a 小学的李晓华老师 1995 年 7 月毕业于广西南华成人中等专业学校(图音专业),同年 9 月到上林县一所村小做代课老师。2004 年 7 月小学教育(文科)专业毕业,大专学历。2006 年秋参加了县内教师招聘考试,2007 年春成为了一名边远山区——n 教学点的教师,成为一名正式教师,实现了自己的讲台梦。从此,她以校为家,教书育人,全心全意扎根于农村教育事业。n教学点是当地出名偏僻的"山旮旯",这所学校条件艰苦,环境困难,路途遥远,教学设备简陋,连日常的饮水都很困难。李晓华老师就每天早上从家里带午饭到学校,随便吃上一口。酷热夏日的午休,没有床,老校长就找来一块旧黑板垫起来给她,勉强当作床板,用来午休。但即便在这么困难的条件下,晓华老师却仍然甘之如饴,并为自己终于实现了讲台梦而感到幸福。她在这所上林县最边远的小村勤恳工作,她勤耕不辍,风雨兼程,一路坚持,与大山里的真诚、朴实的孩子们为伴,因着纯真与朴实,因着一双双希望的眼睛和小小的灵魂,晓华老师在这里一守就是八年!2014年,她要被调到现在工作的 a 小学,她回忆临走时的那些不舍。临走的那一天,她去学校收拾东西正要出来,一年级有个孩子就问:"老师你去哪儿?"老师不忍告诉孩子她要离开了,就和他们说要出去买火腿回来给他们做午饭,说完之后转过身眼泪就在眼睛里打转。晓华老师说:"山里的孩子要求不高,你对他好,他就会对你好。"这就是人与人之间最为真诚质朴的关系,也是李老师在山区多年最厚重的守候。

自从 2014 年调动到 a 小学之后,虽然情况稍有好转,但是工作任务量也越来越大,小学校里教师不足,还是要一人包班,教全科,平时还要管理学生的起居,少先队工作等等。她每天早上七点就准时到学校,安排学生早读、扫除,然后就是一天的课程。晓华老师打趣地说道:"自己一进了学校就像拧紧了发条,从早忙到晚,一天站不住脚。"而且,这所学校面临的大部分也是留守儿童,晓华说这些孩子的爷奶年纪都很大了,只能管孩子吃饭睡觉,其他一律不管。学校里的老师都是又当爹又当妈,教课的同时还要管学生的生活起居,有些女孩子早上送来,老师还要帮他们洗脸梳头,生病了,也是老师陪着到医院。但是在这么忙碌的工作中,晓华老师从未放松自己的教学,白天在学校里忙完之后,就回家备课。尤其在学校安装了电子白板之后,她下班后就经常在网上查阅资料、搜寻素材,参考教学视频,制作自己的课件,以便提高学生的学习兴趣,丰富学习生活,促进孩子们更好地学习。

晓华老师这些年勤恳教学,努力钻研,教学得到了上级的认可,工作上颇有成就。2014年、2015年被评为南宁市"教学骨干";2018年所带的班级被评为"南宁市优秀班集体";2014年被评为县优秀教师;2014年、2016年年度考核为优秀等级;2014年代表乡参加县数学课堂教学比赛荣获一等奖;2015年、2016年、2017年连续三年被评为乡优秀教师;2018年被评为乡优秀班主任;多次参加乡级赛课,均获一等奖。每个学期都获得学科指导奖。每一份厚重的奖励,都是对这样一个朴实灵魂的表彰。

在李老师的成长过程中,已经将自身扎根于农村教育的诸多艰难现实,并且扎根于解决乡村教育中遇到的诸多困难,从而收获了自身的成长和教育的幸福。

从以上两位教师的教育经历中可以窥见乡村教师对自身的中心定位,是解决诸多教育困难,实现教育提升的重要前提。

(二)情感回归:创生积极的情感体验

情感体验是影响乡村教师自主发展的主要因素。在田野观察中发现,优秀教师在工作中获得的情感体验,如成就感、幸福感等,能够一定程度上激发乡村教师自主发展,从而形成良性的教师自主发展循环。而消极的情感体验则会使教师感到挫败,从而抑制教师自主性的生发。

1. 幸福感:切实地沉入

积极的情感体验是教师自主发展生发的内生动力,而具有较高发展自主性的教师能够促进教师工作的高质量进行。

热爱自己岗位的石晓芳(化名)老师

石晓芳老师是x镇中心学校教导主任,一级教师。1996年9月—

1999年7月在南宁市第一民族师范学校普师专业,1999年9月至今在x镇中心学校任教。(期间:2014年1月—2015年11月任西燕镇中心学校语文教研组副组长、少先队大队辅导员;2010年9月—2012年7月广西财经学院函授学习获得专科学历;2012年9月—2015年7月广西民族师范学院函授获得本科学历;2015年12月—2018年2月任x镇中心学校少先队总辅导员兼副教导;2018年3月至今任上林县x镇中心学校教导主任。)

任教期间获得上林县2015年度"十佳德育工作者"、2015年南宁市教学骨干,上林县2016年度优秀班主任、上林县2016年年度考核优秀、上林县2017年度优秀教育工作者、2017—2018年度南宁市"优秀少先队辅导员"、2018年上林县教育系统优秀教师。

石晓芳老师的工作信条是"本色做人,出色做事",从教的二十几年,她一直坚守这样的信念。她注重教师形象,加强师德修养,自1999年9月参加工作至今,一直在教学第一线工作,从教20年来她始终以"己所不欲勿施于人"严格要求自己。清正做人,清洁做事;严于律己,宽以待人。从班主任—语文教研组长—总辅导员—教导主任,一步一个脚印地成长。在平凡的岗位上做出了不平凡的成绩。她坚持行政管理、教学工作两不误,当好校长的助手。2014年1月—2018年2月,她担任西燕镇中心学校语文教研组副组长、少先队大队辅导员、西燕镇少先队总辅导员兼中心学校副教导的工作。任职期间,她积极配合组长做好教研组工作安排,并将工作落到实处;承担每年的"'六一'文艺汇演比赛"活动工作,组织学生排练,任劳任怨,连续五年获得"上林县'六一'儿童节文艺汇演"比赛二等奖;响应上级的号召,组织全镇各大、中队辅导员开展丰富多彩、具有时代精神的少先队实践活动;完成学校鼓号队的组建工作和训练工作,开发了许多有意义的少先队活动,促进学生爱国主义教育;出色完成学生资助工作。几年来,不管是教学或是行政工作,她都能够用心去做。勤奋使她进步,执着使她收获。她获得了"南宁市优秀少先队辅导员""县十佳德育工作者"等荣誉称号。在繁杂的工作面前,她始终保持微笑,每天送一个灿烂的笑容给她的工作伙伴,不论是少先队辅导员的工作还是教导主任的工作她都认真对待。

"今天的成绩是明天的新起点,希望她一如既往把对党的忠诚献给教育事业!"这是石老师的工作信条。在石老师的班上,她不曾放弃每一个学生,调皮捣蛋的、内向腼腆的,她都照单全收,并一个个耐心地把他们的小脾气捋顺,细心照顾孩子敏感脆弱的情绪。作为一个母亲,她更懂得如何去爱一群孩子,就如同爱自己的女儿一般,会为乡村儿童的不幸着急。在这个过程中,石老师逐渐找到了自己的快乐和幸福,并且持续保持着她对乡村教育工作的热情,这种对乡村教育的热情催发了教师自主发展的生成。

2. 成就:作为中心的榜样

引领和带动作用的发挥

2018年3月至今,石老师担任××中心学校教导主任一职。作为教导主任,她每学期初认真制定教研计划,合理安排教研活动,努力创设良好的教研氛围。石晓芳同志对工作的每个环节都事必躬亲,从语文组、数学组,再到综合组,每次学习研讨都亲临现场。她以强烈的责任感全力确保学校教研活动的正常运行,在她的组织下,学校教研活动形成了"备—听—思—评—提"的教研模式和氛围。严格执行课堂教学常规管理要求,按照课程计划开足、开齐课程,落实综合实践活动,促进学生全面发展。做好教师信息系统、年度报表等系统数据的更新、维护和完善;严格按照《广西中小学学籍管理办法》加强学籍管理,推动学校学籍管理规范化、制度化、科学化;2017—2018年她承担了义教均衡档案材料的归档工作,在校领导的引领下,组织全体教师加班完善均衡工作的各项材料,顺利通过了市检和区检。

她坚持与同事互帮互助，共同进步。作为一名中层领导干部，石晓芳老师不仅自己业务过硬，还不忘"传、帮、带"。为了让年轻教师少走弯路、尽快熟悉业务和技能，她把自己掌握的知识和总结出来的工作方法毫无保留地传授给他们。如今，这些教师已经逐渐成长并能出色完成自己的教育教学任务。在2018年的上林县教师教学技能比赛活动中，她组织学校的骨干教师对参加比赛的选手进行指导，最终分别获得了比赛活动的二、三等奖。

在多次达成成功之后教师对自身能力结构的认识逐渐清晰，也形成了稳定的自我认知和自信，面临挫折与困难时也具有更强的应对能力和多方面的综合归因，积极情感体验的回归成为自主教师的催化剂。

（三）发展回归：提升与改变的要求

乡村教师从稳定和停滞的边缘，找到自身发展的需求，将自身重置于发展之中，才能找到自身的生长点和前进方向。

1. 改变：成为一名真正的老师

提升和发展的需要是乡村教师自主发展产生的又一动力。对于乡村教师而言，提升即是对"更好"的一种追求。这种提升一方面是现实层面的生存境遇的改变，如评定职称，获得更好的工资水平；而另一方面则是能力的提升，从而获得精神层面的满足，如对自我能力的掌控，荣誉、外部世界的认可。谭老师从一名加油站经理成为一名真正教师的历程，就是追求提升与发展规划人生的过程，也是自主性生发并不断强化的过程。

成为一名真正的老师

谭老师，女，1976年6月26日出生，壮族，中共党员，在乡村小学中做了多年的代课教师，后考进教育系统，成为正式教师。1995年7月谭老师中师毕业，同年8月就到上林县塘红乡石门村小学加北教学点任代课教师,代课4年;1999年9月又到上林县三里镇大黄村良龚教学点任小学代课教师,任教2年;2001年9月考入广西师范学院,在小学教育专业学习,至2003年7月毕业,获本科学历,文学学士学位。2003年毕业后,谭老师在中石化上林县石油分公司工作(其中2003年8月—2006年12月任记账员;2007年1月—2015年10月任加油站经理),直到2015年10月,已经做到加油站经理的她放不下对教育的感情,毅然辞职,考入教师编制,重新回到教育事业当中来。2015年11月,谭老师被分配到上林县n教学点任教,并且兼任教导主任。

教学点里条件艰苦,教师少,谭老师一个人带几个不同年级的不同学科,上课压力大,又赶上迎接义务教育均衡的评估和检查,她又是学校中相对年轻,比较懂电脑操作的老师,所以工作任务繁重,压力很大,必须要压榨自己的休息时间进行工作。但是她却一路坚持,坚守住几经流转后为自己选择的教育之路。

谭老师对于教育的追求,几次的考试与周折,是谭老师不断探寻自身教育定位的过程。对于自身职业地位提升的需要,是谭老师教师自主发展生成的重要因素。

2. 提升:一直在成长

在教育世界里成长

辗转重回教育之路后,谭老师一路披荆斩棘,在乡、县、市各级举办的活动、竞赛中表现优异。2016年两个学期全乡期中、期末素质检测中,谭老师所带的四年级数学、五年级数学、二年级语文均获得学科指导老师三等奖;同年谭老师还被评为2015—2016学年度乡优秀少先队辅导员;指导学生参加的2016年上林县青少年爱国主义读书教育绘画比赛,荣获小学组优秀指导老师;指导学生参加南宁市十八届小学艺术节绘画比赛,荣获指导老师银奖。2017年全乡小学元旦知识竞赛中,谭老师荣获数学科指导老师三等奖,英语科指导老师二等奖、语文科指导老师三等奖;秋季学期全乡期末素质检测中,荣获五年级英语科指导老师二等奖、二年级语文科指导老师一等奖、六年级数学科指导老师二等奖、六年级英语科指导老师一等奖;2018年澄泰乡小学元旦知识竞赛中,荣获六年级英语科指导老师二等奖;2018年春季学期全乡期中素质检测中,荣获六年级英语科指导老师一等奖、六年级数学科指导老师二等奖、六年级英语科指导老师一等奖;2018年春季学期全乡期末素质检测中,荣获六年级数学科指导老师二等奖;同年,谭老师还被评为上林县优秀教育系统优秀教师;在广西2018年"国培计划"南宁市统筹项目乡村中小学(幼儿园)教师工作坊研修项目中,被评选为优秀坊员。

这些表彰是对教育者的肯定,回到教育世界,不是单纯的进入一种稳定的职业,而是在寻找着新的生长点。如谭老师一般,将自身置于发展的进程中,回归到教师的生长之路,是教师自主发展的目标指引和终极追求。

(四)知识回归:边界与占有

1. 扩展知识的边界

知识域的拓展意味着视野的开阔,知识为看待事物搭建平台,而知识的储备量就是平台的高度。知识体量广大的教师,在意识到世界多样性后,对事物的认识程度更高,因此也趋向于提高自身的能力,以获得更高形式的发展。

培训中成长的黄老师

1994年,刚从中师毕业的黄秋香回到家乡上林县,成为一名语文教师。在培训和学习之路上,她一路成长。2012年参与成都"国培"、2013年入选广西百名壮汉名师培训、2014年参加了广西北部湾优秀中青年专业技术人才培养计划,到广西师范学院(现更名为南宁师范大学)师从黄亢美进行研修,期间参与了多个课题研究,并到苏州大学培训;2016年进入广西教育"十三五"十大工程的起始工程——广西基础教育名师深蓝工程进行为期5年的培训。在漫长的学习过程中,黄老师收获了她的多位"贵人",在她后期的成长中为她提供了诸多帮助。

2. 成为学习的主人

主动寻求学习机会

2012年黄老师参与成都"国培",从那一年起,她系统地写了三本"教学手记"——《我和四一班的故事集》《我和五一班的故事》《走过三年》,合计十万余字;2014年,黄老师到学校师资和教学资源严重匮乏的n小学支教一年,担任语文、数学、音乐、美术等几乎全部学科的教师。为了让孩子们能更好更快地理解学科知识内容,她尝试创编乡土歌谣,利用汉字的押韵和诗歌朗朗上口的特点,让孩子们在诵读歌谣中实现对知识的理解和识记。同年她完成了自己的课题"处女作"——市级课题《利用班级成长日记促进学生品德发展的实践研究》。2017年交流到大丰镇中心学校任教。她开展的山区特殊家庭学生教育对策研究,曾在2017年广西国培计划"春雨工程""宋庆龄基金会语文骨干教师培训班""南宁市青秀区六百名农村教师培训"等活动上,作为优秀案例做了6场讲座。2018年,她主持并结题的市级微课题《山区留守儿童教育对策研究》获评为A等级。2018年获得全国"马云优秀乡村教师"奖,教学事迹被更多人知道;2019年,完成壮汉教学课题研究1项,同时继续筹备其他课题的申报。

从教至今,黄老师扎根乡村教育26年,在她的日志列表里已有1800多篇文章,相关图片更多达五六千张。她先后获得八桂优秀乡村教师、南宁市优秀教师、南宁市优秀班主任、南宁市学科带头人、南宁市三八红旗标兵以及南宁市第六批、第七批优秀青年专业技术人才等荣誉。

黄老师一路成长的历程,是不断学习,不断开阔视野、拓展边界的历程,在这个过程中,她在学历提升和业务能力培训中获取诸多当前教育的前沿理论,也收获了诸多的良师益友,她将学习的体验融入自身的教学之中,不断地创新教育教学实践。持续不断的学习使黄老师逐渐清晰自身的发展路径和发展方向,从而在自主发展道路上顺利前行,知识和视野边界的扩展,是黄老师教育生命得以延伸的有力推动。

五、小结

(一) 上林县教师发展的总体情况

1. 教育活力的生发来自乡村教师的自主发展

通过长期的田野发现,当前乡村教师是自主发展和被动发展两种并存的状态,这是研究对当前乡村教师发展现状的一个基本认知。并非所有的乡村教师都陷入职业倦怠,自主教师和非自主教师是同时存在的,对于一位教师而言,也可能是某一面向上的自主是存在的,但就整体而言,这种自主的程度还不够,受其影响的面向还不够延展,需要进一步挖掘自主性教师的活力,加强其在乡村教育发展和全新课程理念推进过程中的引领和辐射作用,以带动乡村教师队伍的正向发展,促进乡村教育活力的提升和质量的改善,实现乡村教师自身、乡村教育、乡村学生三者的共同发展。

在当前乡村教育中,自主发展的教师和被动发展教师并存,能够自主发展的乡村教师数量很少,仅为个别的突出案例,大部分教师均处于消极被动发展的状态,因此乡村教育整体活力不足,这与新型城镇化背景下,乡村教育时空发生的迅猛变化形成了鲜明矛盾。乡村教育的发展必然依赖于乡村中人的发展,乡村教师自主发展,是乡村教育活力提升的前提和依靠。

2. 教师发展自主源于扎根本土的承托力

乡村教育的最终目的不是为了将乡村儿童推向城市,这是有悖于乡村自身建设的基本规律的。当前乡村振兴、乡村建设首要的难题就是乡村中人才的缺失。一如当前的乡村教育,最大的困难就是师资不足,设备可以通过资金拨款解决,但是在现实中,人是即便有钱也未必愿意到农村去的。此时,原本的乡村人,带着故乡的心态返回故乡,是相对容易动员的。笔者在上林县走访了十余所学校,访谈了不同年龄段、不同层次、不同学科的多位老师,发现这些老师接近百分之百都是上林县本地人。这种源自故乡依恋的返回,或许能够为乡村人力资源的引进提供一些启发。相反,用乡村以外的人去建设乡村,情感上的无根性导致了较大的流动性。乡村学校之所以留不住教师,不仅是在物质条件不够充分的情况下,还缺少终极的情感维系。乡村围城里的人想到的都是逃离,要靠什么吸引和留住城外的人呢?乡村本身就是乡村人的乡村。教师自主性的发挥,就是要引导乡村教师建构乡村人自己的乡村。

3. 教师自主发展是学生自主的前提和条件

庄孔韶先生在《教育人类学》一书中谈到,"中国教育文化具有约束性特点。而约束性教育文化是当代教育中若隐若现的被动性教育观念与行为,是一些侵入我们民族意识与无意识深层的文化滞后力量,它产生于根深蒂固的中国传统文化基础之上。在日新月异的社会变革时期,仍然用旧有的教育文化熏染年轻一代,显然不符合动态的中国社会的发展趋势。"[①]乡村教师作为乡村教育的实施者和践行者,倍受被动的文化传统的影响,在日常教育教学工作中存在着诸多约束感,习惯于将自己处于指令接受者的地位,同时也将学生看作自己教学的简单承受者,这一方面,难以使乡村教师更加主动、积极并且有创造性地领导课堂,另一方面也难以通过此种教育方式培养出具备主动性和创造能力的学生,这就使得乡村教育变得僵化,难以紧跟现代社会飞速发展的步伐。教师自

---

① 庄孔韶.教育人类学[M].哈尔滨:黑龙江教育出版社,1989:11.

主发展,是依托于乡村本土的发展,是努力将条件为我所用来建设自己乡村的过程。一如从村庄中生长出的孩子,他穷尽一生怀念他的故乡,一遍一遍地描绘和呼唤他的村庄,麦地、原野、太阳,春与秋时,是这位诗人心中所有的意象。对从乡村生长而出的乡村教师而言,乡村本身就是他们的生命底色,也是建设乡村的根本依据。

  4. 民族地区乡村学校主动发展教师和被动消极教师并存

  民族乡村地区,整体活力缺失,但却不乏突出个体。当前对于民族地区乡村教师的整体印象,是带有一定程度的标签化了的刻板印象,而在深入乡村教育的真实情境后发现,从群体而言,是活力教师和非活力教师并存的,但是乡村教育整体活力不足,于教师个体而言,也无法单纯去判断一个老师是好老师还是坏老师,他们总是在某些特质中表现出积极、向上的特性,但在某些方面又不可否认地存在着诸多消极、被动的情况。据此,乡村教育进一步的发展,是继续挖掘和培育这些优秀乡村教师,提供更多的政策支持和生长空间,并发挥其辐射和带动作用,促进乡村教育的整体活力提升。

(二) 一些值得继续的问题

  1. 乡村优秀教师的中心辐射作用的发挥

  本研究着力在相同的民族时空背景下,对比探寻乡村教师自主性发展的现状和生成的原因。对比一是为了呈现差距,二是想通过这种差异证明,在固定的物质文化背景下,教师的发展自主性对于学校教育发展的重要意义。在这个过程中发现了诸多优秀教师。但是,当前乡村教师中优秀教师仍是少数和个别。因此如何发挥优秀乡村教师的辐射作用,带动普通教师发展,提升乡村教师自主发展,强化农村教育的教学与实践,从而焕发上林县教育发展的整体活力,是值得继续探讨的问题。

  2. 乡村教师的全科教学的现实性

  在乡村教育的现实中,许多乡村教师反映教师均采取"包班制",同时上完一个班级的数学、语文、英语等全部科目,因此也被称为"全科"教师。这对于很多的乡村教师而言,是一种压力与挑战。但是,就当前的教育现实和前沿教育研究,也有一部分学者赞成和支持小学阶段的全科教师。对此,虽已有了部分的学术探索,但对于当前农村教育的艰难事实的有效性仍难以判断。

3. 乡村小规模学校空间内的师生互动

最后,当将民族时空聚焦到教育上,在调研中发现乡村教育中也存在着一种源于空间的紧张感,即乡村小规模学校的发展。乡村小规模学校一般指村小。上林县的村小的平均学生数在100—120人,一般小学均设有5—6个年级,因此人数最多的年级约为20人左右。有一部分学校六年级开始转移到镇上寄宿,但是按照每年的招生,对于村小而言20人左右的一个班,几乎是一个稳定的趋势。因此,按照上林县1∶19的师生配置比,乡村教师与学生接触频率会增加,教师对课堂的管控效率也会增强,如何发挥这种小规模学校的作用是值得进一步思考的问题。

/ 第七章 /

乡村支教：一位马云优秀乡村教师奖获得者的支教史

赵春玲　黄桂香

　　这是一位马云优秀乡村教师奖获得者——黄桂香的支教故事。桂香是许许多多乡村教育工作者中的一员，她很平凡，从事着日复一日的乡村教育工作，她很独特，用自己生命的力量赋予乡村教育活力。当我走近桂香，了解她的过往与支教经历时，能看见她在乡村教育工作中的付出与努力。她从未停下过探索的脚步，她用心理辅导走进学生的内心，用家校联系搭建学校与家庭的桥梁，用壮家童谣活泼学生的精神世界。在她的支教生活中，她慢慢地适应新环境，熟悉新学生，应对新课程，在探索中给乡村教育带来了新的可能，也迎来了职业成长的蜕变。阅读她的支教史，可以让人看见乡村教师的认真与执着，靠近留守儿童的内心世界，感受乡村教师的活力与魅力。

乡村支教可以缓解乡村教师不足的压力，促进乡村教育自身力量的唤起，并以其特有的优势和魅力在义务教育均衡发展中发挥着重要作用。

　　黄桂香是上林县大丰镇皇周小学的教师，2016年她主动申请去更为偏远的上林县弄贬小学支教，在一年的时间里，她积极进行偏远乡村学校的教育教学探索，自编乡土教学材料，摸索出了一套针对留守儿童的心理辅导、家校联系和编创壮家童谣相结合的教育方式。2016年9月至2017年8月支教期间，她坚持写支教日记，共写下日记208篇，约14万字，详细记录了她关于教学方法探索、学生个体情况观察和心境历程变化等内容。在支教过程中，桂香不再以"他者"的眼光来审视乡村教育，而是将自我与乡村、与乡村教育自觉地融为一体，关注乡村教育的现状，关注乡村的特色，关注学生的内在需求，尽可能地减少个人的偏见，全身心地投入到乡村教育中。本文通过教育叙事呈现乡村教师在教育过程中的实践与探索，以及支教对教师自身的影响与改变。

　　需要说明的是，文章中凡是双引号里或不同字体部分，均为桂香日记原文，本文由两位作者共同合作完成。

一、乡村支教的时空场域：探路，再探路

　　"今天算是我支教生活的开始了吧，因为今天我已经

到局里领了介绍信,并且晚上我还去探路了。"

"中午,与一位学生家长同坐摩托车,再次前往弄眨小学。"

"探路,再探路",桂香的支教工作正是在这两次探路中拉开了序幕。从皇周小学到弄眨小学,从县城到偏远乡村,时空场域的变化让桂香感受到乡村教育工作的挑战性与可能性。

(一)大山深处的弄眨小学

桂香生活在素有"南宁后花园"之称的上林县,该县位于广西中部,处在大明山东麓。虽然桂香是一个土生土长的上林人,但是她从未去过弄眨,对于弄眨也没有实质性的了解。

1. 弄眨

"弄眨",在壮语中是"山弄偏僻"的意思。桂香对弄眨的印象,仅在于是"嫂子的娘家",是亲嫂子娘家所在乡镇的"村公所"。

"我嫂子娘家就是这个村里的一个自然庄。但是,我从没有去过这个地方,只听人家说过很远很'山弄',却不曾知道有多远多偏僻。"

在探路中,桂香对"弄眨"这个词语的理解,对弄眨的真实情况有了更直观的感受与认识。从县城到弄眨小学将近二十公里的山路弯弯绕绕,又陡又窄,路上"山高林密,阴森晦暗"。更甚的是,有一段五公里的路程,"因为开发三个采石场,路面被大吨位货车压得破烂不堪,凹凸不平,'灰尘滚滚'。"因此,当她第一次来到被大石山包围的弄眨小学时,她心里最大的感受就是"这是一个连鸟儿也飞不出去的山窝窝"。

藏在大山里的弄眨是典型的喀斯特地貌,导致这里的村民人均耕地面积都比较少,外出务工的成年人较多,所以留在村里的人以留守儿童和留守老人居多。

2. 弄贬小学

弄贬小学位于大山深处的"平台"上,被群山所环绕。这里拥有城市未曾有的淳朴与宁静,拥有城市未曾有的自然与诗意,同时也拥有城市未曾拥有的广袤与纵深。弄贬小学生源主要来自学校附近的 9 个自然村(屯),全是壮族的学生。弄贬小学全校师生人数共 83 人,其中学生 76 人(留守儿童 67 人,占88.16%),教师 7 人。每个年级仅设一个班级,每班大约有 7—12 人,其中一年级有 18 人(因学前班和一年级合并为一个班)。校园里有一栋教学楼(共三层),教学楼对面有一栋教师办公楼(共一层)。

弄贬小学教师人数少,教学任务重。7 个教师中包括:3 个正式在编老教师,1 个新入职的女教师,外加桂香 1 个支教老师,邻村 1 个轮岗的老师,以及 1 个走教的英语老师。他们的教学任务主要是六个年级(包括学前班)的语文和数学,五、六年级的英语,以及所有学生的日常教育与管理。

(二) 积极探索的桂香老师

"我赏识学生,愉悦自己,并感受到教育的尊严。"

"凡是跟学生学习活动有关的事情我每天都会撷取一两件事情来写,我感到很有意义。"

桂香性格善良、开朗、善于言谈,是一位对教育事业热爱且执着的乡村教师。她赞赏乡村的自然风光,感受乡村淳朴的民风,并感动于乡村儿童的天真与成长。在支教过程中,她积极地进行教育探索,主要包括:一是探索合适的教育教学方法,在教学上充分尊重学生的特点与需求,编创壮家(汉壮文)童谣、采用"兵教兵"的教学方式。二是探索适应本土的留守儿童的教育管理经验,主要体现在留守儿童的家校联系、心理辅导和童谣使用中。

第七章 乡村支教：一位马云优秀乡村教师奖获得者的支教史

1. 时间延续：情感的发酵

桂香生在乡村，成长于乡村。乡村，是桂香成长的地方，这里承载了她成长中所有故事的发生，也见证了她情感上的沉积。同时，桂香还具有十多年的乡村教育工作经验。1994年她成为了一名乡村教师，直到1999年3月才调到城乡接合部的一所小学任教（中间有一年外出访学）。乡村成长经历以及一线教学经验，让桂香对乡村教育工作逐渐有了自己的思考与积累。

而这一段支教经历，是桂香职业生涯中非常重要的转折点。对于桂香而言，到弄贬支教也是一种情感的回归。"要把在本校工作的干劲、经验，带到支教学校，给山里的孩子带去阳光，给山村的教育注入活力。""只为教育"，是桂香去支教以及从事教育工作的初心。回到工作岗位之后，桂香在留守儿童的观察与研究基础上开拓了对于特殊家庭学生的教育研究。这一段支教经历似乎已经结束了，但是所有的实践探索并没有因为支教工作的结束而停止，随着时间的推移它仍在延续。这一段支教经历唤醒的不仅是乡村教育，更是乡村教师本身的潜能。

2. 空间变换：生命的唤起

"山头回首，清晰可见县城高楼林立，鳞次栉比。可是行路遥不可及。"

"目之所及，稻田青青，人在劳作，车马穿行，村庄皆楼，青山为靠，活脱脱一幅村居美画。"

从原来稳定的环境到一个陌生的新环境，让桂香的内心感到些许的不安。这种不安来自于对未来、对环境的不确定性，她没有去过弄贬，不了解县城到弄贬的交通情况，不了解弄贬小学与原来工作的学校有何不同。在探路中，桂香一边身心投入感受当地的环境，一边凝神深思接下来的工作该如何开始。城乡之间的差距清晰地呈现在她面前，重回乡村，再遇乡村教育，桂香意识到自己似乎的确可以或应该为乡村教育的发展做些什么。

与桂香原来所教的学生相比,桂香感到弄贬的学生在知识基础的宽度与广度、家庭教育的传承与完整性方面有一定的差异。因为这一年的支教经历,桂香愈发地体会到教育以及教师的真正内涵,"我已至不惑,历经世事,渐入淡定。功名利禄,转头成空,真实从容,开心就好。人生不可预知长度,但可增加宽度厚度。只要上路,总会遇上盛典。"在支教工作完成后,可以发现桂香既给弄贬注入了新的活力,影响了一批留守儿童的生命与人生,同时也在完成她人生的蜕变。

二、乡村支教的教学经历——身心投入,积极探索

"一个萝卜三个坑!"这是桂香对弄贬小学教师数量与学生数量不匹配的生动形容。在2016年秋季学期,她担任学前班与一年级合班的班主任兼语文老师,还有四年级的数学老师。2017年春季学期,由于该校有一名老师休产假,一名老师请病假。由此,弄贬小学就仅剩下2名在编老师,他们是五十多岁的卢校长和即将退休的覃老校长。桂香的教学工作则又增加了二年级的数学教学任务。在新的环境中,如何结合弄贬小学的实际情况有效地开展教学工作,桂香经历了艰难的探索过程。

(一)教学过程:慢,慢,慢

"学生写得很慢,慢得我着急了。"
"总之,我感觉好慢节奏啊。"
"我就是觉得节奏太慢了。"
"学是慢功夫。"

在弄贬,学生基础知识薄弱且学生之间的学习能力差异大,桂香时刻提醒

自己在教的时候要"慢",要紧跟学生的学习节奏,并把握学生的学习能力。在她的日记中,多次提到"上课不顺手""慢"等词语。慢节奏,一方面是为了让学生能够更好地学习,另一方面也源自于桂香自身的教学需要。

1. 第一次上数学课

地理位置偏远的乡村学校教师流动性大且师资紧缺,因此一名教师教什么课程并非完全取决于他的专业背景,更多地取决于学校教学以及学生本身的实际需要。任教课程的"被动性"增重了教师的教学任务,却也为乡村教师的教学发展带来了更多的探索空间。在二十二年的教学生涯中,桂香老师从未上过数学课。

"这次来到支教学校,原本希望上两个班的语文,但是学校认为不好安排功课,我尊重学校安排,上了一年级语文,四年级数学。"

"第一节课上得很开心。我告诉自己,我必须使我的数学课上得开心有效果。"

"昨天上四年级数学觉得顺利一点了。今天上第7页写数例子的时候,让学生自己看例子总结规律,这个过程感觉挺顺的。可是做第8、9页练习题的时候,我发现出了不少问题。学生不是这里出错就是那里出错,这到底是什么原因呢?我今晚又拿出教材来再看,我发现我都已经在课本里做了重要批注,但是上课我好像都没讲到,这说明我没有吃透教材。我又请教老教师,他教了我不少,还强调(让)我充分利用教材里的数位分级表和情境图,采用兵教兵策略。我发现主要原因还是(在)我,总结如下:第一,我没有充分利用课本里的情境图去引导学生。第二,我没有十分强调数位分级表的主导作用。第三,我没有强调学生再用数位分级去检验所写的数是否正确。明天我再去上数学一定要他们充分利用数位分级表,强调背公式规律。"

第一次上四年级的数学,桂香在上课过程中感受到了其中的乐趣,她希望能够把这样活跃的课堂气氛延续下去。为了备好数学课,她认认真真地写教案,花大量的时间研究教材,仔细琢磨如何教才能教得好。她向经验丰富的老教师请教,仔细地观察学生的特性,一次次地进行教学反思,在尊重学生的基础上展开教学。而桂香的付出与投入也有了回报,在段考中,四年级的数学平均分是全乡第二,在期末数学考试中更是跻身全乡第一。

2. 语文课要慢慢教

对于语文课,桂香在过去的教学工作中积累了丰富的经验。但支教之前,她面向的学生基本都是具备一定学习基础、逻辑思维能力发展更进一个层次的高年级学生。而这次支教中,桂香要上一年级的语文课(在弄㞫小学,学前班与一年级一起上课,本该上幼儿园的学生,因路途遥远以及学费贵等原因,只能到弄㞫读学前班)。"这样我教书就十分辛苦了,因为学前班根本坐不住,我教学生读书,有的学前班学生就钻桌子玩,有的什么时候跑出教室我还不知道。有时候小孩打打闹闹,哭哭啼啼,搞得我心力交瘁,焦头烂额。"因此,"一年级"班级的学生学习慢,桂香第一次上一年级的语文课也慢。因为对一年级同学的情况不了解,桂香在教学过程中唯有"一个一个捏",对每个同学的学习情况认真严格把关,用心观察,不敢冒进。

"今天下午教到整体认读音节'yi,wu,yu',仔细一听,整体认读音节'yi,wu,yu'这九个汉字加音节都读不准,我又继续示范,用口型和手势提示,几个学生就是读不准,像刚刚学说话的娃娃。不过也难怪,他们都在换牙齿,说话时会漏风。这七个一年级学生只有韦程华普通话最清晰准确。不得不说,语言的发展也是有先后的。我就这么教他们读,用心观察他们的学习情况,不断地用口型和手势提示。我觉得累了,可是我不敢松懈,一个一个尽量过关,前面打好基础了,后面才能举一反三。拼音还有得学呢。"

为何教学过程要"慢",主要是因为:首先桂香不适应数学的教学以及低年级语文教学,桂香教学的过程也是探索的过程,对于学生的情况、教学的重难点以及方式方法都在学习之中。其次学生基础较为薄弱,低年级的学生因几乎完全依赖学校教育,因此学生学习起点低,低年级的教学工作极其考验教师的耐心和恒心。最后是部分高年级的学生学习基础不牢固,教师的教学任务大,难以兼顾,也缺乏家长的引导。慢节奏的教学,让桂香有更多的时间琢磨学生的情况,了解每一个学生的家庭情况和行为特点。

(二) 教学方法:现实需要,激发探索

"整天都上课管学生很累,喉咙冒烟。我得想办法发挥学生的主体作用,让他们自主合作交流,一个带动一个。"

"上什么呢?这么小的小孩能听得下我喋喋不休地强调安全吗?有几个(学生)能把我的话听进去?我要想个办法让他们像背书一样背下来。"

学生的学习现状以及教学中遇到的困难,是激发桂香积极探索的重要契机。学生高质、有效学习的现实需要,是她积极探索的动力来源。留守儿童在心灵和情感方面的需要,也激发她积极寻找滋养学生童年的"工具"。

1. "兵教兵",让学生当小老师

桂香所教的学生在知识储备和学习能力方面存在一定的差距,这种差距因班级人数少表现得尤为明显。比如在拼音教学过程当中,桂香要不断地给学生示范正确的发音并纠正学生的发音,同时还要照顾每个学生的学习进度。在老教师的指导以及桂香自己的实践总结中,她想到了"兵教兵"的教学方式。对于学习速度快、能力较强的学生,根据其特点加以培养与引导,鼓励学习速度较快的同学帮助学习速度较慢的同学。因此,采用"兵教兵"的方式是有必要的。

"小宝不教也会,教了学得就更快了,而且他非常乐于教其他同学。我和学生们说,'今天要学新的偏旁'扌','扌'与手的动作有关系,谁能说说带有'扌'的字有哪些?'对一年级的学生,我本不奢望他们能说出几个字的,没有想到的是在小宝的带动下,一起翻语文书,硬是找到了'扫打摆扑接握捉挂摘报捞拔拉提折排掉找'18个字。我乐呵呵地和学生们说,''手'字家族成员真多啊,它们都跟手的动作有关。那我们就带动作读这些字。'这就是寓教于乐吧,很感慨,孩子的潜能是巨大的。"

"两节课让我从头教我做不来啊,得充分发挥学生的作用。上《雨点儿》的时候,教生字,我只教一遍。就先把扩音器交给小宝。小宝记性太好了,不教也会,因为去年他学过了。可是去年也同样学过的学生,却不能像小宝记得那么牢,天赋啊。小宝轻轻松松上去教大家。到小生上去,她的拼音都不记得了,不断回头求助,下面的小宝不断提醒她,她才读得下去,但是不再像开始的时候那么拘谨了。十指有长短啊。"

通过这样的方式,学习速度快的学生可以达到"温故而知新"的效果,把学到的知识通过语言的表述再次进行巩固。还可以培养学生的自信心与成就感,增加学生对教师的信任与认可。桂香在教学中发现,要充分发挥学生的优势,但是又不能完全交给学生。因为在"兵教兵"的过程中,容易出现"有人浑水摸鱼,水过鸭背,学不到真知识。"要将教师"教"和学生"教"真正地结合在一起,先由学生"教",再由教师进行督促。

2. 编创童谣,挖掘乡村文化价值

桂香做为一年级的班主任,需要主持一年级的周会安全课,如何让一年级的学生明白并记住安全的重要性有一定的困难。桂香考虑到壮族学生的母语和语言环境,结合学生的学习特点,想到了编创壮家童谣。她在编创童谣的过程中根据教学的需要,整合当地的民俗与校园资源,主要是方便学生多朗读、多背诵、多积累为主。童谣的编创可以让知识的学习以及行为规范更好地和壮族方言结合,方便学生的理解和记忆。

《安全歌》①:小朋友,要知道,生命安全最重要。在学校,不打闹,文明行走讲礼貌。在家里,要记牢,不玩火电平安好。

在第一次周会课中,桂香以一首童谣《安全歌》向学生强调了安全的重要性,还让学生体会到学习的快乐。不仅如此,因为弄贬的学生知识面相对而言比较窄,通过编创童谣,可以拓展学生的"视界",帮助学生对知识进行巩固与积累,启发学生对语文的喜欢与热爱。

"做为学前班和一年级的语文老师兼班主任,我既是老师也是保姆,我以班级为自己的家,除了喝水回办公室,我几乎和孩子们泡在一起。我教孩子们读书写字,也训练孩子们当小老师。寓教于乐,我照顾学生午睡,倾听孩子们的心声。我喜欢研究语文教学课堂,两次参加乡里赛课均获得一等奖。我以创编校园童谣创新我的班主任工作,我每周编一首校园童谣教学生,后来全校学生都感兴趣诵读,于是一年里我编写和全校学生背诵了四十首校园童谣。这些童谣引导孩子们正确的思想行为。"

在一次次积累和练习中,桂香编创了几十首运用于教学工作的童谣,在回归原来的工作岗位后,她还仍在继续探索壮家童谣的编创。

"关注乡村教育并不止是关注单纯的资源输入,它更需要我们直面乡村教育的现实,去做深层的探问。"②乡村教师在回归乡土的过程中,以自身的经历对当地的文化表示认同,对学生的成长有情感的共鸣,才能逐渐形成教师与文化的契合性,两者相互唤起。乡村教师在教学的过程中,还要对学生的需要有一

---

① 黄桂香.让童谣之花在农村教学点幸福绽放[J].广西教育,2018(12).
② 刘铁芳.乡村教育的问题与出路[J].读书,2001(12).

定的敏锐性、洞察性,在现实的基础上进一步探索与叩问。

(三) 教学体验:尊重学生,用爱育人

"留给学生准备的时间"
"给学生思考的时间"

因为教师教学任务重、工作繁杂,在工作时更需要耐心和爱心。对乡村教育本身认可和契合,才能以持续的热情投入到乡村教育发展中。在支教过程中,桂香坚持用爱教学,在时间与精力上全身心投入,期望能够用自己的坚持"让学生学好"。

1. 充分尊重,给学生学习的空间

桂香将学习中的学生比喻为一朵朵含苞待放的花朵,而将自己教的过程比喻为"静待花开"的过程。她在教学的过程中,经常遇到学生对知识不理解或掌握不牢固的情况,进而发现要给学生思考的空间他们才能慢慢地完成知识的内化。她在上课时,总是希望每一个学生都能较好地掌握所学的内容,在"教(教师)—学(学生)—停顿(教师/学生)—教(教师)—学(学生)"之间不断地循环,直到学生完全学会并掌握为止。

她在教"亿以内数的比较"时,发现学生极难理解比较的要义。"在学习亿以内数的比较时,我告诉自己要有耐心。别看两个数比较很简单,学生说起来就被难倒了。所以我先在黑板上写出一组数比的文字表述过程,让学生抄到课本里,再让学生依葫芦画瓢,换汤不换药。我一个一个说比较过程,学生就害怕了,纷纷表示先给几分钟。我就留给学生准备的时间。虽然是依葫芦画瓢,学生还是说得磕磕巴巴,过程好艰难啊,但是最终都能说出来了。"

在二年级第一单元的学习中,当桂香提问时,发现学生是沉默的。"看着学生冥思苦想的样子,我有点急不可耐了。我还是告诉自己再等等,并且给学生

一定的提示。学生还是冥想着,答案似乎呼之欲出了,但是表达力有所欠缺。"过了许久,伴随着桂香的提示,有一个学生提出了自己的看法,随之而来的是许多学生从不同的角度提出了自己的观点,"想法基本都开花了"。看着一个个学生的回答,桂香自我反思道,"我忽然觉得自己越俎代庖了。新课标提出,学生是学习的主人,教师只是引导者和参与者。可我引得太快了,以至于容易让全班学生只局限于我一个人的答案。如果我长期这样做,就会把学生的想法框住,学生就变成只会开口袋装东西的木头人了。"

在桂香的教学中可以发现,要将学习的主体还给学生,要给学生学习成长的时间与空间。对乡村教育保持热情,对学生的学习和成长保持执着,充分尊重学生,毫无保留地帮助学生完成知识的自我内化,让学生真正地发展持续学习的动力,发现不断学习的乐趣。

2."温柔教学",用爱帮助学生成长

在弄贬小学,每个班级的学生数量都比较少,因此每个学生的特点都表现得尤为明显,这样桂香可以更清楚地了解每个学生的特点。面对一年级的混合班级(由一年级学生和学前班学生组成)管理,桂香会通过编口令和编创童谣引导、规范他们的行为,通过组织趣味活动调动学生的积极性,表扬学生做得好的地方。与此同时,桂香还会注意观察每个孩子的特点激发他们投入学习,在充分的注视中引导学生更好地成长。

"教一年级已经是第二周了,我发现果果实在太淘气,像没坐过凳子一样,不是钻桌子就是坐地板,打同学,没见他拿出书本来上课过。总之事情多得已经影响我上课。全校老师都知道他的淘气。听说他奶奶每次来学校也叹气说孙子不好管。怎么办呢? 前几天我开始发现他很爱画画,老是拿水彩笔出来画画,他的本子都是画图的。小家伙还爱给我看呢。不过当时没在意。

今天教一年级数学的卢校长把果果调到第一排单独坐,以免影响大家。课间下课我去教室的时候,别的小朋友都在玩耍,果果没有离开座位,而是在画画。我过去看看。好家伙!这小子会画画呢,只见他拿着水彩笔随手就画个人,有脸有眼有手有脚,还蛮像点意思的呢。他又随手画房子啦,太阳月亮小狗什么的,随心所欲,一会儿就画满一页纸。我喜欢这样的创作,这样很随性很率真很个性,这是孩子纯洁的内心世界,这是没有污染的内心表达。所以我笑着对埋头画画的果果说:'果果,你真会画画呀。老师要送给你大拇指。'说着我把大拇指伸向果果。孩子的眼睛满是澄澈和纯净。我又对果果说:'你继续画给老师看,老师喜欢看你画画。'孩子高兴地笑了。

　　整节课下来,果果一反常态不再捣乱滋事,而是专注他的创作。他画得很享受很快乐。在放晚学的时候,我去看果果的成果,已经画了两页。同学们都围过去看,他告诉同学们画的是什么什么,一脸的自豪。

　　我真希望这个孩子的家长能教孩子玩画画,可是不大可能,山里人都忙着干活挣钱。我忽然想,反正他还是学前班,不如我来帮助他鼓励他,我要让他不停地画,不停地表扬他,我要在教室里展示他的画。"

桂香在与学生相处时,发挥自身的性格优势,"温柔教学",努力帮助学生发展、成长。乡村教师要积极地融入到乡村"情境"之中,在面对不同类型的学生时要能够和学生形成情感的联结,以便更好地开展教学工作。

三、乡村支教的学生管理——注视,赏识,成就

　　"乡村的教育工作,需要爱,需要责任,需要奉献,需要智慧,需要艺术,需要付出。"

弄贬小学地处大石山区,农村经济收入渠道单一。山里绝大多数青年父母

第七章 乡村支教：一位马云优秀乡村教师奖获得者的支教史

外出打工,因此学生几乎都是跟年老体迈的爷爷奶奶在一起生活,隔代抚养很常见。另一方面,更有因吸毒、犯罪、赌博和生病等情况而使学生成为孤儿或单亲家庭的情况存在。这些学生因家庭的缘故被迫成为了留守儿童,他们在情感上得不到更好的满足,在学习上缺乏父母的引导。正因为如此,他们更需要教育的重视,更需要老师的关心与陪伴,更需要学校教育与家庭教育共同为之努力。在学生的教育管理中,桂香通过观察、家访和叙事了解学生过往的经历,将与接触学生的过程与细节都记录下来,结合学生的实际情况帮助他们。

(一) 小宝是班级的"火车头"

小宝是弄贬小学一年级学生,在他读学前班时曾经与上一年级的学生共同学习。因父亲外出打工,他和爷爷奶奶、继母以及弟弟一起生活。放学后,小宝要自觉完成课后作业,要看很多课外书,还要帮忙照顾弟弟和分担家务,成为了家中的"小大人"。他学习基础较好,学习能力强,因此在班级里、在课堂上经常担当"火车头"的角色,可以带领其他同学共同学习。

"在弄贬的第一天我就发现小宝反应快、语言表达能力强。'今天上第三课'口耳目',在课本里有一幅情景图是两个小朋友在看花,一个小弟弟跑过来。他们在干什么呢?说些什么呢?'在我的提示下,小宝竟然能说出这样的句子:'小青(用)手指着花说,'这花真漂亮'。小红听了笑眯眯地说:'是的,我们要爱护花草树木。'一个小弟弟跑过来,摆着手说:'姐姐,我来和你们一起看花。'刚入学的小朋友能看图说出这样的句段很了不起了。

教小宝'站如松,坐如钟。行如风,卧如弓',他几下子就学会了。可是有两个学生,教了两节课也不能单独认读。所以我就叫小宝当小老师,教大家读,我就个别辅导慢生。下午最后一节课,我先教学生认识第四课生字。小宝不仅能组词,能说短语,还能造句。在他的带动下,几个学生也积极动脑回答。在这节课里有用到生字'水'来组词造句的。小宝自然挥洒自如。他的一句话还惊了我一下。他对同桌韦程华说:'他被打得落花流水。'哇,他能说出这样的成语,实在了不起。"

小宝是家中的"小大人",是班级的"火车头",但是他也需要老师的关注与肯定。他的"成熟"与"独立",一部分原因是想要得到来自父母、老师和长辈的关心。

(二) 看见小海的脆弱与不安

小海也是弄贬小学一年级学生,他的父母因家里起房子时欠了许多外债并且家里只有田没有旱地不得不离开家到广东务工。父母刚开始外出务工时,小海仅有7岁,弟弟4岁在读幼儿园,妹妹才刚断奶。因此只能由他爷爷奶奶照顾弟弟妹妹,而小海则寄养在学校附近的外婆家。

在桂香的眼中,小海原本是个天真活泼听话可爱的孩子,成为留守儿童之后他有了一些变化。

一是情感变得较为脆弱。

"在学校里,老师成了他的主心骨,有什么一点点小事,他都来找老师打报告。这应该是孩子强烈的自我保护意识。发现他比较爱哭,眼睛眨巴两下,眼圈就红。他爸爸刚出去打工那会儿尤其明显。"

二是生活上需要自理。

"有一次布置了家庭作业——做试卷。小海没有带试卷来学校。他的爷爷奶奶不可能帮他送到学校,他的外公外婆更加不可能回他家找回来。我问小海'怎么办?',他说'我让伯父送来'。周一的时候,小海有了试卷。桂香问他是怎么拿到试卷的？（他不敢吭声。）另一个同学莫东伟说：'小海自己骑小单车回村里拿来的。'对此我感到震惊，'他竟然懂得这么做！'"

"周一下午第一节课小海在睡觉，等到第三节我去教室给学生发图画纸要画画的时候，小海还在睡着。这个小孩是不是在家里睡不够呢？自从他爸爸出去打工，他就到外婆家住，我就感觉他的精神状况不如从前。学习专心度也不够。我去把小海提起来，不给他睡觉了。才发现他竟然穿着棉衣没有脱下来。这大热的天啊，那是要腌豆芽的节奏啊！我赶紧把他的棉衣扯下来。也难怪，父母不在家，小孩子又淘气，也许中午放学回去外公外婆都没看见外孙呢。小孩子不知冷热，就这样不分季节穿衣服，也是难为小孩了。"

三是沉迷电子游戏。

"有同学和我反应小海跑到莫东伟家赖着要莫东伟给他玩电脑游戏。我问莫东伟：'既然是在你家玩游戏，那你玩了吗？'莫东伟说：'我不玩，我只是写完作业就看电视。小海老是叫我和他玩电脑游戏。'小海仍然是不敢吭声，茫然地看着我。如此，我便要耐心地引导他，希望他能够认识到沉迷电子游戏的危害。"

学生的成长，需要学校教育，需要家庭教育，还需要孩子的自我教育，如此方能以更好的姿态进入社会。小海在成为留守儿童之后寄养到外婆家，在情感上失去了父母的依靠，在生活上未能得到应有的照顾，更需要老师更多的关爱与引导，才能更好地适应不断变化的生活。但是，老师始终无法完全替代父母，因此他们成长的过程中仍然会有缺失。

(三)赏识每一个学生

"我记得每个学生的样子",在桂香的日记中,絮絮叨叨地记录了每一个学生的日常趣事,记录了学生点点滴滴的进步与成长,记录她与学生的共同生活的时光。桂香眼中的学生或可爱、或勇敢、或活泼,每一个学生都是独特的存在。他们在桂香的注视、陪伴、引导中,拥有更多的时间与更广阔的空间成长自己。

桂香在期末时,会用心地给每一个学生写期末评语。她的评语活泼而生动,字里行间体现了桂香对学生细致的观察与关心。

给小宝的期末评语:"你聪明活泼开朗,与人为善,老师很喜欢你。你记性很好,能背下整本语文书,认识很多字,作业写得又快又对。在班里能当小老师教同学们读书写字。你的想象力很丰富,上课踊跃发言,学习成绩棒棒的。而且,你热爱劳动,每天都带同学们打扫教室。老师分糖果的时候,你不争不抢不贪,还能与人分享,足见你纯洁的天性和良好的家教。继续发扬你的优点哟。"

给小海的期末评语:"你给老师印象最深的是你那很有北京味的普通话,后来和你交流,你说是从电视里学的,足见你聪明好学。你的字写得很好,作业完成又快又对,背书也很快,你是班里的领读小老师,你记性很好,发言很积极。你敏捷的思维和大胆的表达常常逗乐老师。你是老师的开心果。老师喜欢你。"

给馨馨的期末评语:"馨馨最幸福啦,有一个疼爱你的妈妈,天天把你打扮得像个美美公主,老师羡慕你呢。馨馨同学也最争气啦,聪明伶俐又可爱。认识很多字,能背很多课文,写了很多作业,写得又快又对,老师都惊讶了。馨馨还有很多优点,爱劳动啦,会画画啦,有礼貌啦,哦,还能帮助同学解答难题呢。馨馨好得没得说啦。"

给娜娜的期末评语:"老师观察过了,你和你家的哥哥姐姐们一样,都是温和善良有礼貌。这说明你的家风很好。全家人的脾气都是那么好。每天早上

第七章 乡村支教：一位马云优秀乡村教师奖获得者的支教史

你看见老师必会说：'老师早上好！'放学走人的时候，你都不会忘记跑到老师面前说：'老师，祝你一路平安！''老师开车回家要小心。'这让老师非常感动。小小年纪，一个诚恳的叮嘱，让老师觉得幸福无比。有礼貌的孩子一定前程顺畅。这个学期你有很大的进步，你写了不少字，跟着大家背了课文，还背老师教的童谣。哦，还画了许多画儿。六一学前班画展就有你不少作品。祝你进步越来越大。"

给燕子的期末评语："老师喜欢看你那双明亮亮的眼睛，你那双眼睛透出你的聪慧。是的，你进步很快，原先你不爱写字，但这个学期过来，你写了很多字，跟着大家背了许多课文，还有老师教的童谣。哦，还画了许多画儿。六一学前班画展就有你不少作品。你还非常有礼貌，看见老师总是热情打招呼，这让老师心里暖暖的。还有，你小小年纪很会劳动，懂得扫地，懂得整理班级扫把。老师觉得你很可爱。韦家有女，如柳柔和，生机盎然。如燕乖巧，聪明伶俐。老师祝福你！"

……

记得每一个学生的样子，记得每一个学生的特点，记得每一个学生的家庭情况，从而赏识每一个学生的不同。用心地与学生相处，也收获着学生带来的欢乐与幸福。城乡长期"二元分割"将城市儿童和农村儿童割裂开来，让城乡儿童在不同的制度架构中获取不均等的教育资源[①]。从长远来看，留守儿童问题仍然是未来均衡教育或教育需要关注的问题。但是从桂香的支教过程中，可以发现乡村儿童有自己的自然趣味。尽管乡村的教育和生活在物质上暂时无法与城市对等，但是他们享受来自祖辈的独特关爱，也享受乡村生活带来的自然韵味，他们也会朝着自己看见的、想要的生活而努力着。对于教育而言，教师应该"看见"、"发现"学生独特个体的存在，在教学过程中给予学生更多的关爱与辅导。

---

① 范先佐.农村"留守儿童"教育面临的问题及对策[J].国家教育行政学院学报，2005(7).

四、乡村支教的收获与成长——不忘初心,圆满支教

"接下来我要想的是,我来这里支教,仅仅是教那两本书吗?不行!我应该带给这里的老师学生什么样的思想理念呢?等到我走的时候我给这里留下什么有价值的思想理念呢?想到这些,我又觉得自己是有压力的。"

"不忘初心,方得始终。一年支教,圆满结束。两百篇支教日记,记录孩子们的点点滴滴。一千多张图片,记录孩子们慢慢长大,逐渐成熟。文字和图片记录的还有我一段生命丰富的旅程,虽然风雨兼程,但是我幸福快乐。"

在弄贬支教的这一年,桂香全身心地投入支教的过程中,保持教育的初心,不忘投身教育的本心。持续高涨的工作热情,不断创新的工作方法,都让她感到喜悦与满足。

(一)开始:为了教育

初到弄贬支教时,因为不熟悉弄贬的情况,桂香只能在"探路,再探路"中开始她的支教工作。一次次地向身边的同事和朋友询问、了解弄贬的具体情况,也不断地追问自己在这一段时间能做什么,应该做什么,能够给弄贬小学带来什么样适用的价值和理念,能够给学生带来什么样的成长和进步。

"踏上支教的征途,我早已做好支教计划:要把我多年在外学习的先进理念,把我在皇周学校的工作干劲,把我多年的工作经验以及对学生的热情倾情奉献给山区的孩子们,让他们享受阳光教育,让我和孩子们一同成长!"

第七章 乡村支教：一位马云优秀乡村教师奖获得者的支教史

支教之路，并不是一帆风顺，有时在去弄贬的路途中会有意外，比如突然而来的滂沱大雨，比如骑行时被石头扎破车胎而发生的意外，比如因为教学任务太重而导致喉咙发炎无法发声。但是桂香经常勉励自己为了孩子，为了教育，要"努力、勇敢、淡定"，她慢慢开始品味支教生活中诸多"出其不意"，接纳生活中的不可预测。

"我原先以为电摩托难以爬山，现在看来没问题。我原先以为我一个人走得花1个钟头，现在看来也没那么久。我原先以为骑行困难重重，我难以克服，现在看来我可以勇往直前的。我原先以为我得赶快学车买车才能去支教的，现在看来不必那么着急，能够这样骑行，到一个山头就唱一首歌。"

"昨晚到现在，一直在下雨，这对我的支教行是个挑战。早上醒来的时候，还听见雨滴滴答答地下着。我心里有点想法，这可怎么出行？不过很快就没有顾虑了，因为我不会惧怕这一点点大自然风雨的。

今天我是参加学校例行体检吃了东西才去学校的。那时有十点钟了吧。我穿好雨衣雨裤戴好头盔就出发了。一路上云陈村后山，草木知秋，叶子都泛黄了，加上淅沥沥的雨水，一个人在山里爬坡，一下子'凄风冷雨'这个词就浮上我的心头。但是又很快消失。季节更迭，有盛就有衰，有衰才有盛，这是生命的轮回。这如同人事，坏到极处就会好起来。不必太彷徨的……

去到学校，正好上第三节课。我直接拎包上二楼上四年级数学课。学生看见我，觉得惊奇，不断地向我提问。放晚学，雨还在淅沥沥下，劳动的人要回家。因为下雨，学生一出校门全消失了——家长都来接走了。我穿好雨衣雨裤回家。可是雨裤有些短，没有盖住我的脚，所以一路回家，我的鞋子湿透了，凉飕飕的。

路上，我发现大车碾过的石场路被雨水冲刷得干干净净。骑行过去感到清爽。再回到云温河,看见河水暴涨,浩浩荡荡,水能载舟亦能覆舟,陡然升起敬畏之心。渐渐入冬,这样的风雨天气就时常有之了。但是我不会幽怨,风雨是大自然的规律,责任是我前行的力量和勇气。我能风雨一肩挑。"

桂香享受弄贬,弄贬小学,弄贬小学的学生带给她的惊奇,她和她的学生共同经遇着彼此的人生。因为"为了教育"的初心,她接纳所有的困难,接纳在这个过程中遇到的可能与不可能,不断探索新的可能。

(二)结束:圆满支教

告别时已"不想说再见",这是支教结束时桂香内心最大的感受。在这一年的支教工作中,桂香收获快乐,收获幸福,也收获感动。支教结束的那天,学生对桂香充满了感激,也盼望着桂香能再次回来教他们。

"所以,现在,我在支教学校,非常勤劳的工作,尽心尽责的工作,我想做得无怨无悔。我感觉累,但是我换一个心态,我告诉自己:你要感恩地付出,你要快乐地付出,你要享受这个付出的过程。这样想着,一切都不苦了,一切都有意义了。最后一天,我和学生们最后上一次图画课,全体学生们拢在学前班的教室里,或挤着座位,或趴地板,或倚靠窗台,跟我学画画。每次画画他们就这样辛苦,但是没有一个人抱怨,认真画着,乐此不疲。"

"我来弄贬小学支教,上学前班一年级的语文兼班主任,二、四年级的数学。因为顾不过来,我把二年级和四年级数学上成复式班。一年里,我和孩子们学习读书画画玩游戏读童谣。虽然很辛苦,但是我感到充实快乐!天道酬勤,支教一年,我拿到十几张各种获奖证书。感谢乡中心学校架设的平台,让我有参与和提高的机会。我支教的每一天都会写日记,有时候一天写两三篇。写日记是道德长跑。写日记增加了我生命的长度和厚度。我在写日记中学会了观察和思考。我思故我在,我行故我能。"

在这一年里,桂香做的三个美篇《不忘初心　圆满支教》《大山里的六一》《暮归·有你》在网络上发表,获得几千点击量。在这一年里,她带领学校的老师们做了关于诵读经典和山区留守儿童方面的课题申请和前期调查工作;她大胆探索,亲身实践,创编了四十多首校园童谣和两百多篇支教日记。

"(来到弄贬后)我光荣地接受了领导交给我的教学工作:教学前班和一年级的语文兼班主任,教二、四年级的数学,还有学校的少先队工作。工作是艰巨的,而且是具有挑战性的!我从没有跨那么多班级同时上过那么多科目!我从没有上过数学!然后,我主动承担全校的音乐、美术,给孩子们享受艺术教育。于是,我的支教生活也就成了充满挑战性的学习生活!"

桂香在支教过程中给学生带来的影响与改变,她对乡村教育工作所作的实践探索,还有她自身的成长与变化,都不可估量,却又确实存在的。在弄贬这个偏僻的大石山区,桂香努力发挥着自己的光和热,用她的付出与努力点亮了很多生命。

在 2019 年 4 月,桂香再次回到弄贬小学时,发现学校的环境已经发生了很大的改变,学校有了温馨的心理咨询室,有了更完备的教学设施。在与老校长的交流中发现,虽然学校的硬件设施已经较为完善,但是学校的师资力量仍未达标。老校长这样说道,"我们已经老了,有针对性的、内容新颖的培训内容难以消化,回归工作岗位时也难以驾驭。"或许,值得思考的是如何唤醒乡村的活力,如何让"乡村回归乡村",是新时代赋予教育工作者的使命。

后记——一个感谢电话

支教结束回到原来工作的学校之后,桂香接到了一个感谢电话。

午睡起来，有一个陌生号码给我打了三个未接电话。内心感到疑惑，会是谁呢？我径直打过去，电话接通："黄老师你好，刚才校长来我家了，告诉我你对我家两个孩子非常好。我真的非常感谢你，哎呀，我真的不知道说些什么了，老师。"那边的声音激动得有些哽咽。这声音有些熟悉，但一时想不起是谁，但好像我对哪个孩子都一样好的吧？哪家是两个孩子？确实想不起。我赶紧回话："你是哪位家长呢？"

"我是 DM 和 JL 妈妈。校长告诉我了，我不在家那段时间，你对我们家两个孩子非常关心……"

"哦，是 DM 的妈妈呀，没事，没事，你别放在心上，不要说谢谢，你哪儿也不要去，把两个孩子带好，你在家就很好。"

"DM 要和你说话呢。"电话那头，两个孩子像两只小麻雀一样开始叽叽喳喳了。

"老师，我是 DM，老师，你吃饭了吗？老师，你什么时候来摘菊花？……"小麻雀叽叽喳喳说了一串，我能感受到那是他愉快而兴奋的声音。姐姐 JL 在旁边也嘀咕着要说什么。这两姐弟，曾经辍学在家几年，后来跟班读书。DM 在四年级，姐姐 JL 在六年级，他们两个勤快善良，活泼可爱。姐姐 JL 长得特别漂亮。支教时我经常鼓励 DM，让 DM 为班级做事情，然后表扬他，让他有成就感和愉悦感。因为我发现这个男孩子的眼睛里透着哀愁，那是特殊的家庭情况留给他的阴影。毕竟他是男孩子，他有着男孩子特有的自尊。姐姐呢，脸型偏向于瓜子脸，眼睛亮晶晶的，透露着善良和纯真。那时我经常让姐姐帮我做板报，并教她如何设计板报。

听到 DM 愉快的说话语气，我十分高兴，只要妈妈在家，得到妈妈的保护和疼爱，孩子当然是高兴啦！

我告诉 DM："下周星期六如果老师有空并且天气又好，就过来摘野菊花，到时老师会告诉何 XL 的。"

"太好了！"DM在那边很兴奋，他一定又想起了我带他们上山摘野菊花的情景。DM还想说什么。她妈妈已拿过电话："老师，太谢谢你了。"

"不用谢，你把孩子带好啊！"

我们挂了电话，我感到很愉快。也许，是因为我在快乐着别人的快乐。

/ 第八章 /
留守儿童教育:"心理辅导+ 家校联系+ 编创童谣"的实践探索

黄桂香　赵春玲

　　我是一名长期从事乡村教育工作的老师。在过去的许多年里,我接触了许许多多来自乡村的学生,他们天真烂漫,他们不断地用童真叩响这个世界的大门。我感动于他们的努力,也想为他们的成长之路添砖加瓦。在我的支教期间,我致力于"心理辅导＋家校联系＋编创童谣"的实践探索,实践证明我的努力对于留守儿童确实产生了不小的影响。而现在,我进一步对探索的过程和经验进行凝练和研究,希望能给乡村教育工作者带来一些学习素材,带来一些思考。而我,仍然继续在这条路上探索,我会一直记得自己来时的路,也记得自己将要去往哪里。

在城镇化背景下,"留守儿童"的教育问题备受热议和关注。近年来,从国家到个人都在努力进行相关的探索和实践,希望能够帮助留守儿童更好地接纳"留守"这一经历,并转化为个人成长的内在动力。我曾在2016年到弄贬小学进行支教,该小学留守儿童数量较多,让我得以接触许多的留守儿童以及他们背后的家庭。通过跟踪、观察、访谈和记录留守儿童的情况,让我有此机缘关注留守儿童的发展与成长,并开始专注于留守儿童的观察与研究。我主要从心理辅导、家校联系和编创壮家童谣三个方面开展留守儿童的教育工作,希望我的探索与经验对于留守儿童的成长能够产生一定的促进作用,对于乡村教育教学工作具有一定的借鉴意义。

一、留守儿童及其类型分析

留守儿童呈现的社会现实,是国家、学校以及家庭努力改变现状的推动力。留守儿童是社会的发展过程中衍生的特殊群体,究其原因可从社会、家庭等方面进行归纳。对于留守儿童的教育而言,除了国家政策及物质上的倾斜和帮助,还需要学校教育与家庭教育形成教育合力主动地、积极地、深入地探求问题解决的办法。

第八章 留守儿童教育:"心理辅导+家校联系+编创童谣"的实践探索

(一)留守儿童

留守儿童,即在城镇化推进过程中,随着农民工往城市的流动,农民工子女不得不留在家中而产生的特殊未成年群体。弄贬小学在 2016—2017 学年共有 76 名学生(含 18 名学前班),其中留守儿童为 67 人,占总人数 88.16%。这一现状,是我深入探索留守儿童内心世界的重要基础。

(二)留守儿童的类型分析

通过观察和研究,根据不同家庭致使儿童留守的原因及情况,我将他们大致归纳为三类①:

1. 因家庭变故特殊家庭的留守儿童

因家庭变故特殊家庭的留守儿童可分为两类。

第一类是"偏执狂",其性格特点表现为霸道、自我、傲慢。这一类儿童因家庭的变故较为自卑,同时在行为上又比较自我与傲慢,需要教师的积极关注与肯定。

(根据观察记录整理)

F 很努力学习,读书很认真,很在乎成绩。我教数学,他每次都考 95、98 分以上,可是有几次他很着急地问我:"老师,为什么我都是只考得 98 分?为什么总考不上 100 分?"我呵呵笑,告诉他:"考 98 分已经很好了……"但是他还是显得很不安的样子。F 在班里不是小个子,但是他的作业被别人抄,甚至得帮人家写作业,还不准他声张,不然就挨打。

F 会对同学竭尽所能地挖苦和嘲笑。比如,我进教室,教室不够干净,我只问一句:"谁是值日生?"值日生就会讪讪出来扫地,F 会马上挖苦:"活

---

① 留守儿童的类型分析根据黄桂香主持的《山区留守儿童教育问题对策研究——以弄贬村教学点为例》课题报告整理。课题来源:南宁市教育科学微型课题(2017 年度),南宁市教育科学研究所。

该！"比如今天下午，涛涛被白杨欺负哭了。我问是怎么回事，涛涛就演示白杨是怎样往他的头上扇了一巴掌。我发现F张大嘴巴哈哈大笑，笑里极尽嘲讽。比如我上课批评谁做作业不够细心的时候，F马上出声："就是，笨！"……我感觉，几乎我叫做什么他都听从。但这是不是男同学暗地里就指使他去冲呢？但是……别班老师告诉我，感觉F有叛逆心理，甚至有报复心理，因为他独自在教室的时候他会捣蛋。我观察，他很好学，很勤奋……但是不够自信。每次改作业我说看谁做得最对，他的第一反应是"我肯定错了"然后想抽回本子，其实他作业全对。

第二类是"隐身人"（"边缘人"），其性格特点表现为自卑、懦弱、敏感。这类留守儿童不善于表达自己的需要，主动性较差，他暂时难以适应情感依赖对象的突然离开，因此不容易适应环境。

（根据观察记录整理）

M是我一年级班级的学生……他学习的速度十分慢，但是在家里没有人可以帮助他。因为他的爷爷几乎帮不了他。他的爸爸在外打工，一年回来一两次这样，家里为了给他解闷，还买了个超大的电视，拉了网络，然后就有村里一大帮小孩聚到他家玩游戏。

我在课堂上对他严格要求，孩子好像不习惯，常常避开我。我就要同学去帮助他，教他写作业，陪他背书。他反而有一些进步。然后我经常表扬他，他得到鼓励，学习很卖力。起码在后期复习阶段，抄写课文，背课文，写作业，M不是最后一个了。我们的关系也因此缓和了许多。于是我们有了第二次吃饭聊天的机会。通过聊天，我才知道，M有一个哥哥已经大学毕业跟爸爸在广东打工了。M还有一个姐姐，爸妈离婚的时候，姐姐判给了妈妈。M和哥哥跟爸爸。

妈妈离开的时候，M才五岁。问他"还记不记得妈妈？"，他说不记得多

第八章 留守儿童教育:"心理辅导+ 家校联系+ 编创童谣"的实践探索

少了。我观察过几个离婚家庭的孩子,越小的孩子,受影响就越小。只是这样的家庭缺乏完整的爱,或者说完整的教育,或者说得不到全面的帮助。比如人格的教育,比如学习上的帮助,比如抗挫力的培养,比如抵御诱惑的疏导等等。家庭不完整的孩子独立性比较强,但是他们像恣意生长的小草,有其韧劲的一面,也有其放肆的一面。

2. 双亲外出打工由祖辈抚养的留守儿童

双亲外出打工由祖辈抚养的留守儿童也可分为两类。

第一类是一脉相承家教良好的儿童,学习自觉,成绩良好。

(根据观察记录整理)

H是二年级女生,是留守儿童。父母常年在外打工。她还有一个两岁的妹妹。她们和爷爷奶奶住一起。(根据目前的观察,)父母外出打工似乎对她影响不大。H非常漂亮,第一次见她就觉得她像哪吒。性格活泼开朗有礼貌,每天放学都会和我说再见。她非常爱打扮,我问她:"谁给你买漂亮衣服呀?"H总是笑笑说,(有)妈妈买的也有姑姑买的。H的日常生活被爷爷奶奶照顾得挺好,我每天中午看见H进校,都是拿着个特大苹果啃着,天天如此。H的作业也不用担心,她挺自觉,不懂的就问姑姑,她姑姑可以辅导。我问H:"爸爸妈妈会打电话回来吗?"她总是笑着回答,"会的。爸爸清明节还回来呢。"

第二类是祖辈对孙辈纯粹是保姆式,爷爷奶奶管吃住并负责接送。此类型的儿童活泼可爱,勤奋好学,也会显露出焦虑、紧张、无助、委屈的情绪。

(根据观察记录整理)

S是我教四年级的学生,她的弟弟是我教的一年级学生。他们还有一个哥哥在读五年级。听S说哥哥成绩很好，考试获一等奖。S和弟弟成绩也很好，一直好学上进。而且弟弟进步很大，背书越来越快，字写得越来越好，我很满意，这是个看得见进步的小朋友。

我问S："爸妈会打电话回来吗？打回来会说什么？"S说："叫我多做家务活，看弟弟写作业。"我问："你做得到吗？"她答道："我回家都是我煮饭菜，我还帮看弟弟写作业的。"她的话我信，因为她是我的学生，她在班里与众不同，特别安静听话勤快，作业不用我担心。从她弟弟进一年级，她几乎每次下课都来陪弟弟写作业背书。回家也陪弟写作业。可以说，她弟弟的进步，姐姐功不可没。我对S说："你可以打个电话安慰爸爸妈妈，就说是老师说的，弟弟进步很大，字写得越来越好了，书背得很多，学习很勤奋，人很有礼貌。"

3. 父母单方在家陪伴孩子的留守儿童

该类儿童父母其中一方在家，负责儿童的吃住。在家庭教育过程有物质奖励，也有打骂行为。

（根据观察记录整理）

今天写一写这个学期刚从海南转回来的四年级学生T。T转回来以后，语文老师和我都感觉到T几乎没有什么基础，上课讲的内容几乎都不懂。作业不会写，一问三不知……他听不下课，很嗜睡。我刚开始以为是他太过肥胖的缘故。

一次午饭，我和很多学生在一起吃饭，包括T也在内。我们随便聊，旁边的同学也七嘴八舌说出很多情况。于是，我对T的家庭情况有了更多的了解。现在爸爸外出打工，T和妈妈（外地人）在家。T在海南读的是私立学校，是一所接收外地务工人口子女的学校。问及爸爸妈妈有没有问过T学习情况，晚上妈妈会不会问有没有作业，作业写得怎么样。T说，爸爸妈妈从不过问这些。其他同学反映,T晚上回家都是玩游戏,玩到半夜,所以在学校就是睡觉了。从平时表现可以看出T对学习并不感兴趣,但是T在学校不会惹事,他上课的时候会有小动作,会说话,但不至于添乱。倒是他胖嘟嘟的样子,常常被别人取笑和戏弄。

(三)留守儿童与学校教育、家庭教育

谈到留守儿童问题,几乎很难绕开"剩余劳动力""农村劳动力转移""城镇化""流动人口""留守儿童"等词汇。更为重要的是,无法忽视学校教育与家庭教育在留守儿童教育过程中的责任与担当。

留守儿童是需要被养育者、学校与社会所看见、注视的群体。辜胜阻等认为"由于留守儿童在家庭教育上是不完整的,就迫切需要学校充分发挥自身的功能进行弥补。"[①]同时建议,学校应充分关注学生的心理健康并加强家校联系。贾香花(2007)主张通过学校的心理辅导等措施的"补位"来改善家庭教育的"缺位"。[②] 学校教育的"补位"是否能够在一定程度上对家庭教育的"缺位"进行"补位",学校教育如何发挥其功能妥善处理留守儿童的教育问题。对于乡村教师而言,他们又该如何进行角色定位,都值得深思。

学校与家庭是对儿童产生巨大影响的两大主体,在留守儿童教育探索中更应该注重两个主体功能的发挥。学校教育无法替代家庭教育发挥其作用,因此,学校要做的不仅仅是突出自身在教育过程中的作用,同时还要寻找合适的方式重新让家庭教育回归它自身应有的位置和功能。另一方面,因乡村自身的特殊性,乡村学校和乡村教师在工作中还要注重保持当地原有的地域与文化特色。

---

① 辜胜阻,易善策,李华.城镇化进程中农村留守儿童问题及对策[J].教育研究,2011(9).
② 贾香花.家庭教育"缺位"与学校教育"补位"——农村留守儿童人格发展问题及解决路径[J].基础教育研究,2007(5).

二、 留守儿童教育实践路径探索

留守儿童教育实践探索任重道远,我尝试从心理辅导、家校联系与童谣编创三个方面进行教育实践路径探索,希望通过多种渠道帮助儿童与"留守经历"、与自己、与父母达成和解。

(一)留守儿童与心理辅导

留守儿童在家庭中缺乏父母的陪伴,对于爱的需要较为明显。心理辅导要充分发挥教师"重要他人"的作用,做留守儿童爱的守护者。

1. 心理辅导的可能性

在心理学中有一个名词叫依恋(attachment)。依恋,即人与人缔结紧密关系的能力[1]。健康的依恋,足够的安全感,对个体积极探索世界有明显的影响。因为依恋模式从根源上影响个体的人际关系、情感、认知和行动等。同时,它也是人格塑造的重要基础。儿童与父母任何一方的分离以及分离时间的长短,对儿童自身产生的影响大小是不同的,但是对儿童的人格塑造会产生重要影响。留守儿童被迫与养育者分离,当养育者离开时儿童尚未具备足够的力量缓解"分离"的焦虑。

教师需要关心学生,"知道学生从何而来",了解学生过往的经历。第一步就是了解学生的家庭情况以及成长环境,了解学生当下的状态,主动亲近学生。教师需要看见学生,"明白学生最需要的是什么"。

看见、注视本身,既有治愈的效果,也是心理辅导的重要组成部分。乡村教师需要将心理辅导工作融入日常工作当中,随时进行,随时疗愈。通过心理辅导减少父母缺位对儿童产生的负面影响,它针对的不仅是学生现阶段的需要,

---

[1] 冈田尊司. 依恋障碍:别让孩子伤在敏感期[M]. 邱香凝,译. 北京:北京联合出版公司,2018:1.

更是对过去所缺失的东西进行弥补与接纳。因此,学校或教师有必要开展心理辅导工作,帮助留守儿童重建或重新获取依恋满足。

2. 心理辅导的实践探索

结合弄贬小学的实际情况,主要采取个体辅导与团体辅导两种方式。在我的心理辅导实践中,辅导的工作一般结合实际情况随时随地开展。谈话的场地是随机的,不给学生"被审问"的局促感,地点和时间不固定,这种情境学生会无意间流露出自己生活的家庭情况①。

(1)随时随地开展个体辅导

利用课间、午饭、午休等碎片化时间,随时进行个体的辅导工作。详细了解学生的成长经历、家庭情况以及内心的想法、感受等,并做好详细的记录以便后期进行跟踪。

图8-1 姐弟

图8-2 三个可爱的学生

(2)依托学生活动开展团体辅导

依托学生活动开展团体辅导,让学生融入其中,能够帮助学生更好地与他人进行互动,获得情感的满足。团体辅导主要包括随机、短时的教学活动与有意识安排班级文化活动两种方式。

---

① 黄桂香.城镇化背景下农村留守儿童教育问题的方法研究[J].广西教育,2019(3).

① 随机、短时的教学活动

随机的短时活动比较容易开展,形式灵活多样。在不同的阶段结合留守儿童的需要,随时开展有助于儿童成长的教学活动。

图 8-3　学生参加公园义务活动,活动结束后大家一起合影

② 有意识地组织班级文化活动

班级文化活动内容丰富,形式多样,包括了主题班会、口头作文、课本剧表演和板报设计等多种形式。

图 8-4　与学生一起进行板报设计　　　图 8-5　班级文体活动

(二) 留守儿童与家校联系

有部分因现实原因被迫外出务工的父母尚未意识到家庭教育对儿童成

第八章 留守儿童教育:"心理辅导+家校联系+编创童谣"的实践探索

长的重要性,有的虽然意识到自身的"缺位"但是迫于现实无法做出改变。因此,学校教育要主动与家庭教育联合,形成教育合力共同促进儿童的成长。

1. 家校联系的必要性

在目前的家校合作关系中,学校的"主动"与家庭的"被动"表现得比较明显,学校出于工作的需要主动与家庭取得联系,而家庭因自身的压力不能完全与学校合作。留守儿童因父母(或其中一方)外出,导致家庭教育无法充分发挥其原有的功能。甚至对于众多农村家庭而言,并未意识到缺少对留守儿童的陪伴所产生的"隐性"影响。

家校联系是学校主动将至关重要的信息有效反馈给父母,主动与家庭取得联系。而另一方面,家庭也应积极配合学校的工作,了解儿童的在校情况,了解儿童的成长需要。在家校联系中,共同参与儿童的成长与培养。更为重要的是,通过家校联系,要让更多的父母意识到儿童的发展需要,认识到父母的角色对儿童的重要性。

2. 家校联系的实践探索

(1) 直接与家长联系

① 通过电话和创建家长群保持联系

电话、微信群及 QQ 群是最常用的方式,也是教师对家长最直接、密切的回应。

桂香在家长群回应"收到"作业信息:

@全体成员感谢每个回应"收到"的家长!你的"收到"二字,折射的是学校和家庭的联系是畅通的;折射的是你对学校教育的支持;折射的是你对孩子的关注;折射的是你在做一向伟大的事业——你生下了后代,并倾尽全力培养后代!你的回应,让学校教育获得支持的力量!让你的孩子找到归属感!

学校和家庭，就是两个教育者。家长只有认识到自己是教育者，并积极担负起家庭教育者应负的责任，充分发挥家庭教育的功能，与学校教育凝聚成强大的合力，才能为孩子提供优质的育人环境，同时也能使老师的工作更为轻松和高效！

再次谢谢家长们！

② 家访

家访是教师与家长之间沟通联系的重要方式。通过实地走访，可以最直观地了解留守儿童的家庭现状。

图8-6 我与校长到弄贬村，到学生家中进行假期安全教育。去到村里后就召集该村里所有孩子拢到一起，与他们的父母、长辈进行沟通。

(2) 通过学生与家长建立联系

① 建立学生图文相册

通过建立班级图片相册，动态跟踪学生的情况，及时与家长反馈。

② 编辑学生成长日记

寒暑假期间，每天在家接收每个学生电子日记，累计编辑1 000篇日记。通过日记，了解学生的假期生活。

第八章　留守儿童教育："心理辅导+家校联系+编创童谣"的实践探索

图 8-7　学生图文相册

图 8-8　学生成长日记

（三）留守儿童与童谣编创

"乡村儿童不仅仅生活在教师、课堂、书本所构成的知识生活之中，而且同时生活在乡村社会生活秩序与乡村文化底蕴无时无刻的渗透之中。"[①]童谣是现代教育与传统文化之间的重要媒介，通过童谣筑牢学生的精神根基，叩击儿童心灵的大门，并保留乡土文化的质朴部分。

喜爱语文、热爱文字是编创童谣的重要基础。在教学过程中，我发现按一般的方式向学生传达的知识或信息学生难以记住。由此，我想到了编创壮家童谣。创编童谣的题材就取自学生的学习、生活，所以学生有亲切感，会记忆深刻。学生通过无意识地背诵，可以开发他们天马行空的想象力。

---

① 刘铁芳. 乡村的终结与乡村教育的文化缺失[J]. 书屋，2006(10).

1. 壮家童谣的开发

经过两年多的创作与积累，与学生共同编创童谣 122 首，主要分为校园童谣、传统节日童谣和爱国爱家童谣三部分。在创作的过程中，我与学生皆能感受到童谣带给我们的滋养与快乐。

（1）校园童谣

校园童谣以贴近学生在校园中的日常生活为主，特别是安全教育和养成教育。通过童谣的方式，将平时父母的叮咛、老师的期望与童谣融合，使学生对于安全问题牢记于心，并养成良好的生活习惯。

《清明安全教育》：清明天，雨连连。溪水汇流白满川。交通火电防溺水，自律自爱保安全。

《校运会》：运动员奋勇拼搏，小记者忙碌奔波。校运会有你有我，文体活动红火火。

《班级是我家》：我们班，我的家，团结协作靠大家。爱学习，爱劳动，班级盛开文明花。聚是火，散是星，共同进步走天涯。

《写字歌》：中国汉字，方方正正。起笔有力，顿笔回收。横平竖直，燕尾蚕头，肥要有骨，瘦要有肉。字如其人，态度为首，修身养性，一生好求。

（2）传统节日童谣

传统节假日以及民族文化是学生学习过程中非常重要的内容，将每个传统节日的特色融入到童谣中，可以增长学生的知识积累，增加学习的趣味性。

《三月三，唱山歌》：三月三来唱山歌，幸福日子红火火。你唱我和真高兴，快乐淌满门前河。阿哥阿妹对山歌，喜鹊艳美来凑热。凤凰齐飞声和鸣，歌声飘过满山坡。壮乡歌圩飘满歌，心中不免荡微波。山歌本是民族魂，有人传承乐呵呵。

《写在重阳》：家家有老人，人人都会老。从小学孝顺，到老有好报。善因循善果，行动不讨巧。孝悌守规矩，后代有参照。尽孝更忠国，道德品质高。

《写在清明》：清明时节雨绵绵，雨润花开鸟鸣涧。家家应时忙农事，种瓜点豆又插田。

《端午节》：端午节，端午粽。龙舟竞渡大江中。锣鼓喧天惊河神，屈原深得百姓颂。

(3) 爱国爱家童谣

将爱国的情怀、爱家的情感融入到童谣中，通过每日的诵读加强学生的感情培养。

《中国赞》：大中国，新中华。五星红旗迎朝霞。蒸蒸日上人心振，欣欣向荣娃哈哈。

《社会主义核心价值观》：富强民主中国梦，文明和谐乐万家。自由平等人人爱，公正法治阳光撒。爱国敬业讲奉献，诚信友善走天涯。共唱核心价值观，携手共建大中华。

《饮水思源不忘本》：祖国母亲我爱你，你是温暖大家庭。爸爸妈妈我爱你，身体发肤受于你。老师老师我爱你，教书育人满桃李。饮水思源不忘本，感恩惜福永牢记！

2. 壮家童谣的使用

壮家童谣的编创与使用，丰富了学生的校园文化生活。同时，通过编创、诵读童谣，可以促进留守儿童的心情愉悦和情感满足。

《关爱留守》

关怀备至为儿童，爱子及子情共融。

留心留意图文记，守德持道根苗红。

（1）童谣对留守儿童的影响

壮家童谣取材于儿童，围绕学生的日常生活，通过通俗易懂、纯质朴素的语言帮助留守儿童积累更多的语言基础，并达到丰富精神世界的效果。童谣是儿童成年后唤起童年记忆的重要通道，是自我重构中重要的现实与精神来源，也是教育作用发挥的重要部分。通过朴素的语言，充满童趣的叙事，帮助学生愉悦自我、塑造自我、成为自我。

（2）童谣与学科教学的整合

每逢星期五下午我主动承担全校的音乐、体育、美术课，别出心裁地把童谣和主题周会安全课、美术、音乐、体育相整合，实现一课多得，趣味无限。将童谣与教师的教学活动相整合，以儿童能够接纳的方式进行知识的传递。在编创童谣的过程中，将结合不同的学科特点进行内容的整合。

（3）童谣与壮家文化的融合

因弄贬小学位于一个壮族人口较多的地方，将童谣与壮家文化特色的融合，一方面让儿童亲近壮家文化，理解壮家文化的内涵，找到属于自己的文化归属感；另一方面，通过童谣的传颂，更好地传承壮家文化。这种通过与当地文化融合的方式，更能深入学生的内心。

三、反思与总结

留守儿童的教育，在未来仍然是一个值得关注的问题。如何更好地帮助留守儿童，如何发挥学校教育的功能以及如何通过学校教育架起留守儿童与父母的桥梁，仍然需要进一步的探索。

(一)留守儿童需要被看见与注视

在乡村学校中,留守儿童学生人数比较多,这种情况目前而言仍具有一定的普遍性。这种现状源自农村无法承载过多的劳动力,源自对更高生活水平的追求,也源自生活的压力。隔代抚养以及缺少父母的陪伴,对于学生自身以及学校教育而言都是一种挑战。对于乡村教师而言,要看见留守儿童的成长历程,看见留守经历对儿童的影响,对儿童内在的精神与情感世界给予积极的回应。在看见与注视中,积极帮助留守儿童重新塑造人格,重新获得内在的精神力量。

(二)乡村有实现本土化教学的可能

乡村教学工作是乡村教育之"魂",把握教学工作的重点才能促进乡村教育的进步。过去的很多年,乡村教育教学工作都在追逐城市的脚步,在努力与城市接轨。城市与乡村的发展各具魅力,或许回归乡村教育本身是将来乡村教育工作的归宿。对于乡村教学而言,该如何焕发乡村教育的魅力成为工作的重点,如何把自身的优势与乡村的特点、与学生的特点紧密地结合在一起是必须思考的问题。童谣与壮家文化的结合给乡村教育工作带了新的活力,本土化教学要充分利用已有的资源与条件。

(三)乡村教师在实践中要主动探索

乡村教育的改变与进步并非一朝一夕可完成的,乡村教育工作任重而道远,于中国的乡村教育而言,一切仍在探索之中。我个人的经验,也许说明乡村教师除了要面对普遍性存在的乡村教育问题外,还需要思考如何更好地进行角色定位。积极的态度,主动地钻研,是乡村教师应该具备的品质。乡村学校不能照搬城市教育发展的经验,不能所有学校都使用同一套方法,因此更需要乡村教师发挥自己的探索精神。

/ 第九章 /

改变乡村教育的美术课程开发：
四位研究生的实践探索

夏　珍　覃　媚　徐　梦　王春梅　蓝苑尹

　　21世纪初，中华人民共和国教育部发布了《基础教育课程改革纲要（试行）》，纲要指出乡村地区的学校可以从当地出发，利用乡村的美术课程资源，开发具有当地特色的美术课程。由于乡村美术师资力量薄弱、美术教师教学观念陈旧、美术材料欠缺、教学设施落后等原因，乡村美术教育相对滞后。本章中的四位主角Q、Y、X、L都是来自广西艺术学院美术教育学院的女硕士研究生，她们带着原生文化给予的初心，跳出学校藩篱，来到了广阔的民族地区的乡村学校，分别在广西南丹里湖乡中心小学、都安瑶族中学、北海市渔村小学、东兴市京族学校等开展了时长一学期至一年不等的乡村美术课程开发实践。她们通过对当地文化资源的深度挖掘，筛选出适合当地乡村学校美术教育的内容，设计并实施了一系列本乡本土的美术课程，在当地学生、教师、家长中引起极大反响，这种影响亦辐射到当地村寨、社区中，人们开始重新审视他们的孩子们以及被忽视的乡土文化。可以说，她们的微观个体实践探索悄然改变着乡村学校的美术教育。同时，这也是她们追寻自我的过程。

一、结缘

广西壮族自治区位于我国西南边陲,不仅是壮族人民聚居地,同时也是瑶族、侗族、京族、仫佬族等少数民族的聚居地。文中的四位主人公中有三人自小生活在这片热土上,她们同是广西艺术学院文海红教授的研究生。研二下学期,导师布置了开题任务,美术教育必须要脚踏实地积累素材,扎实开展长期的实地调研。导师的严谨作风让四个女生开始苦苦思索该选择哪儿作为研究对象。

(一) 瑶乡人

Q 和 Y 都是瑶族人。

Q 自小就对瑶族文化很感兴趣,每次赶集遇见着装奇特的白裤瑶族妇女时总觉得很神秘。读书时,Q 总对瑶族文化很留心,研究生一年级在南宁育才实验中学实习时就尝试将白裤瑶族的文化资源用于美术课程的教授中,受到学生的广泛欢迎。在这次毕业论文的选题上,Q 选择了离家乡不远的南丹县里湖乡,这里是中国白裤瑶族人口聚居最多的地区,有着历史悠久和丰富的民族文化,被联合国教科文组织评定为民族文化保留最完整的一个民族,被誉为"人类文明的活化石"。少数民族美术与少数民族文化密切相连,民族文化中凝聚着劳动者对生活的热爱和对美、对幸福的追求，体现着民族的审美趣味和地方美术的独特价值，同时也是中华民族文化的重要组成部分。开发优秀的白裤瑶族美术文化资源并将其融入当地乡村小学的美术课堂、探索适合于白裤瑶族乡学校的美术教学课程，不仅践行了国家提倡发挥地方优势建设多元美术课程的目标，还实现了学校教育的民族文化传承功能，让学生能够在回应文化的教育中找寻自我，重建文化自信。Q在与导师商量之后，查阅了大量白裤瑶族的文献资料，于研二第二学期末登上了前往里湖的汽车，在当地开展了为期一年的扎实调研。

Y也是瑶族人，作为一个从小生活在瑶山中的孩子，她了解瑶族丰富多彩的民族文化，同时也深知瑶族地区美术教育水平落后，开发民族服饰、建筑艺术、民俗文化等方面的文化资源用于当地学校的美术教育中，能唤醒瑶族孩子沉睡的民族记忆，提高学生的民族自信。在广西都安瑶族自治县大石山区的个个深弄里，生活着一群自称为"布努"的瑶族人（他称为布努瑶）。都安县是全国瑶族布努支系人口聚居最多的自治县，县内19个乡镇均有瑶族分布，他们繁衍生息，创造着本民族特有的历史和文化。Y在翻阅了大量资料后，选定都安瑶族中学作为试点对象，开展为期一年的教学。都安瑶族自治县瑶族中学作为全国唯一一所完全民族学校，多次获得教学质量奖励，教学条件相对完善，学校领导也很重视各学科教师的教学改革研究，该校美术教学状况在当地具有一定的代表性。

（二）海洋情结

X是山东人，自幼生长在微山湖边的她对渔村文化尤其感兴趣。本科在云南就读的X接触了很多少数民族文化。瑰丽多彩的少数民族文化就像给她打开了一扇窗，她在一次次旅途中看到少数民族的独特艺术，梦想有一天能够创作和运用这些少数民族艺术元素。带着这个梦想，她如愿考上了广西艺术学院艺术学理论的研究生。读研期间，她在学校开展的国培项目接待工作中认识了来自北海渔村小学的一位教师,她了解到渔村小学周边文化资源非常丰富,但却很少运用在美术课程的开发中。在我国,大陆海岸线约1.8万公里,沿海而建的大大小小的渔村不计其数。北海市渔村资源具有典型性,代表中国渔村的一般情况,是中国海洋文化的代表。与内陆教育不同,渔村有着丰富的海洋文化资源,对于利用地方资源开发美术课程资源非常有利。在国家"一带一路"建设的大背景下,海洋文化逐渐成为国家战略发展中的重要资源。沿海地区的广大渔村学校,如何扎根本地海洋资源、将优秀海洋文化融合到学校课程中成为新时期中国渔村学校校本课程开发的重点。最后,她选择去北海市银海区渔村小学开展为期一学期的美术教学。

(三)边境城市

L是防城港人。受导师影响,L对少数民族艺术教育尤其感兴趣,开题之际,她想到东兴市。东兴位于我国大陆海岸线最西南端,因兴起于北仑河东岸而得名,与越南北方最大经济特区芒街市仅一河之隔,是我国通往越南乃至东盟国家最便捷的海陆通道。1958年被列为国家一类口岸,1996年成立县级市,行政区域面积590平方公里,辖东兴、江平、马路三个镇和31个建制村11个社区,常住人口近30万,是我国人口较少民族京族的唯一聚居地。2018年,东兴经济保持平稳健康发展,再度跻身全国县级市全面小康指数百强,成为广西唯一上榜的县级市,荣获"2018中国西部百强县市"等荣誉称号①。边境民族地区的特殊地理位置及历史文化使东兴市的校本课程开发具有特殊性、复杂性。在东兴市边境小学开展赋有爱国主义的国民教育及具有民族特色的京族文化乡土课程,具有因地制宜的重要意义。

在导师的指导下,L查阅大量资料,并在东兴市多所学校进行了为期一

---

① 东兴市简介_广西防城港[EB/OL].[2018-10-13]. http://www.dxzf.gov.cn/yxdx/dxgk/201807/t20180724_49396.html.

年的教学,先后在东兴市实验学校小学部、东兴市京族学校小学部等学校进行考察和美术教学,还在东兴市进行实地调查寻找具有地方特色的优势资源,与当地的老师一起深入探讨、学习当地文化,了解当地美术资源。

二、初到乡村

带着论文初期的构思和对教育的期待,四个女生跳出了学校藩篱,来到了广阔的民族地区的乡村学校。在这里,生活着与她们的生活截然不同的人们,她们眼中的乡村学校是什么样的?她们怎样融入当地生活和学校环境?让我们走进她们,看看她们眼中的乡村。

(一) 仅有的一位美术老师

Y初到瑶族中学,首先对学校教师的数量进行了统计:瑶族中学现有在校生共4 901人,其中瑶族学生有922人,占全校总人数的18.81%。全校一共有教师261人,瑶族教师就有60人,占全校教师总数的22.98%;但其中美术教师仅有2人,占全校教师总数的0.77%,美术教师与全校学生的师生比例为1∶2 450.5。其中男教师一名,女教师一名①。为了能尽快上手工作,Y提出想听这两位美术教师的课,没想到,这名男教师已50多岁,年龄较大,又因病已请假一年多,长期不上课。唯一的女教师今年34岁,已婚,还没有小孩,毕业于广西师范学院,现在是中学中级职称。女美术教师表示,有美术教学相关培训的时候,学校也会尽量安排她去参加,但由于工作量太大,学生实在太多,整个初中一、二年级总共21个班的美术课都由其一人承担(由于教师缺乏,所以初三以及高中部不开设美术课),压力很大,所以她并不能保证每节课都能按照课标

---

① 蓝苑尹. 开发与利用少数民族美术课程资源的研究——以在广西都安瑶族自治县瑶族中学的教学实践为例[D]. 南宁:广西艺术学院,2017.

的要求来完成,教学效果更是难以保证。而这一现象在都安瑶族自治县其他几所中学也普遍存在着①。

乡村学校由于位置偏僻、经济待遇差等原因存在着师资短缺、人才流动量大等问题,在民族地区乡村学校,美术和音乐、体育、自然科学等学科往往被视作"副科"而被学校忽视或取消,美术教师数量少、美术课由其他课程教师兼任的现象屡见不鲜。

在X调研的北海银海区六所渔村小学中,只有两所小学具备专职美术教师,且均是年逾四十的老教师,他们的美术教育理念已经陈旧,在教学中还存在着"按形画物"的要求,用"像不像"作为学生美术作业的评价标准。他们接受美术课程培训的机会很少,学校也不关注美术教师培训的事情,美术课还经常被语文、数学这些主要课程占据。在另外四所学校,美术课则是由语文课、数学课的教师兼任,他们没有接受过专业的美术教学培训,美术教学能力差,所教内容多停留在简笔画和涂色的水平。

同样的情况还发生在南丹里湖乡。在全乡12所小学(1所中心校、7所村小、4个教学点)中,小学生总数4157名,白裤瑶族学生3605名,占学生总人数的86.7%。在编教师179名、特岗教师31名、聘用教师7名,其中白裤瑶族教师13名,占教师总人数的7.3%,美术专业教师1名。全乡小学的美术师资力量较弱,仅里湖中心小学有1名美术专业毕业的教师,其他分校的美术课由非美术专业教师代上,有的甚至不上②。

美术课程师资短缺、教学质量差、美术课不受重视成为这些民族地区乡村学校存在的共同问题。

---

① 蓝苑尹.开发与利用少数民族美术课程资源的研究——以在广西都安瑶族自治县瑶族中学的教学实践为例[D].南宁:广西艺术学院,2017.
② 覃媚.白裤瑶美术文化资源融入小学美术课的教学研究——以广西南丹县湖瑶族乡中心小学为例[D].南宁:广西艺术学院,2019.

（二）书里有个大窟窿

X 至今还对她在北海渔村小学的第一节课记忆犹新。她调研的几所渔村小学美术教师奇缺，美术课多由其他学科教师兼任，X 刚到关井小学就被安排了课程任务。她还没走进教室，就听见里面乱糟糟的。走进课堂，她拿起一个在海边捡到的贝壳，孩子们立刻兴奋起来，七嘴八舌地说起自己捡过的贝壳有多美丽。乱哄哄的课堂上，她一眼瞥到一个男生安安静静地坐在座位上，书桌上有一本立起的书，男生正在目不转睛地看书。X 很好奇，径直走到男生旁，她一看就愣住了：厚厚的书里被凿开一个大窟窿，窟窿里端端正正放着一个手机，男生正在看动画片。班上的同学立刻哄堂大笑，X 脸红了。这一节课准备得很仓促，课上得也让 X 很受挫。她开始苦苦思索，这些孩子们怎么了？是对美术课不感兴趣还是对她不满意？X 开始精心准备每一节课，将当地海洋文化中适宜运用在学校美术课程中的资源用心搜集设计。她带着孩子们在海边捡石头，在贝壳上画画，用卡纸设计自家的船……渐渐地，她的课堂不再像之前混乱无序，孩子们睁着亮闪闪的眼睛，看到这个"有点不一样"的 X 老师给他们变出一次又一次好玩儿的美术课，那个看手机的男孩子，再也没在课堂上看过手机，他总是极认真地画着、想着，他要把他们家的船画到纸上、折成模型。X 的课堂从不是寂静无声的，孩子们喜欢她，看到老师展示的作品总是兴奋雀跃，常常引起其他教师在窗外驻足观看。

在关井小学，美术课是由数学老师兼任的，该教师没有接受过专业的美术教学培训，在教学观念上，教师不了解《义务教育美术课程标准（2011 年版）》，也不了解课程改革的内容，关于课程改革的信息获取较少，对最新知识了解不够透彻，依照课本刻板教学，对于学生的学习需要和兴趣关注较少。教学方法上，教师按部就班地教学，只是在黑板上做简单刻板的示范，没有创造力，这种教学让学生一味地画，无法感受到美术学习的乐趣。教学中，很少使用挂图，没有实物展示、游戏等吸引学生兴趣的环节。课堂乏味，学生不感兴趣。教学内容上，课堂基本是以简笔画教学为主,很少开展手工课教学。在这种情况下,学生对美术课很轻视,认为上不上课都没关系,同时从学校领导到教师,都认为美术、音乐等科目不重要,更侧重语文、数学等文化课。

由于学校和教师、家长的不重视,教师美术专业素养较低、教学观念陈旧落后、教学方式单一枯燥,进而导致学生对美术课不感兴趣或不重视。这种情况普遍出现在广大民族地区乡村学校。

(三) 没有电脑的美术课

Y在都安瑶族中学听课期间,曾上过一节没有电脑的"电脑设计课"。依照他们现用的教材,这一课是用电脑的画图软件来画一些雪花片。老师很犯愁,学校没有电脑,孩子们中几乎没有人使用过电脑,很少人见过雪花。没办法,老师只有尽量用语言来描述操作的过程。这节课味同嚼蜡,学生们低头在纸上画着无关紧要的画,有的直接看其他课外书。

在我国偏远的民族地区乡村学校,经济发展落后,交通闭塞,教育水平低下,而我国现在通用的教材是基于全国平均水平来编写的,在偏远地区存在着教材不适用当地生活环境、学生不理解所学教材、学习上存在困难等现状。

(四) 第二个"莫振高"校长

"覃校长就是第二个莫振高校长!"在访谈中,Q反复向我说起里湖中心校的覃校长。初到里湖乡,Q感觉有些茫然。满脑子都是怎样能尽快找到美术资源,怎样上课,这时候的Q,目标仅仅在于完成硕士毕业论文。恰逢学期末,学校没有再给Q安排上课任务。Q每天就在学校周边转转,赶上每月三、六、九瑶乡人赶圩的机会,Q就拿着她的相机在集市上拍照取材,看到的多是瑶乡人的穿着打扮、买卖交易,能收集到的瑶族文化资源零零碎碎,少之又少。这一天,Q正在办公室发呆,学校的覃校长叫住了她。覃校长分管里湖中心校,致力于将瑶族文化引进校园,并使之走出广西,走出中国,走向世界。在 Q 到里湖之前,里湖瑶族乡中心小学在覃校长的带领下已经被评为市级民族文化传承基地,学校设置乡村学校少年宫,开设铜鼓传承班、皮鼓表演队、瑶族刺绣班、陀螺传承班、民族服饰传承班、勤泽格拉舞蹈班等,与南丹县民俗博物馆等文化机构保持长期合作,共同策划学生活动。在覃校长的领导下,学校民族传承班表演队积极参加区内外演出,民族表演节目已经成为南丹县民族教育对外交流的窗口。Q 第一次看到满教室的皮鼓、铜鼓,第一次观看学校大课间学生表演的勤泽格拉舞蹈,她被深深地震撼了。更让她一直念念不忘的是覃校长对民族文化传承的坚持与努力。"他是一个非常具有人格魅力的人,有时候学校老师会因为开展民族课程增加工作量的问题有意见,但不管有多少反对的声音,他都坚持做下来了,他想让白裤瑶族文化走出里湖,走出南丹,走出中国,甚至走向世界!"覃校长的做法也带动了周围其他乡村,经常有其他瑶乡学校来学习参观,仿照里湖中心校开展民族特色课程。尽管民族传承表演课外活动项目丰富,师生中对白裤瑶族文化真正能了解的人不多。学生们会跳勤泽格拉舞蹈,但舞蹈想表达的是什么、为什么会有这种舞蹈,这样的问题,连学校老师知道的也少。皮鼓、铜鼓、陀螺、刺绣、舞蹈,它们更像是里湖中心校对外宣传的一张"名片",大家对技艺了然于心,对于背后的文化涵义则不去关注。Q 做过一些问卷调查,在里湖中心校,多数教师由于对白裤瑶族文化缺乏了解,很少或者基本不在课堂上教授白裤瑶族文化知识,其他课外民族传承兴趣班教学指导教师的白裤瑶族文化教学的内容也多限于民族技艺方面。

  在地方性民族课程的开发过程中,常常会出现这样一种情况:人们关注的更多是民族文化的"浅表部分"——集中在民族音乐、民族舞蹈、民族语言、民族手工艺、民族体育方面,而对于深深埋藏在历史记忆中的宗教信仰、民族历史、神话传说、民族节日等精神文化则很少关注。然而实际上,精神文化才是一个民族最根深蒂固的集体心性。一个族群内的人们有共同的历史记忆、约定俗成的社会规则、相似的生活习惯……这才构成了一个特定的族群。地方民族课程必须从本乡本土中贴近学生现实生活的内容中汲取养料,这才是能够让学生及教师形成基因响应的文化内容。

覃校长带Q在周围几个校区和村寨都参观了一番,采集了许多有用的信息。覃校长表达了对Q的欢迎,真诚地说:"你如果能来一年就好了,把我们的白裤瑶族文化给开发出来!做出我们白裤瑶族的美术课!"

Q很感动,她觉得一定要把这件事做好,不辜负校长和导师的期望。在覃校长的影响下,Q下定决心想在里湖乡中心小学"做出点儿什么",不再只是为了完成论文的写作任务。

三、尝试

初到乡村,四个女生跳出学校的藩篱,接触到真实的乡村美术教育,她们发现,民族地区乡村学校在美术教育方面普遍不重视,存在着师资短缺、教学观念落后、教师接受培训的机会较少、教学方式单一、教材不适应当地美术教学等问题。她们带着几年来积淀下来的美术教育理念与教学技能、带着从书籍中查找出的相关理论、带着导师的殷切希望,迫不及待地想投入这场对于她们而言的教育改革中去。

(一) Q的第一堂课

Q刚去里湖时已经是学期末,没有教学任务,她没让自己闲着,常常在校园里和村寨中穿梭。这一天,她在少队室参观时,一大群孩子趁下课拥了进来,他们知道这个老师从南宁来,都七嘴八舌地和她说话。

Q:"我下学期教你们画画好不好?"

Ss:"好啊好啊"

Q:"那我教你们画瑶族的画你们喜欢吗?"

S1:"老师,你教我一些好玩的吧!瑶族的有什么好玩的!"

S2:"老师,你教我们那些大城市小孩子学的那些!我们这里的东西没什么好学的!"

Q:"瑶族的美术特别美,特别好玩,我下学期准备开个兴趣班,你们谁想参加?"

Ss:"我参加!我参加!"

Q想,孩子们对本民族的美术是没有自信的,他们从前很少上美术课,在学校的乡村少年宫学到的也只是国画、素描等主流美术教学内容,他们从未发现身边的美,也不为自己是个瑶族的孩子而自豪,我要改变孩子们的想法才行!

在这之后的一天,一个四年级女生H找到了她,H全家都是白裤瑶族,她觉得这位新来的老师很喜欢他们民族,邀请Q到家里做客。

Q欣然前往。H的妈妈是手工艺能手,自己在家制作白裤瑶族服饰售卖。在这里,Q第一次看见粘膏树的制作过程。粘膏树是瑶族人制作民族服饰的重要资源,其树干粗壮,树头和树根细小,枝叶不茂密,远看像一只啤酒瓶。粘膏树是蜡染的重要原料,每年农历四月份是凿取粘膏树汁的时节,白裤瑶人会择吉日如龙、猪、牛、鸡日开凿。粘膏树会越砍凿越壮硕。大的粘膏树有几百年高龄,需要四五个人才能抱住。白裤瑶人熟悉砍凿的力度和斜度,既不会伤到树,也能取到充足的汁液。粘膏树干上坑坑洼洼的纹路就是白裤瑶人砍凿的痕迹和粘膏凝结的印记。粘膏树为白裤瑶族绘制五彩斑斓的服饰奉献着自己,是白裤瑶族历史生活的见证。

Q心里有了主意,既然粘膏树是每个孩子生活中所常见的静物,且粘膏树在瑶族文化中有不可替代的作用,她决定给孩子们上一节以粘膏树为主题的美术课。

新学期第一节课,Q给孩子们上了这节《美丽的粘膏树》。

表9-1 美丽的粘膏树

课例一：美丽的粘膏树		
一、课程设计		
年级/课程类型		一年级/造型·表现
1	教学目标	知识与技能目标：了解粘膏树的形状、用途，大胆自由地用线条、形状和色彩表达自己的观察和感受。
		过程与方法目标：通过对粘膏树形象和用途的认识，了解粘膏树在民族文化中的重要地位，联系生活实际，创造性地进行绘画，表现心中的粘膏树形象。
		情感态度与价值观目标：养成富于想象、勤于思考的习惯，激发学生的民族自豪感与自信心。
2	教学策略	教法策略　问题探索：请学生回答问题，引发其思考白裤瑶族寨树——粘膏树长什么样？学校里面有粘膏树吗？最大的粘膏树有多大呢？
		学法指导策略　1. 讲解粘膏树的树高、树围、树形。粘膏树在白裤瑶族文化中的重要地位：粘膏汁是白裤瑶族服饰蜡染的重要原料；粘膏树只能在白裤瑶族地区存活的稀缺性。2. 教师示范后请学生上台画一画粘膏树。其他同学做评委，评论是否画出了粘膏树的树形类似啤酒瓶、枝叶稀少特点。加深学生对粘膏树的印象。3. 引导学生联系生活、结合粘膏树特点，把粘膏树与家园、服饰联系起来，大胆创新，刻画心目中美丽的粘膏树。
		情感态度培养策略　将白裤瑶族服饰之美同粘膏树相联系，引发学生思考粘膏树的可贵与独特之处，学会用美的元素装点粘膏树，表达对民族自然资源的热爱之情。
3	教学方法	提问法、观察法、演示法、讲授法、练习法、讨论法
4	教学媒介	教师用具：PPT课件 学生用具：卡纸、水彩笔
二、课堂教学		

续表

课例一：美丽的粘膏树	
作业要求	大胆创意，画出你心中最美丽的白裤瑶族寨树——粘膏树
学生作品	

一（2）班 何尉宁

一（2）班 何春玫

一（1）班 黎紫涵

一（2）班 黎琳元

一（2）班 岑雨佳

一（1）班：何玉香

这节课孩子们兴奋极了。他们没有想到，老师千里迢迢从大城市过来，教授的居然是他们这样熟悉的内容。孩子们觉得，原来我们家乡的东西是这么好，在外面也那么有名气。这节课快结束的时候，Q统计了想参加她的兴趣班的人数，全班50个人，有30多个举了手。

（二）年街节上的小吃货

闲暇时间，学校老师邀请Q参加白裤瑶族的年街节，也参加了难忘的长席宴。长席宴是过瑶年、婚庆、祭祀时的必备宴席。几块长木板或者几片大芭蕉叶拼接成一条长龙，摆上菜肴，就可以开餐了。吃客们围在丰盛的食物两边，拿着用芭芒杆折成的筷子，吃着用洋芋叶子包裹的饭团，边吃边喝，走桌窜位、谈天说地。长席宴菜肴有地方的特色，如：五色糯米饭、扣肉、艾糍粑、酿豆腐、白切鸡等等。长长的宴席洋溢着浓浓的乡情。

Q决定让孩子们用美术的形式来描绘他们心中的年街节。

表9-2 长席宴

课例二：长席宴		
一、课程设计		
年级/课程类型		三年级/造型·表现
1	教学目标	知识与技能目标：认识当地特色的长席宴，联系生活实际绘制当地特色美食。
		过程与方法目标：通过课程梳理与回忆，分小组绘制不同类别的本土美食；展示评价环节举行长席宴就餐仪式，评选出最受欢迎的美食。
		情感态度与价值观目标：引导学生积极参与长席宴的美食制作，从而感受民族文化带来的乐趣。
2	教学策略	教法策略：问题探究：请学生回忆平常很少吃，过年必吃的菜肴，归类出：主食、荤食、素食、汤酒四个部分的特色菜品。引导学生主动联系生活进行思考。
		学法指导策略：1. 讲述白裤瑶族摆设长席宴的时间、场合、目的。 2. 把学生分为：主食小组、荤食小组、素食小组、汤酒小组，分别给长席宴创作乡土特色菜肴。课件中展示乡土菜肴照片供学生参考。

续表

		课例二：长席宴	
			3. 体验环节：引导学生出谋划策，用作品做道具，在教室举办一次盛大的白裤瑶族长席宴。
		情感态度培养策略	学生通过联系生活实际，自主创设情境举办长席宴游戏活动，增进学生对趣味民俗活动的喜爱之情。
3	教学方法	情境法、演示法、观察法、提问法、讲授法、讨论法	
4	教学媒介	教师用具：PPT课件 学生用具：纸、铅笔、水彩笔	

二、课堂教学

讨论归纳菜品种类

分工绘制乡土特色菜品

"长席宴"情境体验：上菜、入席、就餐

续　表

课例二：长席宴	
作业要求	分小组（主食小组、荤食小组、素食小组、汤酒小组）制作长席宴美食，合作举办一场"白裤瑶族长席宴"。

三(1)班学生作品

牛头宴

火麻鸡汤

香猪

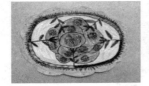
糍粑

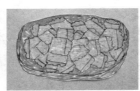
酸肉

豆腐酿

瑶山鸡

腊肉

苞谷酒

长席宴

孩子们的作品让 Q 惊喜,她没有想到,从没有学过画画的小孩能够看着图片,画得这么好,"牛头、腊肉、豆腐酿……我都只是找图片而已,就是实物图片,他们就可以直接转换成简笔画,摆起来还有前后关系,这些我都没有教过,只是说可以在上面撒一些配料,想不到孩子们能够凭自己的记忆画出了这么一大桌让人垂涎欲滴的年街节美食!"Q 认为,乡村的孩子在创造力方面和城市的孩子并没有太大区别。以一到三年级的学生来说,南宁的学生由于接受新事物比较多,他们的想象力多以奇幻、科幻的高科技为主,而里湖的孩子在其他方面的想象力比较丰富,比如大自然和他们生活的环境。

(三)芭芒草搭成的谷仓

白裤瑶族的建筑很有特色,谷仓是其代表。在白裤瑶寨,谷仓是每家每户的标配。谷仓里面一般存放稻谷、黄豆、荞麦等农产品,每家每户的谷仓几乎建得一模一样。白裤瑶寨多位于半山腰和坳口处,常年风大雨斜。谷仓的作用除防风、防雨,还有隔绝家里明火的功能。因此谷仓的每个部分的设计都有它独特的用途。仓顶如伞形,用干禾草捆扎堆砌得密密麻麻、严严实实的,主要功能是防水;仓房是圆柱形,为减小狂风来临时的阻力;仓脚由四根两米多长的粗木支撑,配上倒置的过釉瓦罐或包裹铁皮,不论瓦罐还是铁皮,光滑的表面都起到防止老鼠向上攀爬的作用。在白裤瑶人心中,偷鸡摸狗的行为是为人不齿的,因此他们的谷仓门是不上锁的,仅用一根木楔子横插进木眼,能把门扣住即可。小小的谷仓诠释着白裤瑶人的智慧和淳朴。① Q 尝试了很多材料,也收集了很多材料用于制作,但为了让学生们亲身体验谷仓的制造过程,她布置任务让学生们自己寻找可以做谷仓的材料。由于大部分学生住校,Q 特别拜托了一个走读的男生,让他从外面找一些茅草,准备给大家制造房子。第二天一早。Q 还没醒,男孩就在门口敲门。他采了一大捆芭芒草,杆子把他的手都划破了,她没

---

① 覃媚. 白裤瑶美术文化资源融入小学美术课的教学研究——以广西南丹县湖瑶族乡中心小学为例[D]. 南宁:广西艺术学院,2019.

有想到,从前对美术课不感兴趣的学生现在这么喜欢美术课,愿意为了课程牺牲自己的时间和精力。仓顶的制造过程也颇为周折。正值隆冬,很多草木都已经枯萎,孩子们试了很多材料都没有成功,直到有一天,一个小女孩采了一大堆狗尾草,她特意把毛絮摘除,只留根茎,这次终于搭好了仓顶。女孩绞尽脑汁,问了很多街坊邻居谷仓的历史和建造过程,最后终于找到合适的材料。Q很欣慰,她就是想让学生能自主学习,发现家乡的美。

表9-3 给粮食搭个家

	课例三:给粮食搭个家
	一、课程设计
	年级/课程类型	二年级/设计·应用
1	教学目标	知识与技能目标:了解谷仓的设计与用途之间的关系。学会用身边常见的乡土材料制作谷仓模型。
		过程与方法目标:通过观察,了解谷仓的结构、功能和建筑材料特点,探究可利用的乡土材料的特性、学会合作制作谷仓模型。
		情感态度与价值观目标:通过探索谷仓模型的搭建方法、体验乡土材料制作的乐趣,培养对民族建筑艺术的探索精神和创新精神。
2	教学策略	教法策略	问题探索:请学生观察谷仓的外形特点、材料特点和结构特点,思考谷仓结构及材质的功能,为什么谷仓要这样设计。 讨论探究:集思广益,思考身边的乡土材料与美术创作之间的关系,回家搜集材料。
		学法指导策略	1. 在与学生的问答互动中介绍谷仓外形结构与防风、防雨、防鼠、防盗、储蓄功能的联系。感受白裤瑶族的智慧和审美。 2. 展示谷仓模型半成品,让学生体验谷仓仓身的制作,并让学生思考,用什么材料继续制作仓顶部分。小组讨论身边可用的乡土材料,如:枯叶、枯枝、草木等。 3. 指导学生用编织、捆扎、剪、插的方法,主动探索模型的制作方法。
		情感态度培养策略	学生通过自主探索,创造性地使用身边的乡土资源制作建筑艺术品,增加学生的自信心,并在制作过程中感悟民族建筑的结构美。
3		教学方法	探索法、讨论法、演示法、观察法、提问法、讲授法
4		教学媒介	教师用具:PPT课件,谷仓示范模型 学生用具:废纸箱、芭芒草、千禾草、枯松针、麻绳、剪刀

续 表

课例三：给粮食搭个家	
二、课堂教学	

作业要求	运用乡土材料，小组合作，制作谷仓模型。
二(1)班学生作品	

孩子们在制作谷仓的过程中想了很多办法,找了很多材料制作仓顶,如用木棍、枯枝叶。但最后都失败了。Q带着孩子们经过一个星期的课外活动时间探索,他们终于寻找到了合适的材料,研究出了一套捆扎方法,谷仓模型终于得以完成。这次的课发挥了学生的主观能动性,也让他们了解到自家的谷仓是如何制作的,这次课后,学生们多了很多为什么,开始动脑筋思考身边的事物是如何产生的,它们有什么用,哪些是瑶族的传统。

(四)一套瑶族服饰

Q在H家里看到了一套瑶族服饰的制作需要经过若干道程序:织布—蜡染—制作百褶裙—刺绣—完成男装女装。由于过程繁琐,想手工制作一套精美的白裤瑶服饰,往往需要花上一年的时间。因为过于麻烦,市场上出现了机器制作的服饰,很多年轻人平日里不穿民族服装,只在节庆日才偶尔穿着。白裤瑶族的传统服饰富有深厚的文化涵义,Q认为有必要让孩子们了解服饰上的奥秘。她布置了一项作业:让孩子们回家留心白裤瑶族服装的制作过程,制作成手抄报。同时,她要求上美术课时孩子们要穿瑶族服饰,她自己也以低于市场价的价格从H妈妈那里买了一套白裤瑶族服装,上课时总穿着。在Q的设计下,白裤瑶族服饰分为以下几个课例:

1. 金色蚕丝布

表9-4 金色蚕丝布

课例四:金色蚕丝布		
一、课程设计		
年级/课程类型		三年级/造型·表现
1	教学目标	知识与技能目标:了解金丝蚕布的制作工艺流程。学会通过全班合作来制作出喂养金丝蚕及金丝蚕织布的场景图。
		过程与方法目标:学习金丝蚕布制作工艺,进行养蚕和织布场景绘画;最后用作品充当道具,体验生产蚕丝布过程中的护理环节,加深学生对民族工艺的认识。
		情感态度与价值观目标:培养学生认识民族工艺,传承民族工艺的热情。

续表

			课例四：金色蚕丝布
2	教学策略	教法策略	问题探究：询问学生蚕丝布是怎么得来的，用在瑶族服饰的哪个部分，引发学生联系自身思考问题。
		学法指导策略	1. 讲授知识：金丝蚕布的制作过程：孵蚕—喂蚕—守蚕—清理。提供金丝蚕照片和桑叶照片，给学生参考进行绘画。 2. 场景还原：鼓励学生互助合作，把之前画的"金丝蚕"和"桑叶"剪下来，制作成拼贴画。利用绿色和黄色大卡纸做背景，还原"养金丝蚕"和"金丝蚕织布"两个场景。 3. 民族体验活动：作品完成后，组织学生小组用"金丝蚕织布"场景的作品当做道具，参与到清理金丝蚕排泄物的游戏体验活动中，体会民族工艺的艰辛过程。
		情感态度培养策略	通过从绘制金丝蚕—制作织布场景—护理的完整活动过程，提高学生参与民族文化传承的兴趣和热情。
3	教学方法		实验法、提问法、观察法、讲授法、演示法
4	教学媒介		教师用具：PPT 课件 学生用具：白纸、(绿)(黄)卡纸、水彩笔、剪刀、胶水

二、课堂教学

金丝蚕布清护体验活动

续 表

	课例四：金色蚕丝布
作业要求	全班合作制作两幅金丝蚕布制作场景图："养蚕图""蚕虫图"。

一(2)班学生作品

合作前	 
合作后	 
	"养蚕图" "蚕虫图"

　　金丝蚕布是女子百褶裙的裙边布料，其制作过程颇为复杂：让蚕沿着一块木板边吐丝边爬行，最后织成布块状。金丝蚕与众不同之处在于吐出来的丝不是白色，而是金色。在养蚕织布的过程中，白裤瑶族妇女经常吃不上饭，睡不好觉，没日没夜地照看和守护。有时还需要全家人轮流值夜，以保证蚕的健康和布的质量。织好的金丝蚕布还需要三种染料才能染出橘红色，这三种染料瑶话叫作"咚也蔑""弄倍竹""窨瑕"。金丝蚕布有止血的作用，白裤瑶族把金丝蚕布缝在百褶裙的裙脚，当劳作或涉猎受伤时，扯下一块包扎伤口，能很快起到止血的作用。通过这节课的学习，孩子们了解到金丝蚕布的制作过程，也体会到白裤瑶族先人在大山中生活的艰辛不易。

2. 快乐织布机

表9-5 快乐织布机

课例五：快乐织布机		
一、课程设计		
年级/课程类型		三年级/设计·应用
1	教学目标	知识与技能目标：学习白裤瑶族织布机构造的关键部分，了解织布原理，制作简易织布机。
		过程与方法目标：结合课前回家的探索，学生通过课堂合作充当织布机关键部分的活动，体验织布的过程。培养探究性学习思维。
		情感态度与价值观目标：通过对织布工艺的了解，激发学生对民族工艺的自豪感与自信心。
2	教学策略	教法策略：实验探究：在讲解织布机原理时，进行教学实验。请学生充当织布机的关键部分：框架、综、梭子、梳扰，体验织布过程，加深学生对织布原理的理解。
		学法指导策略：1. 结合图片讲解白裤瑶族织布机的结构和重要部分：框架、综、梭子、梳扰。2. 结合学生体验织布过程的课堂实验，播放织布机织布过程视频。学生通过观察分析、合作体验思考织布机结构所起的作用。3. 引导学生结合所学，分组合作，用废旧纸箱和毛线制作简易织布机。
		情感态度培养策略：通过课堂实验的体验活动，培养学生的参与感和对民族文化的探究心理。
3	教学方法	实验法、提问法、观察法、讲授法、演示法
4	教学媒介	教师用具：PPT课件、示范作品 学生用具：废弃纸箱、剪刀、毛线
二、课堂教学		

织布机角色扮演体验活动

续 表

课例五：快乐织布机

合作制作简易织布机

作业要求	用废纸箱和毛线制作一个简易织布机，要求有织布机的重要部分：框架、综、梭子、梳扰。

三(3)班学生作品

 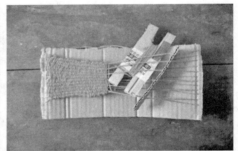

在里湖乡，用传统织布机织布的家庭已经越来越少，Q 想让孩子们了解传统技艺，这节课孩子们通过亲身体验、分组合作，用废旧纸箱模拟织布机，完成了一次快乐的织布体验，有孩子在放学后回家向父母说起这节课，为家里尚有一台祖辈留下的织布机而自豪。

3. 我们的百褶裙

表9-6 我们的百褶裙

课例六：我们的百褶裙		
一、课程设计		
年级/课程类型		二年级/欣赏·评述
1	教学目标	知识与技能目标：了解白裤瑶族百褶裙的形状、色彩特点及文化内涵，学会欣赏百褶裙中的纹样美。
		过程与方法目标：通过对百褶裙上的纹案样式、颜色、寓意和蜡染制作过程的了解，讨论表达自己的感受，使学生懂得从身边去关注民族艺术，了解艺术与生活的联系，学习利用美术材料模拟百褶裙的制作活动。培养对民族艺术的审美眼光。
		情感态度与价值观目标：激发学生的民族美术的自豪感与自信心。
2	教学策略	教法策略：问题探索：询问学生身上的百褶裙有多少个褶皱，请引导学生主动合作来数一数，寻求答案。
		学法指导策略：1. 引导学生主动进行观察和分析，观察同学身上的百褶裙、分析美丽的百褶裙条纹、颜色、图案都有什么相同之处和不同之处。思考花纹有什么特点，并用简短的语言表达自己的理解。3. 讲解百褶裙的蜡染过程、款型、颜色、纹案，分小组讨论并表达对百褶裙的造型美、色彩美、图案美的理解。4. 引导学生利用油画棒和水粉颜料油水分离的特点，模拟百褶裙的蜡染工艺，体验百褶裙的制作过程。
		情感态度培养策略：提供条件，创设情境，设置学生百褶裙制作工作坊。让学生从模仿百褶裙的制作过程中感受服饰造型、图案和色彩美。
3	教学方法	提问法、观察法、呈示法、演示法、讲授法、讨论法
4	教学媒介	教师用具：白裤瑶族百褶裙、PPT课件、示范作品 学生用具：旧报纸、油画棒、水粉颜料、胶水
二、课堂教学		

欣赏评述

折裙

续　表

课例六：我们的百褶裙

画裙

染裙

作业要求	1. 分小组针对百褶裙的造型、色彩、图案和工艺进行口头描述，互相交流，表达审美观点。 2. 用报纸、油画棒、水粉颜料模拟百褶裙的制作（先用油画棒模拟白裤瑶族粘膏画，绘制百褶裙花纹，最后用蓝色水粉颜料模拟百褶裙的蓝靛染色工艺）。

学生作品

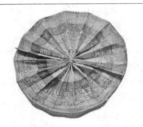
二（3）班　黎宇春

二（1）班　何凤芝

二（1）班　黎先缘

　　百褶裙的制作需要经过画、染、绣、缝、折五大步骤。粘膏汁画裙，共有三种图案。条状框中的图纹呈菱形或回形，造型简单、头尾相连，十分精密。百褶裙主体分为蓝、黑两色，裙边缝制红色的菱形图案刺绣和金丝蚕布。制作一件百褶裙需要两个人合作，分别拉裙头和裙尾，用食指和拇指不停地使劲来回折搓出 200 多个褶子，过程复杂考究。Q 对 H 妈妈制作百褶裙的技艺着了迷，她想了解更多的细节，又走访了里湖生态博物馆和王尚屯的一些原始村落，寻找最原始的百褶裙制作方法。了然于心后，她用旧报纸代替土布，让孩子们制作自己的百褶裙。

4. 蓼兰之美

表9-7 蓼蓝之美

课例七：蓼蓝之美		
一、课程设计		
年级/课程类型		二年级/欣赏·评述
1	教学目标	知识与技能目标：认识蓼蓝和蓼蓝制作成蓝靛染料的过程，学会欣赏蓝靛染色工艺，学会表达审美感受。
		过程与方法目标：通过对蓼蓝及染色工艺的了解和体验，欣赏和评述不同的蓝靛染色工艺的艺术美，增加对本土特色植物与民族美术之间联系的了解。
		情感态度与价值观目标：了解蓼蓝赋予白裤瑶族的艺术美，增强热爱家乡自然的感情。
2	教学策略	教法策略：体验探索：让学生体验蓝靛折染。寻找出对应花纹的折叠方法；讨论不同染色方法形成的花纹的美感。
		学法指导策略：1. 介绍蓼蓝及将蓼蓝制作成蓝靛染料的过程；讲解白裤瑶族利用蓝靛蜡染的过程，并介绍蓝靛扎染（针扎、捆扎）、蓝印花布（蓝底白花、白底蓝花），拓展学生知识。 2. 展示图片，请学生讨论扎染、蜡染、蓝印花布作品的不同艺术美感。表达自己对蓝靛染色作品中花纹的精细与粗糙的理解；随意与刻意的喜好，学会欣赏民族艺术。
		情感态度培养策略：通过欣赏不同民族间的蓼蓝染色作品，培养学生对民族艺术的审美眼光及审美感受能力。
3	教学方法	提问法、观察法、演示法、讲授法、练习法、讨论法
4	教学媒介	教师用具：PPT课件、蓝靛染料、布、纸巾 学生用具：纸巾、蓝色水粉颜料、水、空碟子
二、课堂教学		
课堂实况		

教师示范　　　　　　　　　体验折染　　　　　　　　　欣赏评述

作业要求	用蓝色水粉颜料模拟蓝靛染色过程。

续 表

	课例七：蓼蓝之美
二年级学生作品	

在这几节美术课中，孩子们的绘画热情空前高涨，为了完成老师的作业要求，孩子们回到家就开始询问外祖母关于白裤瑶族服饰的秘密，有的孩子走亲访友，就是想知道平时看似平常的服饰是如何制作出来的。Q要求孩子们在美术课上穿民族服装，有的孩子家里贫穷，没有服装，Q就租来用机器织成的服装发给孩子们，只要是她的美术课，孩子们都早早到她宿舍门前借服装，有衣服穿的孩子自豪雀跃，没衣服穿的孩子拼命想得到一件。她自己也总穿着从H同学家买来的白裤瑶族服装，成为学校里唯一一个穿白裤瑶族服装上课的教师。一群穿白裤瑶族服装的师生成为校园里最亮丽的风景线。孩子们觉得，这个老师这么热爱我们的民族，原来我们瑶族那么棒啊！有当地的瑶族教师看见Q穿着瑶族服饰总是很感动，"你一个外来的都能这么热爱我们的民族，而且把我们瑶族的文化资源挖掘得这么深入，去传授给我们的学生，真的很不容易。"这些话让Q觉得自己当下做的是一件非常有意义的事情，她从没有如此强烈地感觉到自己也是个瑶族人，她和这些孩子们穿着祖先的服饰，拥有共同的血脉，她如此自豪，可以带着孩子们去学习瑶族的文化，感受瑶族人的聪颖智慧。

四、转折与改变

Q 经过摸索与尝试,深入白裤瑶族的村寨、族人中挖掘美术文化资源,从孩子们所熟悉的事物着手,课程内容涉及白裤瑶族的自然资源、服饰、建筑、节日、风俗等方面,极大提高了学生的民族自信和美术兴趣,让他们成为积极主动、乐观向上的瑶乡儿童。随着课程的深入与推进,这个过程并不总是一帆风顺的,Q 也遭遇过一些困难与阻碍。

(一) 小 L 与大印红包

小 L 绝对是 Q 见过的最调皮捣蛋的学生。他学习成绩差,上课总是坐不住,总爱在课堂上做鬼脸,引得同学们哈哈大笑,而且罚站、请家长之类的惩罚对于他真是毫无作用。小 L 是所有任课老师最头疼的学生之一。Q 没上课之前就常在办公室听到他的大名。在刚开始的几节课中,Q 领教了小 L 的淘。不听课,总打断老师讲课,各种小动作,扰得前后左右都不得安宁。在台上罚站,还各种鬼脸不断,课堂被他搅得不成样子。Q 与小 L 单独聊过几次,可他总是嬉皮笑脸,没有作用。Q 颇为犯难。

小 L 总爱画一些奇怪的东西,一次美术课上,小 L 画了几只乌鸦,Q 觉得他虽画得怪异,但线条流畅,构图大方,于是 Q 表扬了他,还把他的画挂在黑板上让同学们看,大家也都说好。小 L 眼神闪烁,似乎不相信老师会表扬他,让他发言时倒不像往常那样漫不经心,他小声地说这是他在家院子里看到的景色。Q 紧接着说:"我们就是要画我们平时看到的景物,它们真的很美!小 L 留心观察生活中的景物,同学们应当向他学习!"接下来的一节课 Q 又一次表扬了小 L,她发现小 L 在绘画上确实比其他同学别出心裁,心思奇巧。

这一次课上的是《大印红包》,灵感来源于瑶王大印。这事实上是白裤瑶族一个古老的传说。瑶王的夫人轻信了别人的诡计,瑶王大印遭掉包,从此世世代代将这大印图案绣到布褂上,让族人不忘过往教训。花褂衣上的大印有"米、井、田、回、旦、器"几种图案,寄予了白裤瑶族人对生活的美好向往。Q 认为民族传说应该得到有效传承,也必须让孩子们懂得花褂衣瑶王大印来源意义,适逢年末,Q 设计了《大印红包》一课,让孩子们制作红包,再在红包上画出瑶王大印,用图案向先祖诉说今天的瑶乡生活,等到过年可以作为红包使用。小 L 这次在瑶王大印中画了自己的学校,"我想对爸爸妈妈说我现在在我的学校很开心。"Q 表扬了小 L,小 L 开心极了。

在这节课后,小 L 上美术课总是认真听讲,画画时极其认真。Q 慢慢发现,小 L 画画很有自己的想法,他很调皮,但也很腼腆,不怎么去说话,总喜欢用表情动作表达自己的内心。他之前调皮捣蛋其实是想博得大家的关注,这个孩子内心是很自卑又很敏感的!Q 常常发自内心地夸赞小 L 的作品,他画得越来越好,有时候,Q 让孩子们上自习课时小 L 也在创作自己的画作,即使不需要上交,他也一直坚持画。

一学期之后,Q 听见一向说他调皮没救的数学老师在办公室表扬小 L,说他学习比以前积极很多,虽然成绩没有提高多少,但上课会主动举手回答问题,作业也能按时完成了。Q 真为小 L 的变化感到高兴。

表 9-8 大印红包

课例八:大印红包		
一、课程设计		
年级/课程类型		一年级/造型·表现课
1	教学目标	知识与技能目标:了解白裤瑶族花褂衣图案的历史渊源。借助瑶王大印的形态大胆想象,创作瑶王大印里的故事。
		过程与方法目标:通过对瑶王大印故事和图案的理解,培养学生创意思维,用简单的线条和图形设计瑶王大印,描绘瑶王大印里的美好生活。
		情感态度与价值观目标:培养学生热爱民族美术文化的情感。

第九章　改变乡村教育的美术课程开发：四位研究生的实践探索

续　表

			课例八：大印红包
2	教学策略	教法策略	问题探究：从白裤瑶族"和亲盗印"的故事出发，引发学生思考为什么要把瑶王大印穿在身上，瑶王大印图案有什么特别之处。
		学法指导策略	1. 帮助学生归纳瑶王大印几种造型结构"米、井、田、回、旦、器"，引导学生联系生活思考瑶王大印的寓意（有水、有田、回家等）。 2. 利用红包的寓意如"大吉大利、吉祥如意、喜庆、节日快乐"等，启发学生思考美好的祝愿有哪些。并联系生活展开联想，设计出一款内含瑶族生活愿景的大印红包。
		情感态度培养策略	通过瑶王大印传说和造型的寓意，培养学生热爱民族、热爱生活的情感。
3	教学方法		提问法、观察法、演示法、讲授法、讨论法
4	教学媒介		教师用具：白裤瑶族花裙衣、PPT课件 学生用具：红纸、铅笔、油漆笔

二、课堂教学

课堂现场

作业要求	根据瑶王大印整体造型特点，设计蕴含美好寓意的大印红包。

学生作品

一（2）班　黎仁亲　　　一（2）班　黎琳元　　　一（2）班　覃运平

续表

课例八：大印红包

一（2）班 兰建华	一（2）班 黎英美	一（2）班 莫秉莲

一（2）班 罗道鸿	一（2）班 黎勋丽	一（2）班 莫璐璐

在这节课中，孩子们开动脑筋，设计出来许多别出心裁的大印红包，他们格外珍惜自己的作品，迫不及待要拿回家给爷爷奶奶爸爸妈妈看。

（二）千户瑶寨与课程风波

Q任教期间，正值里湖瑶族乡建设大型"千户瑶寨"异地搬迁工程。千户瑶寨工程是政府投资12个亿建设的扶贫项目，也是政府巨资打造的白裤瑶族生态文化旅游景点项目，涉及里湖、八圩两个瑶族乡3个片区，1.35万贫困群众，是广西易地搬迁建设项目规模最大、时空压缩最短的项目工程之一。"千户瑶寨"是当时的热点话题,无论是学生还是老师家长都十分关注千户瑶寨并对其抱有较高的期望值。Q想,开发乡土课程就是要找这种整个瑶乡都知道的事情,于是,她想将"千户瑶寨"开发成一个美术课例。

该怎样去做这件事呢?当时这个项目刚刚启动,大家在街头巷尾都在对这次工程的规划发表自己的观点。何不让孩子们去设计这个项目呢?孩子们的思维新奇,创造力无限,那就通过这次课例看看孩子们心目中想把里湖瑶乡建设成什么样子!为了让学生能更好地展示设计蓝图,Q打破常规的绘画尺寸,使用长卷画形式,让学生可以合作创作,在保存建筑传统特点的基础上,充当设计师设计自己的千户瑶寨。

Q让孩子们到操场集合,围成一个大圈来讨论"工程"的建造方案。孩子们从没有这样的体验,感到十分新奇。没多久,大伙儿的讨论声越来越大。大家拿着自己之前设计的草稿图,讨论这边画什么、那边画什么、主题是什么,有人说我们是牛头村的,就把房顶设计成牛头形状!有人说用"风"作为主题,我们就叫"风花风语村"!同学们的讨论异常激烈,一边讨论一边修改草稿图,有确定主题的小组已经开始在纸上认真画起来,这情形连操场上上体育课的老师都被吸引过来,他一直在学生背后默默观看。下课了,可孩子们不愿离开,他们一开始蹲着画,渐渐有人趴在地上,最后所有人都趴在地上继续描画他们心中的美好瑶寨。很多老师和高年级的学生围了上来,他们从没有见过还可以这样上美术课,学生们羡慕极了,上课铃响还迟迟不愿走开。

由于工程量巨大,课堂时间是完成不了的,Q就在晚自习时间将画卷搬到书画室,让完成作业的学生来书画室继续画。孩子们热情高涨,Q只将纸张准备好,画笔准备好,画出两个村寨的界限,再也没指导过他们。Q想看到孩子心中最纯真的画面。

第二天一早,Q刚到办公室就有老师十分不悦地找到她,让她不要在晚自习的时间让孩子们去画画。原来,前一天晚上有的学生根本没有完成作业就去书画室画画了,还欺骗Q说已经完成作业。这些孩子,他们不想做作业,当其他老师再问到时，又因为怕挨骂就嫁祸到美术老师头上，"都是美术老师让去画画我们才没写作业的！"老师们意见很大，觉得学生最近把心思都花在了画画上，没心思再去学习其他科目。事实上，随着Q美术课程的深入，学校有部分教师就已经开始有了意见。他们认为只有语文、数学、英语才是课程，美术本身是一门没什么用的学科，不能算进分数，还花时间和精力，而且开发瑶族的美术资源也没有意义，因为瑶族的东西没什么好学的，又贫困又落后！从他们的想法中我们知道，教师们对瑶族文化是没有自信的，这些持反对意见的老师中大部分是年轻教师，他们实在不明白校长为什么会重视这种美术课，也不明白这个从省会来的研究生为什么要把美术做的这么夸张，整天全身心都在想着美术，在他们眼中，教学无非就是盖个章完成任务就可以，但他们不知道，Q已经不仅仅满足于完成论文了，她要向覃校长那样，致力于开发白裤瑶族文化进校园，让白裤瑶族文化走出里湖，走出广西，走向世界。老师们把学生的情况汇报给了教务主任，他一度想停了Q的美术课。

这件事传到了覃校长的耳朵里，他平日里非常重视民族传统文化的开发与应用，在民族美术方面，覃校长认为里湖乡中心小学目前虽然是民族美术示范基地，但却只有表演类的东西，没有关于文化内涵的开发。在Q实习的这些日子里，他看到了Q所作出的种种努力，也看到了饶有趣味的民族美术课程，最让他感动的是孩子们对于美术的热爱。在与Q沟通了解具体情况后，他恢复了Q的美术课，又利用每周国旗下的讲话活动时间向全校师生强调：美术、体育、音乐等课程是国家课程的重要组成部分，任何老师不得占用美术课，要支持美术课对瑶族文化的开发！也呼吁全体教师都能留意身边的白裤瑶族文化，把它们运用到所带的课程中！

Q再次对学生特别强调，美术只是其中一门学科，所有同学不能偏科，更不能让没写完作业的同学去画画。这之后，学生们再也没有出现作业未写完就去画画的情况。

表9-9 千户瑶寨

课例九：千户瑶寨

一、课程设计		
年级/课程类型		三年级/造型·表现
1	教学目标	知识与技能目标：学会用写生、记忆和想象的方法，通过观察绘制白裤瑶寨地图。
		过程与方法目标：分两个小组讨论瑶寨的整体装饰风格，通过写生和观察照片等方法进行瑶寨的构思。
		情感态度与价值观目标：积极参与互助合作，培养对民族建筑艺术的探索精神和创新精神。
2	教学策略	教法策略：调查探究：课前布置学生到自家或亲戚家的白裤瑶寨（如：王尚屯、化图屯、邑地），探究瑶寨建筑的特点，用稿纸绘画或文字记录。锻炼学生的观察能力。问题探索：请学生思考并回答，为什么能快速辨别不同的村寨？各个村寨有什么不同的地方，又有什么相同的地方？集体讨论：组织学生分2个小组讨论瑶寨的建筑布局、风格样式特点，培养学生互助合作能力。
		学法指导策略：1. 学习白裤瑶族泥巴房和谷仓的结构、材料、功能，白裤瑶寨的地形结构和建筑的分布特点。2. 在长卷布条上划分两个小组的地形区域，并指导学生有条不紊地进行统一规划，分工创作。创作时，指导学生在保留本土建筑特色的基础上，突出小组寨子的特色。由两个小组共同完成一幅千户瑶寨地图。
		情感态度培养策略：学生通过联系自己家的建筑风格、写生探索，小组讨论建设自己的家园。绘画时在继承传统建筑风格的基础上加以创造，增加学生的参与热情，培养学生对民族文化的感情。
3	教学方法	探索法、讨论法、演示法、观察法、提问法、讲授法
4	教学媒介	教师用具：PPT课件 学生用具：0.9m×5m白布、铅笔、勾线笔、水粉颜料

二、课堂教学

两个"村"小组分别召开会议，结合设计图纸讨论村寨的建设

续　表

课例九：千户瑶寨

教师指导学生合理分工

创作过程

| 作业要求 | 小组合作，完成两个瑶寨的绘制，包括：泥土房、谷仓、瑶寨居民日常活动。 |

三(1)班学生作品

牛角村

续　表

课例九：千户瑶寨

风花风语村

三（1）班作品：瑶寨——"牛角村"和"风花风语村"

（三）画展

Q在里湖乡陆续开展了一些美术课程，她实在是喜欢这些孩子和他们创作的画作，她也很想让其他老师和家长们看到孩子们的创造力和坚持不懈的良好品质。她让孩子们站在他们创作的《千户瑶寨》作品前，拍了照片让他们带回家给家人看。第二天，她问孩子们家长的反应。有的孩子忘记给父母看，有的孩子说父母看了没说什么，还有的家长表示不想看。Q想，这样的效果不好。孩子们的民族自信心不仅需要教师的培养，还需要家长和其他教师的共同认可和鼓励。

Q想到一个办法，开个画展，让大家都看看孩子们的作品。

Q让学生们帮忙把这幅画挂在学校的围墙上,长长的一卷画占据了大半张墙面。由于是一月份,天气比较寒冷,过往的老师们看见了,有的看几眼,又匆匆回到办公室,有的根本就没关注到墙上多了一幅画。但这次画展在孩子们中间引起了较大关注。很多学生围在这幅画前,惊羡地看着这幅巨大的画。很多高年级没有再开设美术课的学生羡慕地表示自己也想上这样的美术课。

　　第一次画展并没有在学校教师和家长中引起反响。Q在思索怎样让老师和家长们能看到孩子们的作品。恰好是年末,这几天学校要开文艺晚会。Q灵机一动,为什么不把这幅画拆下来,让孩子们到时候上台去表演呢?她把这个想法在三(1)班跟孩子们说起来,立即得到全班孩子的支持,孩子们非常高兴能够在这样隆重的场合展示自己的画作。说做就做。Q立刻安排孩子们进行彩排。她让孩子们用文字描述这幅画中的内容,表达他们想要的感觉,两个同学朗诵,再找几个孩子拿着画作。本来是要选择四个学生上台,可是全班同学都要求上台,Q想,既然这幅画是所有同学共同完成的,它寄托了全班同学对于家乡的热爱之情,所以,Q决定,让所有学生都上台表演!孩子们上台后,他们激动振奋,自豪之情油然而生。质朴而真诚的表演引起了全场师生的震动!全校的学生都认为这个班的学生太厉害了!他们不仅在美术创作上非常棒,又非常团结,这可真让人羡慕啊!真希望自己班也可以开设这样有趣的美术课,能够画自己的家乡!参加这次晚会的老师们也都觉得,我们的孩子们在这个城市老师的引导下,发生了这么巨大的变化!他们的美术作品有创造力,而且语言表达流畅感人。Q想,其实里湖乡的孩子们本来就很棒,让他们在自己熟悉的文化氛围中学习他们熟悉而擅长的东西,孩子们如同鱼儿畅游在知识的海洋中,他们一点都不比城市的孩子差!

　　由于参加晚会的人数有限,且第一次画展并没有展出孩子们平日的画作,Q决定再次开一次画展。

　　第二次画展在书画室举办,不仅有《千户瑶寨》,还有孩子们平日里画的画作。这一次,她拜托了一个在学校广播站的高年级学生帮助她宣传这次画展的

第九章 改变乡村教育的美术课程开发：四位研究生的实践探索

图9-1 文艺晚会展示

时间地点等讯息，这个学生之前找过Q，他非常想参加Q的兴趣班，但由于他是高年级学生，学校已经没有美术课程了，所以他平时总去Q的兴趣班。这次画展在室内，空间比较小，许多同学一窝蜂地挤进去，又是六月份的夏天，屋内也没有空调，非常的热。但孩子们进去之后一直在那里转来转去，欣赏作品。有的老师想进教室都挤不进去。学校的M副校长特别关注这次画展。这幅作品刚完成在学校围墙上展览的时候，他就常常去看，一天看两次，每次都久久地站在那里，"哇，这些学生太厉害了！如果我们瑶寨给这些学生设计，那多好看啊！"在M校长心里，这些乡村的孩子脑子都是不太给力的，村里的学生嘛，肯定比不了县里的学生聪明。可是看到这些孩子展现在画卷上的独特创造力，平日里跟着Q学习美术课的热情和恒心，M觉得乡村的娃娃也是有潜力的！他甚至想象，我们今年是不是有学生能够考到县里的中学去。

M校长很欣赏Q的作品和她的工作精神。自从Q到了里湖后，她总是非常珍惜每一天的时间，像打仗一样在做各种事情，或者在办公室加班，或者在准备美术教材，或者在和学生们商量如何开展美术课，怎样做好美术作业……M

说,你这样的工作态度,不管去哪里都是很厉害的,都没有任何问题!当 M 再次看到这幅画卷时,他会由衷地赞叹:"Q 老师,你把孩子们教得真好!"

图 9-2 白裤瑶族家长观看学生作品展

图 9-3 画展志愿者

图 9-4 画展交流活动

图 9-5 画展现场

图 9-6 画展评论墙

图 9-7 画展评论

（四）蓝靛折染工作坊

Q发现，年纪稍大的老师反而是较早接受民族文化进校园的一批人，他们中多是白裤瑶族人，对于传统的民族文化记忆犹新，而年轻人接触的民族文化逐渐式微，他们所看到的更多的是瑶乡的贫穷与落后，自己尚未想到在这瑶乡扎根，总向往外界的繁荣与发达，对于他们而言，民族文化是不值一提的。《千户瑶寨》像是一个转折，很多学生和老师对开发民族文化运用到美术课程中的效果得到了认可。但Q还想着更长远的问题：如果我走了，那谁给里湖乡的孩子们上这些美术课呢？她觉得，要做些什么，来带动学校的老师们，让他们不仅能够认识到民族文化资源的好，还能自觉地对这些资源进行开发和运用。毕竟，里湖乡的师生才是开发本地课程文化资源的主角啊！

Q想到在"蓼兰之美"一课后，很多学生乐在其中，常常拿着面巾纸折染成不同图纹。有一次，一个学生说她常常在家教弟妹玩折染图案，Q有时候放学后就到村寨里学生家里走走看看，这一天，她看见二年级的何同学在教同村的小伙伴折染，小伙伴们都觉得这个游戏又好玩又新鲜，他们乐于研究不同的折法能出现哪种效果。

图9-8 二（1）班何凤芝同学用蓝靛染料，教村里的小伙伴们折染

Q想，既然折染有趣且容易上手，也是白裤瑶族服饰制作过程中的重要步骤，那何不在校园里开设一个工作坊，让我们的学生教教老师？谁说学生不能教老师呢？

"蓝靛折染"教学工作坊就这样经过几天的筹划在校园里落成了。Q带着二年级的学生们，在下课时间教全校师生折染的方法。孩子们第一次这样当老师，全都积极主动，热情澎湃，他们先说折染的原理，在生活中的什么地方能见到，随后就极其负责地教授起折染的方法来。Q鼓励孩子们，多邀请一些老师们来参加。有时候，胆子大的学生会拽住路过的老师，或者从办公室请老师出来，一定让他们看看这神奇的折染。没过几天，师生们的作品就挂满了教室，Q用细绳串起来，放在院里的晾衣绳上，许多人经过都会驻足一看，"你看，好美啊！那是我折的！"有年轻的老师参与过折染，也禁不住感叹："这种民族的元素还真挺好看的！"

　　Q希望，不止于美术课，里湖乡的其他课程，一定也能开发出孩子们喜欢的民族课程！

图9-9　二（1）班、二（3）班学生在学校开设"蓝靛折染"教学工作坊，给全校师生当小老师，进行现场教学

图9-10　五年级同学作品

第九章　改变乡村教育的美术课程开发：四位研究生的实践探索

图 9-11　三年级同学教老师折染

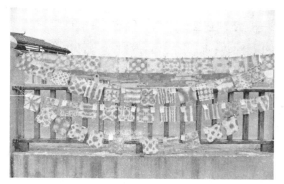

图 9-12　师生折染作品展

"蓝靛折染"教学工作坊的开展将 Q 的乡村美术教学又推向了新的高潮。民族地区乡村学校的课程开发，其主体是当地的师生们，他们生活在本乡本土的环境中，清楚当地的文化资源，该选择怎样的乡土文化，怎样与主流文化区分与融合，没有人比他们更清楚。我们应当培养民族地区的老师和学生们成为乡土课程开发的主角。

（五）家访

Q 认为，课程的开发也离不开学生家长的支持与参与。在《千户瑶寨》第一次展出的时候，当时学校门口有几个接孩子的家长一直在校门口看着这幅巨大的画，他们不是很好意思进校门，Q 见了便叫他们进来参观，家长们还是很腼腆。他们一直在那儿讨论这幅画，Q走出去，问其中一位奶奶，您觉得孩子们的画怎么样？奶奶牵着一个小孩子的手，腼腆地说："画得很好！"Q问哪里好，奶奶就说孩子们画得很像。Q想，奶奶说像的意思就是说孩子们画得形象、生动。她虽然不懂绘画，但是艺术的魅力就是要让人感到美。那边几位家长都说这画画得好，这给了Q极大的信心。

平日里，也总有家长让Q很暖心。Q先前常常去H家里看H妈妈制作民族服饰，有一次去时，H妈妈留她吃饭，不一会儿就端出熬好的鸡汤要给她补身体，原来，H妈妈一早遣了爸爸去买鸡。Q想，我不过是一个刚来的老师，必是H平日里常跟父母提起我，说我有多好，对学生如何，又常常教她们画画，所以每次去她家，H的爸爸妈妈和弟弟妹妹都极欢迎。还有一个学生，他上课不爱说话，Q总鼓励他，耐心教他，有一次在过年街节的时候，他妈妈在路上见到Q，就极热情地与她打招呼，Q想，这也一定是孩子们与父母说的。

Q回想起这些片段，想到了要去学生家里走走，来一场家访。这一次她走进学生W的家里，他家贫穷，房子又旧又小，黑暗的屋里，W正在教弟妹画画，Q仔细一看，惊喜地发现W正在教弟妹画粘膏树，弟弟妹妹都很喜欢，说这是他们院里的树。W画画很好，从小妈妈便教他画画，但他画的都是简笔画，从没画过家乡的东西，他从Q那里学会了观察家乡的一切，便留心教弟弟妹妹作画。

Q心里很欣慰，民族地区乡村学校美术课程的开发应当是教师、学生、家长和社区居民共同参与的过程。

图9-13　王志成同学教弟妹们画家乡的粘膏树和谷仓

五、离别

忙碌充实的一年很快就过去了,临别之际,Q细细整理了在里湖所做的这些美术课例,她希望把它们完善、存档,留给当地的老师作为参考。在整理两次画展的物件时,Q发现了很多当时画展时学生写下的心愿便利贴,她一一翻看着,心中触动很大。

有的学生写着:我喜欢三一班蒙建学的画,因为他的画能让我知道瑶族传统是那么好看,这样能让我了解瑶族的文化特色,又能让我知道瑶族是多么有魅力的民族。

有的写着:我喜欢这一次的画展,因为里面充满了快乐,我真希望我也能参加这一次的画展,也就让我充满了信心。

有很多同学说:我也想上这样的瑶族美术课!

Q看着,思索着。这一年,她已经和这里的孩子绑在了一块儿,无时无刻不在想着:怎样才能让这些大山里的孩子相信自己优秀,相信自己的民族优秀,怎样才能挖掘出最好的他们……通过美术课,孩子们俨然已经找到了自己的民族自信,他们热爱画画,热爱自己的家乡,热爱自己的民族,想把这一切美好的事物画在纸上。可是,她走了以后,还有谁能这样教他们美术课呢?Q心下怅然。

这时,覃校长找了她,表达了想要与高校共建"美术教学基地"的愿望,希望更多的实习老师能继续开展白裤瑶族美术教育工作。这给笼罩在Q头上的乌云投下一缕阳光。她迅速与导师联系,述说了里湖的情况。经过文老师的一再努力,"美术教学基地"在里湖乡中心小学建成。很快,第一批20名美术教育专业实习生赴里湖瑶族乡5所小学:里湖中心小学、干河小学、瑶里小学、怀里小学、董甲小学,进行白裤瑶族美术教学实习,进一步开展白裤瑶族美术教学活动。实习生们投入了大量的热情和精力,开发了更多的白裤瑶族美术课例,也收获了当地学生的喜爱。

离别的日子越来越近了,这一天,Q拿着实习评价手册找校长和各位老师写评语,她直到第二天才拿回,翻开看时惊讶极了。她原以为疏疏落落形式化的评语却被这满满一本诚恳真切的话语取代了。"以白裤瑶民族文化元素为美术课素材,培养学生民族感情和民族自信,激发了对美好生活的向往";"希望白裤瑶族美术课程能持续开办";"民族美术展非常有意义,是白裤瑶族学生对本民族文化传承的良好开端";"希望把这一年来的学生民族美术课的教学方法以文字形式留存学校,以便今后的工作借鉴";"欢迎引荐更多的艺术老师关注白裤瑶族民族艺术"……这些真诚中肯的评价让Q受宠若惊,她没有想到,这一年的努力得到了老师们的一致肯定与欣赏,她觉得这一年的辛苦付出真的没有白费。

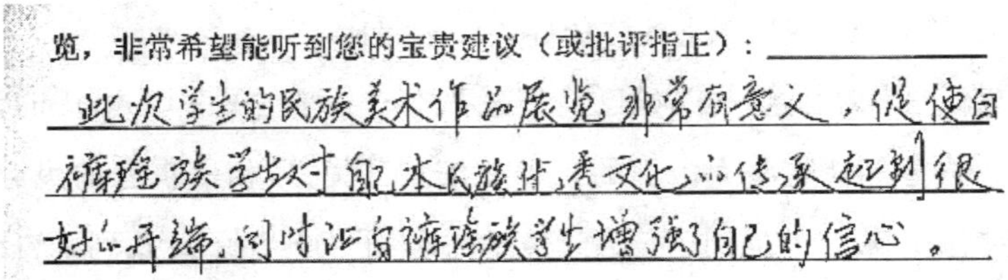

图9-14 评语一

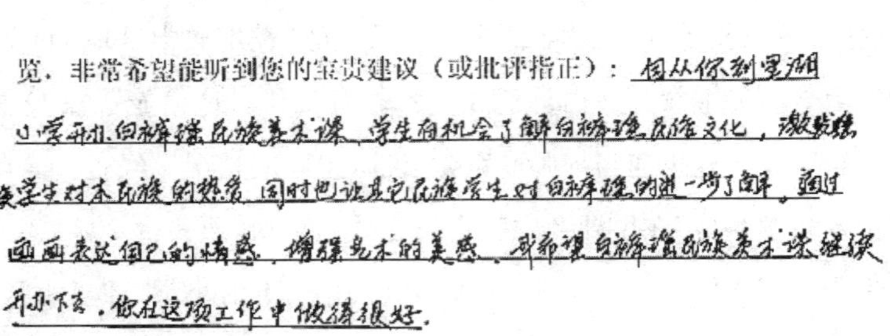

图9-15 评语二

第九章　改变乡村教育的美术课程开发：四位研究生的实践探索

览，非常希望能听到您的宝贵建议（或批评指正）：_____
　　1.以白裤瑶民族文化元素为美术课素材，培养学生民族自豪感和民族自信，激发对美好生活的向往。
　　2.学生民族美术作品展，建议方便的话把作品留校保存，并把一年来开展民族美术课的做法以文字或其他形式提供给学校，方便学校今后开展此项工作时提供借鉴。
　　3.建议覃老师今后方便的话多来我校指导工作。同时欢迎引荐更多艺术老师来关注我瑶乡艺术工作，把瑶乡民族艺术宣传好、传承好！

图9-16　评语三

览，非常希望能听到您的宝贵建议（或批评指正）：_____
　　你的文情姐好，让白裤瑶学生及家长和老师明白了其正的家长课，希望教育主管部门在每所学校都聘一个专业的家长老师。

图9-17　评语四

览，非常希望能听到您的宝贵建议（或批评指正）：这次美术作品展览非常及时非常好，能激发学生对民族美术的兴趣，挖掘其的绘画潜能，并能在绘画过程中了解白裤瑶民族的历史文化，效果非常好。

图9-18　评语五

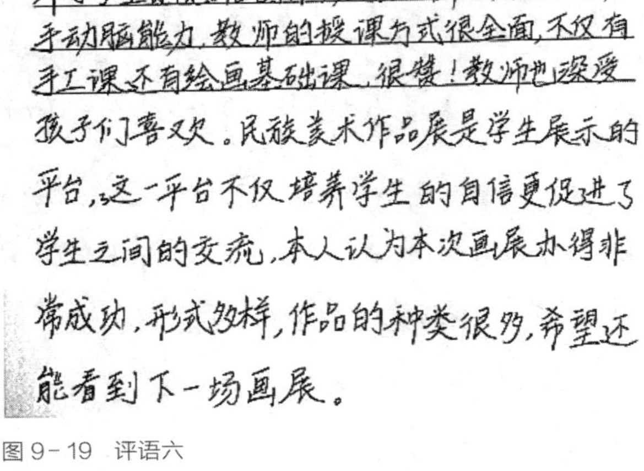

览，非常希望能听到您的宝贵建议（或批评指正）：美术课培养了学生的思维创作，加强白裤瑶孩子的动手动脑能力，教师的授课方式很全面，不仅有手工课还有绘画基础课，很赞！教师也深爱孩子们喜欢。民族美术作品展是学生展示的平台，这一平台不仅培养学生的自信更促进了学生之间的交流。本人认为本次画展办得非常成功，形式多样，作品的种类很多，希望还能看到下一场画展。

图 9-19 评语六

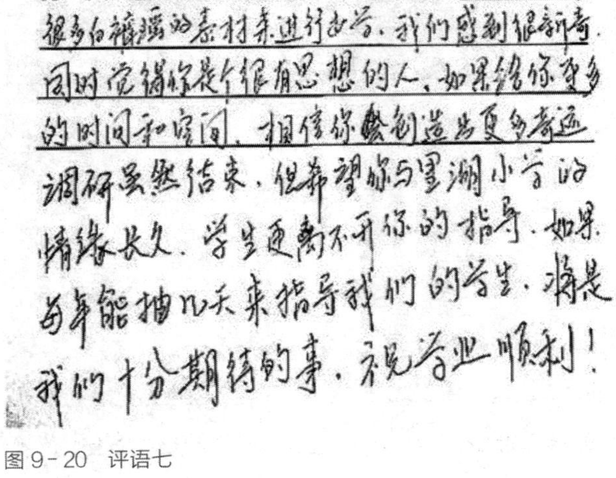

览，非常希望能听到您的宝贵建议（或批评指正）：你能挖掘很多白裤瑶的素材来进行教学，我们感到很新奇，同时觉得你是个很有思想的人，如果给你更多的时间和空间，相信你将创造出更多奇迹。调研虽然结束，但希望你与里湖小学的情缘长久。学生更离不开你的指导。如果每年能抽几天来指导我们的学生，将是我们十分期待的事。祝学业顺利！

图 9-20 评语七

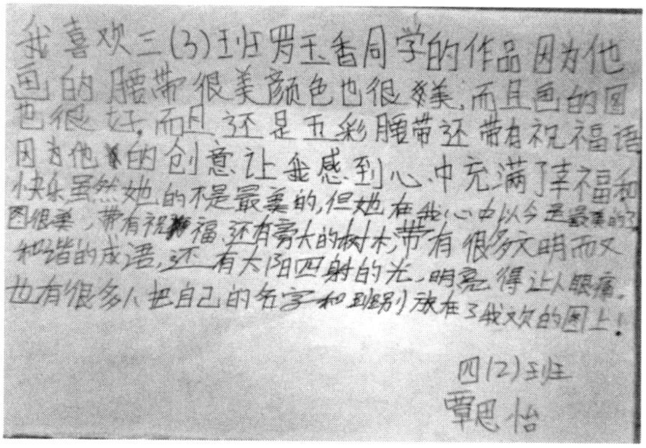
我喜欢三(3)班罗玉香同学的作品因为他画的腰带很美颜色也很鲜美，而且画的图也很好，而且还是五彩腰带还带有祝福语因为他的创意让我感到心中充满了幸福快乐虽然她的不是最美的，但她在我心中以今是最美的。
图很美，带有祝福 还有高大的树木带有很多文明而和谐的成语，还有太阳四射的光，明亮得让人眼痛。
也有很多人把自己的名字和班别放在了我喜欢的图上！
四(2)班
覃思怡

图 9－21　心愿便利贴一

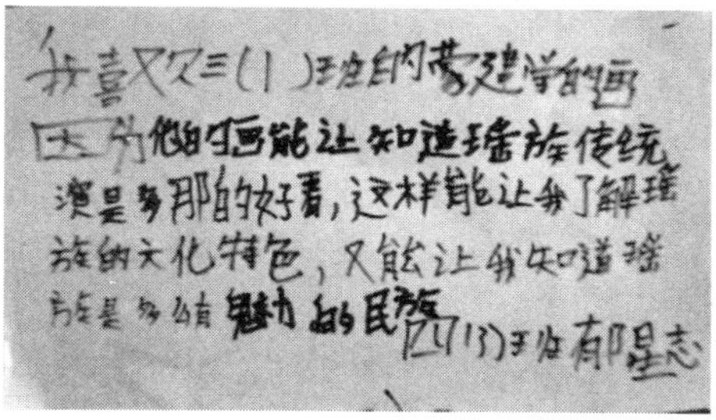
我喜欢三(1)班的蒙建学的画
因为他的画能让知道瑶族传统还是多那的好看，这样能让我了解瑶族的文化特色，又能让我知道瑶族是多么有魅力的民族
四(3)班

图 9－22　心愿便利贴二

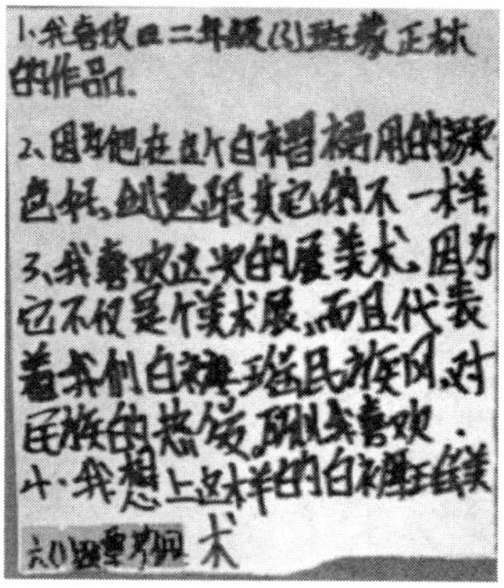
1.我喜欢二年级(3)班蒙正妹的作品。
2.因为他在画白裤瑶用的颜色，创意跟其他的不一样
3.我喜欢这次的展美术，因为它不仅是个美术展，而且代表着我们白裤瑶民族风，对民族的热爱，所以我喜欢。
4.我想上这样的白裤瑶美术
六(1)班

图 9－23　心愿便利贴三

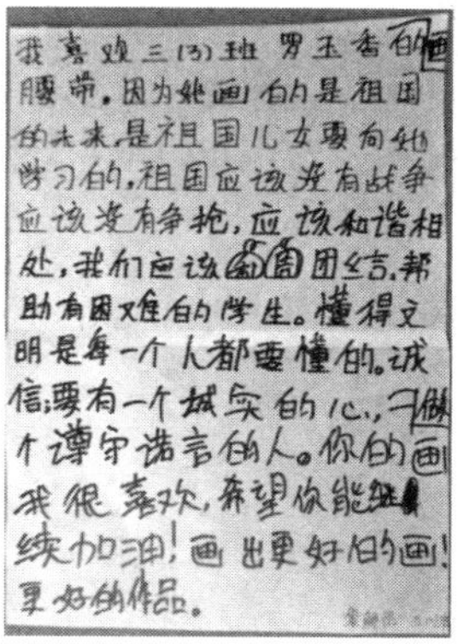
我喜欢三(3)班罗玉香的腰带，因为她画的是祖国的未来是祖国儿女要向她学习的，祖国应该没有战争应该没有争抢，应该和谐相处，我们应该团团团结，帮助有困难的学生。懂得文明是每一个人都要懂的。诚信要有一个诚实的心，做个遵守诺言的人。你的画我很喜欢，希望你能继续加油！画出更好的画！更好的作品。

图 9－24　心愿便利贴四

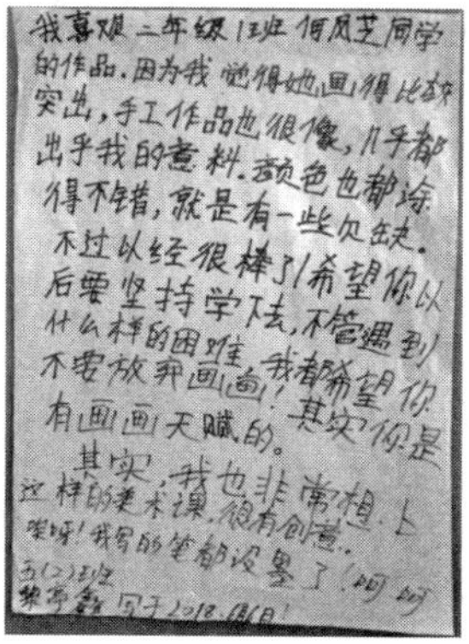
我喜欢二年级1班何凤艺同学的作品，因为我觉得她画得比较突出，手工作品也很像，几乎都出乎我的意料，颜色也都涂得不错，就是有一些欠缺。不过以经很棒了！希望你以后要坚持学法，不管遇到什么样的困难，我都希望你不要放弃画画！其实你是有画画天赋的。
其实，我也非常想上这样的美术课，很有创意。哎呀！我写的笔都没墨了！呵呵
五(2)班

图 9－25　心愿便利贴五

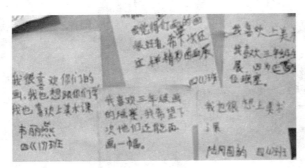
图9-26 心愿便利贴六

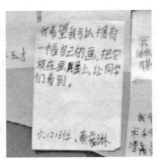
图9-27 心愿便利贴七

图9-28 心愿便利贴八

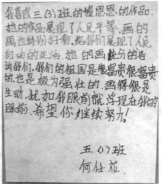
图9-29 心愿便利贴九

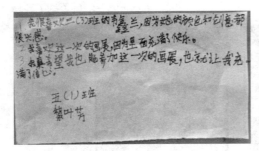
图9-30 心愿便利贴十

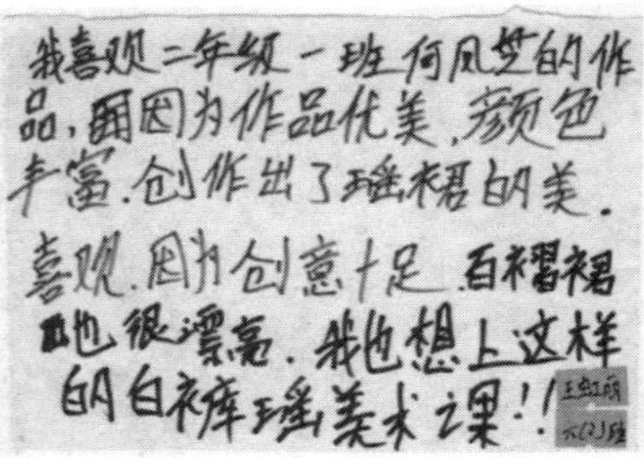

图9-31 心愿便利贴十一

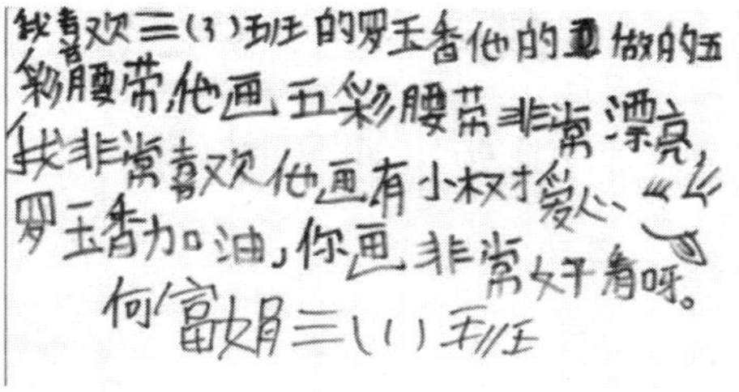

第九章 改变乡村教育的美术课程开发：四位研究生的实践探索

图 9-32 心愿便利贴十二 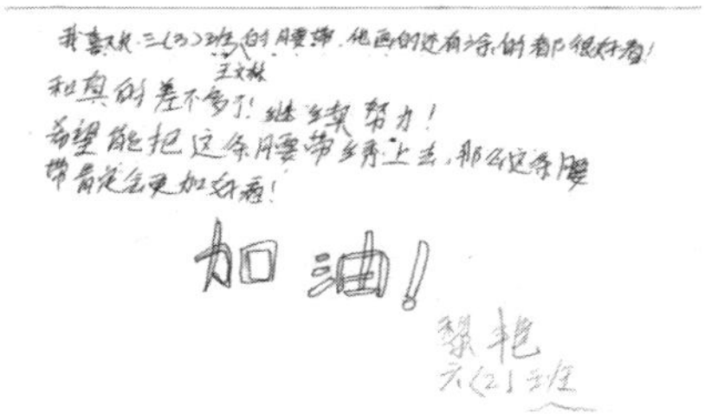　　　　图 9-33 心愿便利贴十三

带着不舍与祝福，Q 离开了实习一年时间的里湖乡中心小学，那天孩子们遥遥相送的画面还时常萦绕在脑海。Q 想起了蒲公英行动中的一个口号：星星之火，可以燎原。她从没有想过自己一个人的力量能给乡村教育带来什么转机。而经过这一年，她觉得自己就好比一粒蒲公英种子，在里湖乡生根发芽，影响了那么多的孩子。她可能就成为了哪个孩子在暗夜里的星星之火，指引着他，将他带到那光明的地方去。

// 第十章 //
广西艺术学院美术课程开发课例集

覃 媚　蓝苑尹　徐 梦　王春梅　夏 珍

　　来自广西艺术学院美术教育学院的四位研究生,经过相当长时间在民族地区乡村学校的实地工作,开发出一系列颇有参考价值的美术课例。她们在挖掘和分析当地文化资源的基础上,分别从"造型·表现""设计·应用""欣赏·评述""综合·探索"四个学习领域出发,进行了课程教学的深度开发与实践,这些课例,能让我们直观地感受到乡土文化是如何渗透到当地美术课堂中的。

　　"初到南丹白裤瑶乡里湖小学,就感受到白裤瑶族人民的纯朴和好客。之后在课程教学过程中更是被学生对民族美术无比的热爱所打动,每次上课前走到教室门口,学生随即而来的欢呼雀跃声和一双双对民族美术课期盼的小眼神都让我为之动容。在里湖小学覃校长的带领下,学校一直在努力传承和发扬白裤瑶族表演艺术,这种势头与热爱深深地感染了我。一年多的实践,往往返返于南宁和里湖之间,已经记不清辗转往返了多少个来回,但心中总有一束光、一股劲支撑我不断地求索。这力量来自为里湖教育事业辛勤付出的老师们、同学们,更源自于白裤瑶族的神秘文化和美术教育的感召力。"

一、瑶乡课例：蓝苑尹和覃媚在南丹和都安中小学的实践

（一）蓝苑尹在都安县瑶族中学的探索

广西都安瑶族自治县是全国瑶族布努支系人口聚居最多的自治县，有着丰富多彩的民族文化艺术资源。作为全国唯一一所瑶族完全中学，广西都安瑶族中学美术教育中存在着师资力量薄弱、教学观念陈旧、教材不适用于当地教学、学生对美术学习的高兴趣与学校整体美术教育发展的低水平之间不平衡、不匹配等问题。要想真正提高中学美术教学的水平与质量，就需要充分开发与利用当地的民族美术课程资源。蓝苑尹从"当地人"的视角，以广西都安瑶族自治县美术课程资源的开发与利用为研究焦点，通过对瑶族文化资源的整合，分别从"造型·表现""设计·应用""欣赏·评述""综合·探索"四个学习领域出发，就当地美术课程资源的特点探索将其运用于美术课堂的方法，并从教学设计、教学实践和教学反思等方面阐述当地资源在教学深度开发与运用，开发出以下几个代表性课例：

表 10-1 瑶乡鼓韵

课题	瑶乡鼓韵		
授课对象	初中一年级		
课时	1 课时		
课型	造型·表现		
教学目标	知识与技能：理解铜鼓艺术和图案内涵，掌握鼓面图案设计的方法，设计一个铜鼓鼓面图案，体验造型的乐趣，表达个人的审美情感。 过程与方法：通过绘画，增强学生的创作意识，培养学生的观察、思考与创作的能力。 情感态度与价值观：学习了解瑶族铜鼓文化，学习优秀的民族文化，提高民族自豪感。		
教学重点	设计铜鼓鼓面的图案。		
教学难点	认识铜鼓纹饰的规律。		
教具准备	铜鼓模型、多媒体设备、示范图等。		
组织教学	了解学生出席情况。		
教学环节	教学活动	教师活动	学生活动
导入新课	展示铜鼓模型。	教师准备了一个小铜鼓的模型，展示给学生们看并提问："同学们知道老师手中拿的是什么吗？"引出课题。	学生通过观察教师带来的模型，初步了解铜鼓。
讲授新课	1. 播放铜鼓历史视频。 2. 讲述瑶族"咬铜鼓"的故事。	教师一边播放铜鼓历史的视频，一边给学生讲解铜鼓在瑶族文化中的由来以及重要性。	学生们了解瑶族的铜鼓美术文化。
体验与感受	对铜鼓进行艺术鉴赏（多媒体出示不同类型的铜鼓图片）。	教师带领学生对铜鼓的造型、图案进行详细的分析、鉴赏。	学生要学习的内容： ①铜鼓造型的鉴赏； ②铜鼓图案的鉴赏。
课堂活动	多媒体展示各种不同的铜鼓图案。	教师说明这些图案被设计运用到铜鼓上面的重要美术文化含义。	学生学习掌握铜鼓基本图案的含义。
作业要求	尝试设计一幅鼓面图案作品。		

续表

| 图片及作品展示 | 
学生作品一 | 
学生作品二 | 
学生作品三 |

表 10-2 古老神秘的瑶绣

课题	古老神秘的瑶绣		
授课对象	初中一年级		
课时	2 课时		
课型	设计·应用		
教学目标	知识与技能：学习瑶族瑶绣的特点，掌握瑶绣纹样的构成和设计方法，培养学生瑶族美术的审美能力。 过程与方法：通过了解瑶族美术历史文化，学生贴近自己家乡本土的优秀文化，懂得艺术与生活的联系。 情感态度与价值观：激发学生的民族自豪感，热爱家乡之情。		
教学重点	瑶绣纹样的组织构成。		
教具准备	多媒体设备、示范图等。		
组织教学	了解学生出席情况。		
教学环节	教学活动	教师活动	学生活动
第一课	神秘的瑶绣图案		
导入新课	以提问的方式引出课题。	教师提问：（课前先了解一下班里有多少瑶族的学生，可以举手吗？）有没有学习过瑶绣？	学生积极回答教师的问题，在教师的引导下进入新课的学习。
体验与感受	小组讨论与评述出示瑶绣的 PPT 图片。	充分发挥学生的主动性，让学生观察、分析美丽的瑶绣作品，并展开讨论，将学生的注意力集中到如何从"形、色、义"三方面去体验瑶绣的美。	① 学生们分成四个小组，每组选一名代表组织讨论瑶绣作品的特点； ② 每组派代表就本组的瑶绣艺术作品发表评述，积极说出自己的真实感受，组员可补充。

续 表

讲授新课	1. 出示瑶绣的PPT图片。 2. 讲解瑶绣"形、色、义"。	教师从瑶绣的"形、色、义"三方面,采用谈话法,启发引导学生进行观察和分析,认识瑶绣的结构美和装饰美。	学生与教师一同认识与了解瑶绣的"形、色、义",并思考设计图形的方法。
作业要求	根据瑶绣纹样组成的特点设计一个瑶绣图案。		
学生作业	学生作品一	学生作品二	学生作品三
第二课	神奇的扎染		
导入新课	展示一件扎染的物品。	教师展示一件扎染的衣服,向学生提问有谁知道衣服上的纹路是怎么形成的,并告诉学生"扎染"工艺类似于瑶族的"蜡染",由于课堂上不方便进行蜡染,则用扎染代替。	学生们仔细观察,在教师的指引下提出"扎染"的概念。
讲授新知	出示各种扎染图案运用于不同场合的照片。	教师讲解"扎染"的定义,并向学生演示用纸"扎染"的步骤:"扎—捆—染"。	学生通过欣赏扎染图片了解扎染工艺的步骤。
课堂作业	用纸巾完成一幅简单的扎染作品。	教师课前准备好纸巾、橡皮筋、染料等教具。	学生们动手完成一件扎染作品。
学生作业			

表 10-3　家乡的"干栏式"建筑

课题	家乡的"干栏式"建筑
授课对象	初中一年级
课时	1课时
课型	欣赏·评述
教学目标	知识与技能：欣赏瑶族建筑的造型特点，发表对瑶族建筑的认识。 过程与方法：发现瑶族建筑的美，从而激发学生热爱生活、热爱家乡的情感。 情感态度与价值观：使学生懂得瑶族建筑艺术的风格，为自己的家乡感到骄傲与自豪。
教学重点	了解瑶族建筑的特点。
教学难点	感受瑶族建筑的造型方法。
教具准备	多媒体设备、示范图等。
组织教学	了解学生出席情况。

教学环节	教学活动	教师活动	学生活动
导入新课	展示图片并提出问题。	教师提问："同学们有没有见过图中的建筑，在什么地方见过？"	唤起学生们的记忆，让学生们关注瑶族"干栏式"建筑。
教学过程	出示几种不同的瑶族建筑图片。	教师展示几种不同风格的瑶族建筑，用提问的方式引导学生对建筑的分类与特点进行观察。	学生们经过讨论分清建筑的类别与特点。
	讲解"干栏式"建筑的特点。	"干栏式"建筑是当地瑶民最常住的建筑类型，分析"干栏式"建筑的特点。	学生通过观察讨论总结出"干栏式"建筑的优缺点：①优点：防潮、防野兽、节约土地使用面积、解决农家杂物堆放及牲畜的圈养；②缺点：中间住房层光线不好、牲畜散发的气味重。

表 10－4　走进瑶族"祝著节"——探索之"服饰"

课题	走进瑶族"祝著节"——探索之"服饰"		
授课对象	初中一年级		
课时	1 课时		
课型	综合·探索		
内容	探索"祝著节"活动上人们所穿的服饰特点。		
教学目标	知识与技能：从颜色、材质、图案等方面探索瑶族"祝著节"时人们所穿服饰的特点。 过程与方法：通过欣赏"祝著节"活动视频，激发学生的学习兴趣，积极探索"祝著节"活动中瑶族服饰的特点。 情感态度与价值观：增强学生对瑶族艺术文化的热爱，培养民族自豪感。		
教学重点	探索"祝著节"瑶族服饰的美术特征。		
教学难点	感受"祝著节"瑶族服饰中的色彩、图案等特点。		
教具准备	多媒体设备、示范图等。		
组织教学	了解学生出席情况。		
教学环节	教学活动	教师活动	学生活动
导入新课	视频导入	播放"祝著节"活动当日的视频，提问学生是否知道是什么节日，活动中人们所穿的服饰是否见过。	学生通过视频回顾"祝著节"活动的精彩片段，提高学生的学习兴趣。
讲授新课	1. 探索一："祝著节"活动的文化内涵。 2. 探索二："祝著节"活动中绚丽多彩的瑶族服饰的材质、图案、色彩等特点。	教师介绍"祝著节"中一般会举行的各种活动，让同学们观察活动中人们穿的服饰的特点。	学生们分小组进行探索"祝著节"时人们穿的瑶族服饰与平时穿的服饰有什么不同，探究瑶族服饰的色彩、图案、材质等。
总结	1. 小组代表发言。 2. 教师总结。	教师先让每个小组的代表进行发言，然后对瑶族服饰的色彩、图案、材质等方面进行总结。	学生派代表总结小组对瑶族服饰的探索结果。

(二)覃媚在南丹县里湖乡小学的探索

广西南丹县里湖瑶族乡是中国白裤瑶族人口聚居最多的地区,有着悠久的历史和丰富的民族文化,被联合国教科文组织评定为民族文化保留最完整的一个民族,被誉为"人类文明的活化石"。

开发优秀的白裤瑶族美术文化资源融入当地乡村小学的美术课堂、探索适合于白裤瑶族乡学校的美术教学课程,不仅践行了国家提倡发挥地方优势建设多元美术课程的目标,还实现了学校教育的民族文化传承功能,让学生能够在回应文化的教育中找寻自我,重建文化自信。

覃媚在南丹县里湖白裤瑶族乡中心小学进行一年的教学实践,用人类学的方式对白裤瑶族文化进行深入挖掘,将民间艺人请入课堂,带学生走出课堂藩篱,将白裤瑶族美术文化资源融入美术教学中,极大提高了学生的美术学习兴趣,培养了学生的民族审美情趣,让白裤瑶族艺术在学生幼小的心灵中生根发芽。覃媚的教学实践引起学校学生、教师、家长的极大关注,促成高校、社区和地方学校的密切联系。以下是覃媚开发的部分课例:

表10-5 五彩腰带

五彩腰带		
一、课程设计		
年级/课程类型		二年级/设计·应用课
1	教学目标	知识与技能目标:了解白裤瑶族腰带的用途,了解腰带中刺绣的审美特色、吉祥寓意和制作方法,学会设计腰带。
		过程与方法目标:通过课前对自家腰带的观察、课中讲解,展开讨论,认识腰带不仅有装饰作用,更有传递情感的含义,引导学生展开联想,给腰带赋予更多的吉祥含义。
		情感态度与价值观目标:培养学生的民族美术情感表达方式,增加对民族审美情感的认知。

续 表

	年级/课程类型		二年级/设计·应用课
2	教学策略	教法策略	讨论探究：全班分组讨论，选代表进行发言。归纳和总结腰带有多少种颜色？底色有几种？刺绣主体图案有哪些？腰带上的刺绣图案都是些什么？
		学法指导策略	1. 请2位学生上台展示自己的腰带，再通过PPT课件展示腰带刺绣细节图案。 2. 引导学生探讨腰带刺绣的固定花纹和可变花纹。固定花纹如"米"字纹，可变花纹是动植物纹、几何纹等。刺绣图案分格排列，图案有由中心向两边对称的特点。 3. 结合学生观点，分析腰带中的寓意 4. 引导学生讨论自己对学校生活、家庭生活、亲友关系、社会关系的美好愿望。对腰带刺绣花纹样式作大胆创新，设计出一条富有吉祥寓意的腰带。
		情感态度培养策略	加强腰带与学生生活实际的联系，引起学生对腰带的兴趣，进而激发学生借腰带中刺绣花纹传递对民族生活的美好愿望。
3	教学方法		提问法、观察法、呈示法、演示法、讲授法、讨论法
4	教学媒介		教师用具：白裤瑶腰带、PPT课件 学生用具：棉布条、铅笔、直尺、彩笔

二、课堂教学

作业要求	用稿纸设计腰带，再由同学们选出优秀作品，绘制在土布上。

三(1)班学生作品

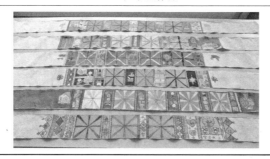

续 表

年级/课程类型	二年级/设计·应用课

作品介绍	图案——白裤瑶族菱形纹的变形；白裤瑶族谷仓；各种创意花边图案。 文字——幸福生活的祝愿；学习的期望；社会主义核心价值观的倡导。

表 10-6 服饰的制作秘籍

服饰的制作秘籍		
一、课程设计		
年级/课程类型		三年级/综合·探索
1	教学目标	知识与技能目标：了解白裤瑶族制作服饰的工序并学会用绘画记录下来。
		过程与方法目标：通过分小组合作的形式，在课前通过网络、校园宣传栏、回家问长辈的方式，调查了解白裤瑶族服饰的制作工艺。课中引导学生结合课堂所学，比较分析、交流评述、强化记忆，以图文结合的形式作表达。
		情感态度与价值观目标：让学生认识白裤瑶族服饰制作过程的繁复与不易，激发学生探究心理，增强学生的民族自豪感和主动传承民族文化的热情。
2	教学策略	教法策略：课前探索：课前布置任务，让学生主动通过长辈、学校刺绣班、网络、书籍、学校宣传栏了解服饰制作步骤及工艺。 课中探索：小组分享收集到的图文材料并讨论。 课后探索：周末带学生到民族工作坊体验粘膏画、蜡染和织布。
		学法指导策略：1. 根据学生课前分组提交的服饰制作工序文字总结。帮助学生归类总结出服饰制作的10个重要步骤：种棉花、轧棉花、纺纱、绞纱、跑纱、织布、粘膏画、蜡染、刺绣、制作百褶裙。请小组学生对步骤中的工艺进行描述，教师补充。 2. 发放制作白裤瑶族服饰的图文资料，让学生找出对应步骤的介绍文字和图片。 3. 引导学生小组分工合作，找出文字中的关键词、关键句和图片中的重要部分，重新编排文字与绘图，制作一本服饰工艺流程手册。

续　表

年级/课程类型		三年级/综合·探索
	情感态度培养策略	通过在学生自主探索的过程中帮助学生搜集资料、带学生亲自体验刺绣和蜡染工艺，激发学生对民族文化的探究心理，发现服饰制作的复杂与不易，增加对民族智慧的认知，增强民族自信。
3	教学方法	探索法、呈示法、观察法、讨论法、讲授法、演示法
4	教学媒介	教师用具：PPT课件 学生用具：网络、白裤瑶族书籍资料、画纸、画笔

二、课堂教学

课前学校刺绣兴趣班体验

课前网络资料收集

课中文字资料筛选

课中绘制工艺流程图

作业要求	分小组绘制白裤瑶族服饰制作秘籍，要求有步骤图和文字介绍。

学生作品

续　表

年级/课程类型	三年级/设计·应用课

三（3）班"梦静组"：罗玉香、韦子涵、黎美珍、罗福兴、唐成诚、刘晨羽

三（3）班"彩虹组"：黎思恩、韦鑫兰、柏思彤、王海兵、黎胜英

三（3）班"闪电组"：罗雪、黎雨婷、柏贵美、覃圣如、陆芳行、何世明、何泽良、陈洪良

表 10-7　勤泽格拉舞

勤泽格拉舞			
一、课程设计			
	年级/课程类型		三年级/综合·探索
1	教学目标		知识与技能目标：了解勤泽格拉舞蹈的历史和文化价值。分组合作绘制勤泽格拉舞蹈图。
			过程与方法目标：通过学校大课间操和民间艺人的亲身教学，学习勤泽格拉舞蹈姿势。通过记忆和想象加工，以小组合作的形式，互相讨论、编排勤泽格拉舞蹈图。
			情感态度与价值观目标：培养传承白裤瑶族民俗文化的热情，增强民族自豪感。
2	教学策略	教法策略	课前体验：课前请白裤瑶族艺人给学生进行勤泽格拉舞蹈的舞姿教学。 创设情境：课中请学生模仿课件中猴子跳舞的姿势，加深学生对舞蹈动态姿势和舞蹈起源于"猴棍舞"的印象。
		学法指导策略	1. 讲述"猴棍舞"的历史故事让学生了解舞蹈文化。引导学生联想学校大课间操时跳"勤泽格拉"舞蹈的列队造型，请学生分组合作，为"勤泽格拉"舞蹈编排简单的队形。 2. 鼓励学生在合作中进行舞蹈动作编排和故事场景设计，描绘生动活泼的动态舞蹈场景。
		情感态度培养策略	通过民间艺人的引导、平时参与舞蹈的经验以及课堂对历史故事的模仿。活跃课堂气氛，让学生在轻松愉快的环境中，体验民族舞蹈美术设计的乐趣。
3	教学方法		情境法、演示法、观察法、提问法、讲授法、讨论法
4	教学媒介		教师用具：PPT 课件 学生用具：8K 白纸、铅笔、水彩笔
二、课堂教学			

学校大课间操时的舞蹈训练

续表

年级/课程类型	三年级/综合·探索

请白裤瑶族艺人给学生现场教学

课中猴棍舞故事情境模仿

作业要求	分小组合作完成带有历史故事情节的"勤泽格拉舞蹈图"

三(1)班学生作品

表 10‑8　旋风小子

旋风小子

一、课程设计

年级/课程类型		三年级/造型·表现	
1	教学目标		知识与技能目标：了解白裤瑶族陀螺的形态、用途；学会对陀螺形象进行变形和改造，用绘画语言讲述陀螺的故事。
			过程与方法目标：联系生活和学校陀螺兴趣班表演，了解形态及用途。通过联想，为陀螺创造新的形象，讲述关于陀螺文化的故事。
			情感态度与价值观目标：培养学生创造性地使用民族文化的思维，增强民族文化传承的责任感。
2	教学策略	教法策略	课前体验：课前带领学生观看学校陀螺传承表演队的训练，拉近学生对陀螺的距离。 问题探究：引导学生思考陀螺的用途，除了玩耍、比赛，陀螺还能做什么。
		学法指导策略	1. 讲解陀螺的用途——古时候用来练习精准投射；现在用来娱乐、比赛，并成为中华民族运动会比赛项目。 2. 请学生描述陀螺的形状：平头、尖底，带脚钉，中间有凹槽；材质：木头。 3. 引导学生根据陀螺形象、用途结合生活和现代科技展开联想，创造出新的陀螺形象，用绘画讲述新型陀螺的故事。
		情感态度培养策略	学生根据心中喜爱的形象，为常见的陀螺设计新用途，打造新形象，增强学生主人翁的意识和民族文化传承的责任感。
3	教学方法	参观法、提问法、观察法、讲授法、演示法	
4	教学媒介	教师用具：PPT 课件 学生用具：纸、铅笔、水彩笔	

二、课堂教学

观察学校展示柜的陀螺

续表

年级/课程类型	三年级/造型·表现

创作过程

优秀作品评比及展示

作业要求	由白裤瑶族陀螺造型展开联想，讲述"旋风小子"的故事。

三(1)班学生作品

罗道鸿（陀螺飞行器）　　　　罗道鸿（陀螺岛）

何春玫（陀螺家园）　　　　陆丹艳（陀螺之家）

续 表

年级/课程类型	三年级/综合·探索

龙凤华（陀螺火箭）

陆金包（陀螺飞碟）

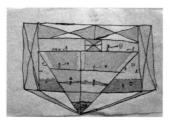
黎仁亲（陀螺宫殿）

韦建娟（陀螺天空之城）

二、渔村课例：徐梦在广西北海渔村小学的实践

在中国，大陆海岸线约1.8万公里，沿海而建的大大小小的渔村不计其数。与内陆教育不同，渔村有着丰富的海洋文化资源，对于利用地方资源开发美术课程资源非常有利。在国家"一带一路"建设的大背景下，海洋文化逐渐成为国家战略发展中的重要资源。沿海地区的广大渔村学校，如何扎根本地海洋资源、将优秀海洋文化融合到学校课程中，成为新时期中国渔村学校校本课程开发的重点。

徐梦通过对广西北海市关井小学、白虎头小学、咸田小学等六所渔村小学的教学实践发现，在我国广西北海银海区的渔村小学，由于地理位置偏僻，美术教学一直处于相对落后与低水平发展状态,美术教学师资不足、资源配备不足、美术观念落后、课程开发资源的文化选择意识薄弱等问题普遍存在,许多渔村小学难于开展美术教学任务。广西北海市银海区渔村资源具有典型性,代表中国渔村的一般情况,具有丰富地方特色的海洋文化资源。开发适合于当地渔村小学的美术课程,不仅可以让学生获得优质的美术教育,还可以传承当地海洋文化遗产,对于小学美术校本课程开发的研究具有相当重要的意义。以下是徐梦开发的部分课例:

(一)"我的贝壳会说话"教学案例

表10-9 我的贝壳会说话

课题	我的贝壳会说话		
授课对象	三年级		
课时	1课时		
课型	造型·表现		
教学目标	通过从美的角度欣赏贝壳,培养学生的审美情感;在绘制贝壳装饰画中领悟自然的神奇,激发对贝壳的喜爱之情。掌握点、线、面等造型基本要素,尝试利用贝壳、砂石等制作工艺品。		
教学重点	引导学生练习点、线、面的组合,练习在贝壳表面进行平面造型。		
教具准备	1. 教具:各种不同的贝壳以及贝壳装饰作品与图片、颜料等。 2. 学具:贝壳、刺螺、砂石等。		
组织教学	了解学生出席情况。		
教学环节	教学活动	教师活动	学生活动
导入新课	以提问的方式引出课题。	谜语导入,教师启发学生联想到海螺、贝壳:我们常在海边的沙滩上散步的时候可以经常捡到。请问是什么呢? 我们今天就来看看我们的美术课,可以将这些贝壳和海螺用来做什么呢?	学生积极回答教师的问题,在教师的引导下进入新课的学习。

续　表

讲授新课	引导学生关注贝壳外形,学生观察手中的贝壳,教师展示手中的贝壳,通过"眼前的贝壳"、"心中的贝壳"、"笔下的贝壳"三个主题来组织教学。	引导学生从外形、肌理等方面描述眼前的贝壳。 激发学生想象力,赋予贝壳新意义。引导学生思考可以画的装饰花纹,并举例想象贝壳是一个个小扇子,在上面可以创作一些什么样的装饰。 教师将学生的创意点示范在贝壳上,做装饰,注重点、线、面关系的把握。	贝壳的特点：外形奇特,有花纹,色彩多样。学生充分发挥自己的想象力,在贝壳上画了小花、圆点、波浪线等艺术元素。
课堂实践	 学生制作过程		
作业要求	运用多种方法对一组贝壳进行装饰绘画。 教师巡回辅导,鼓励学生大胆想象,并要求学生注意保持桌面整洁。		
作业评价	将学生绘制的贝壳摆放在讲台上,请学生讲述自己在绘制过程中的思考,并表达自己希望作品怎么处理。		
学生作业			

(二)"我家的渔船"教学案例

表 10-10　我家的渔船

课题	我家的渔船		
授课对象	广西北海华侨小学		
课时	1 课时		
课型	设计·应用		
教学目标	1. 探究了解家乡渔船的外形,对渔船的造型美形成系统的认识和理解,能够自己动手自己设计制作一种渔船模型。 2. 培养学生对渔船的情感,在小组制作过程中,培养学生团队意识。		
教学重点	学会从审美角度欣赏渔船,动手设计制作有创意的渔船模型。		
教具准备	渔船模型,废旧物品,如饮料瓶、树枝、贝壳、麻绳等。		
组织教学	了解学生出席情况。		
教学环节	教学活动	教师活动	学生活动
导入新课	《让我们荡起双桨》歌曲导入,激发学生兴趣并出示课题。	展示学生课前收集渔船资料的成果,教师提问:"同学们知道船是怎么制作的吗? 船分为哪些种类? 最早的船是怎样产生的呢?"	学生积极回答教师的问题,在教师的引导下进入新课的学习。
讲授新课	引导学生思考船对于渔村、渔民的重要意义,理解船舶的发展历史、种类。通过造型、颜色、功能三个主题来引导学生做一艘船。	介绍广西北海渔村常见的船,打渔船、观光船等,激发起学生对家乡美的关注。补充船舶发展的历史,北海发展的历史。 考查学生对渔船和形体的认识和理解。请同学回答见到的渔船的形态、功能等。 展示渔船的模型,并请学生观察并回答制作材料。 你想做一个什么样的渔船?	学生了解到古代桨船、远洋帆船、近代轮船、现代轮船的发展历史,知道北海是我国古代"海上丝绸之路"的重要始发港,同时是我国"四大渔场"之一。 通过回忆见过的渔船,了解渔船制作的工艺。

续　表

课堂实践	
作业要求	运用多种材料设计制作渔船模型。要求有创意,有形体感。
作业评价	小组代表介绍制作渔船的特点和功能小组同学间互评。
学生作业	

(三)"家乡的龙母庙会"教学案例

表 10-11　家乡的龙母庙会

课题	家乡的龙母庙会
授课对象	广西北海华侨小学五年级
课时	1 课时
课型	欣赏·评述
教学目标	认识龙母庙会活动中艺术形式,了解其艺术价值和社会价值。通过欣赏龙母庙会场景和展示的艺术品,感受家乡龙母庙会活动的艺术魅力,产生对家乡节日的情感。
教学重点	通过欣赏,学习运用直观感受来认识龙母庙会生活中所隐藏的民族意蕴,从美的角度进行简单的表达和评述。
教具准备	龙母庙会活动图片及节日服饰等。
组织教学	了解学生出席情况。

续　表

教学环节	教学活动	教师活动	学生活动
导入新课	龙母故事导入，吸引学生关注，激发学生学习兴趣。	通过展示龙母庙会的图片，让学生回忆参加龙母庙会的场景，提问："龙母"是谁？有什么传说？你参加过龙母庙会吗？都要准备什么东西？你对庙会上的什么很感兴趣？	学生积极回答教师的问题，在教师的引导下进入新课的学习。
讲授新课	教师引导学生回忆龙母庙会活动场景，并请学生讲述龙母庙会活动印象最深刻的场景和作品。	介绍龙母的文化含义。欣赏龙母庙会场景照片，讲解其中内容。教师总结，并以生动的语言讲述龙母庙会场景，主要讲服饰、花艇、面具、舞狮等。教师展示龙母庙会服饰，请学生从颜色、图案、形态上分析其特点。教师拿衣服展示给学生，请学生从衣服的材质上分析其特点。	学生了解到龙母的传说、历史发展、庙会的场景，同时理解这些都反映渔村人们的生活，传达当地渔民的审美情感和精神生活。每件艺术品都蕴含着劳动人民对生活的热爱，是值得关注学习的。
课堂实践			
作业要求	学生探寻渔村周围的民间艺术，尝试从多角度进行欣赏评价。		

(四)"创意渔网挂饰"教学案例

表 10-12 创意渔网挂饰

课题	创意渔网挂饰		
授课对象	北海咸田小学五年级		
课时	2课时		
课型	综合·探索		
教学目标	1. 了解渔网的特点,激发制作渔网创意饰品的兴趣和探索欲望。 2. 动手制作创意渔网挂饰,感悟生活中简单的美,提升一定的审美趣味。		
教学重点	探究渔网制作装饰物的方法,运用扭、缠、粘、贴等方法制作创意渔网挂饰。		
教具准备	渔网、贝壳、石头、麻绳等。		
组织教学	了解学生出席情况。		
教学环节	教学活动	教师活动	学生活动
导入新课	实物及照片展示,激趣。 展示渔网制作的创意饰品。	通过上次的实践课程,同学们都了解了渔网制作的过程,请学生回答渔网的制作方法。请K爷爷(当地鱼网制作手艺人)对学生的回答进行点评,现场向学生展示正确的编制办法。	学生积极回答教师的问题,思考、探究,并分组讨论,请小组代表回答。
讲授新课	渔网不仅可以用来网鱼,还可以做成创意工艺品。展示含有渔网元素的工艺品照片。讲解制作方法和审美价值。	启发学生思考,引导学生发挥想象力,联想美的事物。 教师示范,以激发学生的想象力。 请K爷爷指导制作过程。	学生制作,将做好的渔网进行装饰。

续表

课堂实践	
作业要求	运用多种方法对一组贝壳进行装饰绘画。 教师巡回辅导,鼓励学生大胆想象,并要求学生注意保持桌面整洁。
作业评价	用当地元素制作一张创意渔网。

三、客家民间艺术课例:王春梅在博白县河滩村小学的实践

王春梅先后在广西博白县那大村小学、汉平村小学、河滩村小学、青河村小学、黄洛村小学等学校进行了教学考察,其中在河滩村小学进行了长达一年的实践,将乡村里最常见的石头、泥巴、树叶、农具等乡村资源用到美术课程的开发中,让乡村的孩子感到熟悉又亲切。美术资源就地取材、经济便捷。王春梅的美术课程让孩子们回归到自然中,解放了儿童的天性,具有较高的借鉴意义。以下是部分美术课例:

(一)博白民间艺术——木偶戏

"博白民间艺术——木偶戏"在广西博白县河滩村小学六年级开展,主要以情境再现、交流讨论、故事展示三个环节展开教学。

第一环节:情境再现

在上课之前,教师自编抢亲故事,并以抢亲故事中的人物为原型,绘制简单

的纸质人物,然后通过邀请学生表演抢亲故事,以情境再现的方式让学生体验感受木偶戏的表演,在表演的过程中,学生异常兴奋,注意力十分集中。美术课堂中,采用情境再现的教学方式,学生学习兴趣浓厚,积极性普遍偏高。

图 10-1　师生合作木偶戏表演

第二环节:交流讨论

在新知讲授环节,教师引导学生通过听和看的方式来掌握木偶戏中的艺术元素,如提出问题:"欣赏图 10-2 和图 10-3,你发现博白当地木偶有什么共同点?"启发学生主动思考木偶戏中服饰,随后继续提问:"木偶戏中的戏服多数使用什么颜色?为什么要采用这样的色彩?"学生们针对这两个问题,各抒己见,最后得出木偶戏戏服多数使用红、黄、蓝、绿等鲜艳明亮的色彩,它沿袭了我国传统鲜艳明亮浓烈的色彩观念。最后再分组进行讨论:木偶戏服使用鲜艳明亮的色彩是因为什么?让学生在交流讨论中发现木偶戏服多为鲜艳色彩的原因有三个方面,一是角色身份等级,二是角色气质及心理,三是烘托舞台效果。

乡村教育

图10-2 木偶人物（网络图）

图10-3 木偶人物（网络图）

第三环节：故事展示

为了加深学生对木偶戏的了解，教师开展体验环节，让学生以小组合作编写木偶剧，并以木偶剧为主，尝试设计制作木偶形象，最后选择三到四组的学生到讲台上进行表演。以此增添课堂氛围，激发学生情感，引导学生学会欣赏民间艺术中的美。

图10-4 学生自制木偶

图10-5 学生表演木偶戏

（二）跳元宵

"跳元宵"一课在广西博白县河滩村小学六年级进行教学，主要围绕看一看、想一想和试一试三个阶段展开教学实践。

第一阶段：看一看

课堂第一个活动，以问题的方式引出本节课课题——跳元宵，引导学生通过欣赏跳元宵场景图片提问:"跳元宵活动中包括了什么内容?你最感兴趣的内容是哪些?"(图10-6与图10-7)学生根据问题各自发表自己的想法,有的学生喜欢观看活动中的傩仪,还有的学生对活动中的乐器或面具感兴趣,每个学生都有着各自的看法。教师在这个阶段不需要过多地干预学生,而是从学生的想法中总结跳元宵的艺术形式。

图10-6 跳元宵(网络图)　　　图10-7 傩舞

第二阶段:想一想

课堂的第二个活动,主要探讨跳元宵活动的意义和它所包含的美术元素。从当地的调查可知,跳元宵活动在当地年年举办,且花费了一定的人力、物力和财力,提问:"为什么当地人还要举办这个活动?你知道它的存在有什么意义吗?"启发学生思考跳元宵活动意义,鼓励学生大胆地表达。接着,教师继续提问学生:"欣赏图片,找出图片中所包含的美术元素分别有哪些?"启发学生对跳元宵活动中的服饰和傩面展开思考,特别是跳元宵中的傩面,教师应该引导学生从美术的角度去欣赏傩面上的造型和色彩,带领学生不断地了解它深层的艺术价值。

第三阶段:试一试

为了营造轻松活跃的课堂氛围,让学生体验跳元宵活动的乐趣,教师在课前用纸制作了简易的面具,面具中的颜色以跳元宵的颜色为主。此次活动主要是使学生在轻松的环境中体验感受跳元宵,加深学生对跳元宵的印象。

图 10-8 学生课堂

此外,在尝试活动结束后,学生通过书写的方式尝试表达自身的看法,教师鼓励学生大胆将自己的感受书写到纸上。从书写的文字中,我们可以看出学生对跳元宵有了更深刻的认识,对自身的家乡有了一定的自豪感,纷纷想将此活动介绍给更多的人认识。

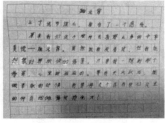
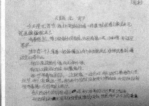

图 10-9 学生课堂作业

（三）古老神秘的傩面

"古老神秘的傩面"一课在广西博白县河滩村小学六年级开展，主要以课前探索、思考讨论、对比欣赏、启发创新和展示评价五个环节展开教学。

第一环节：课前探索

课前，教师带领学生到水稻田去收集泥巴材料，学生在实际的场景中感受泥巴的柔软，体会泥巴可塑性强的特点。此外，教师提出以下几个问题，一是博白傩面的历史由来，二是博白傩面的制作材料，三是博白傩面的造型和色彩，四是博白傩面和其他地区傩面的艺术特点。让学生通过询问老人、查询网络等途径，收集博白当地傩面的相关资料。

第二环节：思考讨论

本课的教学目标是了解傩面的造型和色彩，感受傩面的艺术魅力。根据本课的教学目标，教师运用图片让学生欣赏傩面，并提问："欣赏这些傩面，你看完有什么感受？图片中的傩面造型的色彩分别是什么？"引导学生用美术的形式去欣赏认识傩面。随后点名三到四名同学讲述傩面历史，加深学生对傩面的了解。

第三环节：对比欣赏

欣赏图片，它们之间的共同点和不同点分别是什么？可以从它的色彩去思考。教师对学生进行引导，启发学生大胆地表达自身的观点，最终总结出二者之间的相同点是色彩上均采用较为艳丽的颜色，且都从它们自身所代表的意义来刻画面具形象，用面部的形象来区分某个特定的角色，不同点则是博白当地的傩面表情柔和，其他地区的面具表情狰狞可怕。从对比中，使学生更形象地抓住博白傩面的艺术特点。

第四环节：启发创新

泥巴是一种可塑性很强的材料，能很好地塑造傩面。那如何运用泥巴来制作傩面呢？以这个问题为起点，教师出示泥巴制作的面具图片，让学生逐步寻找到制作傩面的手法有雕、塑、捏等,并在此基础上,询问学生:"假设你是傩面的制作者,你会做成什么类型?为什么?"引导学生积极思考,启发学生的创新意识。打开了学生的思维模式后,教师还需要以直观的方式启发学生探讨傩面的制作方法,因此,在这个环节,教师以简单的示范,让学生主动探讨出傩面的制作有五个步骤,分别是捏形—刻画—粘贴—晒干—上色。

图 10-10 学生课堂练习图片

图 10-11 学生课堂作品

第五环节：展示评价

教师从各组中各选取一名学生的作品向其他同学展示,各组学生代表分别讲述自身作品所代表的思想和创新之处。除此之外,在这个过程中,学生们还要观察讲述者的基本态度、语言表达和礼貌礼节等方面,之后通过简单的课堂展示评分表,让学生们分别为各组进行评分。

(四)走进农具

"走进农具"一课在广西博白县河滩村小学六年级进行教学实践,主要围绕课前探索、自主探讨、师生交流、多元评价四个阶段进行教学实践。

第一阶段:课前探索

教师带领学生对农具的材料进行探索,在探索过程中,发现校门口的山坡上生长着许多芭茅,因而教师开始对芭茅进行试验,最终发现芭茅秆可以用于制作农具模型,故而教师在上课前,先带学生对芭茅秆进行收集。此外,教师还发放了农具调查探索表格,主要让学生根据农具的类型、农具的用途和农具模型的制作等方面进行课前预习。

图 10-12 课前探索

农具调查探索表格用来记录整个课程的过程。

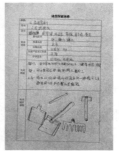

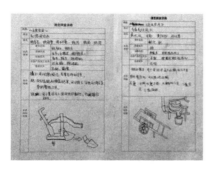

图 10-13　探索表格图片

第二阶段：自主探讨

在正式上课前，以设置悬念展开教学，如摸一摸的方式，让学生通过触觉感受，引出本节课课题——农具。紧接着，教师引导学生从农具的外形、用途和使用方法上启发学生思考"耕作农具分类，灌溉农具分类，运输农具分类，农副产品加工农具类和收获农具分类"。在此阶段，教师采用分组，以四人为一组，选择代表来各自阐述各组的答案，根据各组的答案，最后总结出：耕作农具有锄头、铁锹、犁、耙等，灌溉农具有水摇式木制水车、脚踏式竹轮水车等，运输农具有单轮式木式手推车、木轮牛车、胶轮手推车、胶轮牛车等，农副产品加工农具主要有脚踏式简易稻谷脱粒机、石磨、打禾桶等，收获农具有镰刀、禾桶、脚踏打谷机、风柜、谷筛、簸箕等。

图 10-14　小组代表发言

第三阶段:师生交流

学生欣赏一组农具作品,根据图片回答问题:"看完这组作品,你有什么感受?思考其制作的方法和手段。探究其制作的步骤。"在教师的示范过程中,学生逐渐了解到芭茅秆制作农具分为三个步骤,首先根据设计的草图,裁剪芭茅秆,确定大小;其次利用穿插、粘贴等手段进行塑造;最后对整个农具模型进行调整。利用具体的操作方式,学生亲眼所见,对每个步骤都有所了解,这样更能突破本节课重点,促进学生掌握农具的制作方法。

图 10-15 农具小模型(网络图)

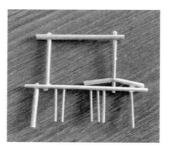

图 10-16 学生课堂作品

后　记

本书为国家社会科学基金"十二五"规划 2015 年度教育学一般课题"义务教育均衡视角下的民族地区乡村学校发展研究"(课题批准号 BMA150025)成果。

方法的变革意味着新的图景、新的思考、新的道路、新的未来。我们试图探索空间的方法,虽努力,但更需继续努力。

宏观的视角关心系统在整体上表现出来的现象及其变化发展所必须遵循的基本规律,用有限的几个概念探讨变量之间的相互关系以及推演得出发展过程进行的方向和速度等。微观的视角关心大量微观"粒子"组成的微观结构及其运动规律。将宏观的现象,放大十倍、再放大十倍、然后放大一千倍……才能进入微观的世界,它的运行无法用宏观概念测度,这里充斥着诚实而丰沛的情景和故事、个体的感受和行动。我们认为这些值得被叙述,因为借此我们才能知道一切是如何发生的。并且,我们以极小"粒子"的方式进行了微观的个体文化实践。

课题组成员主要由硕士研究生和优秀的乡村学校教师组成,在各子项目成果出来后,我进行了提炼,提出了本书的主题和框架,进而与各位作者再次反复讨论,对内容进行选取、补充、修改,并进行了全书的统稿。当此书正式出版之时,我们的团队成员已各自踏上了新征程。有进入各级高校,有回归乡村学校,有继续深造,有在乡村教育教学岗位上深耕不辍不断收获新的荣誉,有在边境国门,有在一线城市……但这一段共同的研究历程或许演变为某日的重聚。

后记

感谢我工作了近三十年的广西师范大学教育学部,那里的土壤孕育出了这项研究;感谢现在工作的广西艺术学院,在项目的推进和本书出版上的鼎力支持;感谢华东师范大学出版社为我们出版此书。感谢所有团队成员的共同努力,感谢在最后整理排版上曾子祝、张楚格两位研究生同学的无私工作……

本书作者信息如下(排名仅按章节顺序):

耿涓涓:广西艺术学院美术教育学院教授,教育学博士
黄广荣:中共中央党校(国家行政学院),管理学博士(在读)
余丽君:安徽省六安市叶集区三元镇中心小学教师,教育学硕士
李　莹:深圳市宝安职业教育集团讲师,教育学硕士
夏　珍:开封文化艺术职业学院讲师,教育学硕士
姜秀影:广西师范大学教育学部,教育学博士(在读)
赵春玲:广西医科大学第一附属医院辅导员,教育学硕士
黄桂香:广西上林县大丰镇皇周小学高级教师
覃　媚:南宁学院艺术设计学院教师,艺术学硕士
蓝苑尹:广西壮族自治区党委网信办干部,艺术学硕士
徐　梦:山东阅林艺术馆创始人,艺术学硕士
王春梅:广西民族师范学院教师,艺术学硕士

各章撰写情况如下:第一章耿涓涓,第二章黄广荣,第三章余丽君,第四章李莹,第五章夏珍,第六章姜秀影,第七章赵春玲、黄桂香,第八章黄桂香、赵春玲,第九章夏珍、覃媚、徐梦、王春梅、蓝苑尹,第十章覃媚、蓝苑尹、徐梦、王春梅、夏珍。

耿涓涓

2021 年 9 月于邕江悦湾

作者简介

耿涓涓：广西艺术学院美术教育学院教授，硕士研究生导师。2002年毕业于华东师范大学，获教育学博士学位；2006年晋升教授。1992年至2018年任职于广西师范大学教育学部，曾任教育学系主任，主要从事教师教育和教育人类学的研究与教学，着重在运用质性研究、叙事研究、人种志研究的方法和视野对教育问题进行分析和阐释。发表论文30多篇，独立和合作出版著作和教材16部；获省部级奖4项，厅级奖2项。2006至2007年，在泰国曼谷兰实大学教学和交流访问一年，2010年至2011年，在美国威斯康星大学拉克罗斯分校访学一年；多次前往韩国、台湾等国家和地区参加学术会议和短期访问。曾作为讲座和技术支持专家参与数十个国培、区培项目，以及广西八桂教育家摇篮工程、广西基础教育名师名校长培养工程、广西基础教育名校长领航工程、广西特级教师工作坊、全区（广西）教育局长培训等项目；也是国家精品课程"教育学"和国家精品视频公开课"女大学生素养"的主讲专家，广西高等学校师资培训中心讲座教授等。2018年调任广西艺术学院，从事艺术教育和美育的教学与研究，著有专著《美术教育的功用》（2020）等。

黄广荣：中共中央党校（国家行政学院）管理学在读博士研究生。在"分地区有步骤地普及义务教育"的阶段，于农村完成小学、初中阶段教育。2001年，于广西师范大学教育学部获得教育学硕士学位，之后就职于北京市一所乡镇中学。个人成长得益于国家教育的公平发展、国家对个体发展的关注。作为中国教育发展的受益者,基础教育改革的见证者,乡村教育发展的参与者,源于这些经历,在博士求学阶段,选择攻读公共管理专业,希望能学为所用,为基础教育,更是为乡村教育。

李莹:深圳市宝安职业教育集团讲师,毕业于广西师范大学教育学部,民族教育专业,教育学硕士。先后参与多项省级、区级课题研究。在乡村建设的大视野中,乡村教育才能破题和解题。运用创新的理念和模式破解乡村教育的问题,营造乡村教育适宜的环境生态,以学生为本,以乡土为根,将课本知识和乡土文化有机融合,开展"有根"的教育。

夏珍:河南开封文化艺术职业学院讲师。毕业于广西师范大学教育学部,教育学硕士。在人与文化纷繁复杂的关系中,相信一切文化都源自人本身,要对人类文化真正有所认知,就要还原到人这一"文化发祥之地"上。教育学从来都不是一座孤绝的岛,它与社会学、人类学、历史学等多个学科盘根错节地生长于这个宇宙之中,盘亘在人类波云诡谲的悠长岁月中。希冀用多学科的视角、多种工具方法去还原教育的真实面目。

余丽君:安徽省六安市叶集区三元镇中心小学教师,德育主任,少先队大队辅导员。毕业于广西师范大学教育学部,教育学硕士。出生于乡村,成长于乡村,执教于乡村。赞赏乡村的自然风光,感受乡村淳朴的民风,并感动于乡村儿童的天真与成长。在乡村学校教育一线不断探索教育真谛,实践育人方法,用智慧点燃学生的智慧火花,把诚心留给家长。生活在乡村这片热忱的土地上,感受着乡土的魅力,期盼着乡村教育的发展如同期待春天里的万物生长。

姜秀影：广西师范大学教育学部课程与教学论专业博士在读。黑龙江齐齐哈尔人。硕士所学专业为民族教育，读硕期间深受人类学的诸多熏陶，试图从生命和文化的层面重新审视教育这一人类活动，以高度的人类学关怀理解和体悟学校教育的出发点，并从遥远的旁观者向着民族迈进，这是人类学给我的财富。作为人文社会科学的工作者和学习者，就要以"人"的视角，向前走下去。广西上林县两个月的调研中，更给我这样强烈的感受，是不断走近、融入、认识人的过程。感谢上林县配合调研的老师，和给予我诸多指导的老师，我将以更加饱满的热情进一步深耕这份育人事业。

赵春玲：广西医科大学第一附属医院辅导员，毕业于广西师范大学教育学部，教育学硕士。生长在乡村，深受乡土的滋养。回归乡村开展教育研究，帮助我探索与发现自我，看见乡村教育的独特魅力。

黄桂香：广西上林县大丰镇皇周小学高级教师，小学中的中学高级教师职称。广西基础教育名师深蓝工程培养对象。一直致力"田野实践研究"——即对语文教学和学生教育跟踪研究，写了一千多篇教育教学日记。先后主持和参与十项市级、自治区级、国家级课题研究。在正式期刊发表二十多篇论文，三十多首童谣。童谣研究获得南宁市基础教育成果一等奖。在各类国培班授课四十多场次，先后荣获广西八桂优秀乡村教师，南宁市优秀教师、优秀班主任、学科带头人、优秀青年专业技术人才、三八红旗标兵等荣誉称号。2018年获得马云优秀乡村教师奖。

覃媚：南宁学院艺术设计学院教师，毕业于广西艺术学院美术教育学院，艺术学硕士，广西女书画家协会会员，广西工笔画学会会员。国家教育部门鼓励构建科学的民族优秀文化美育课程体系，将美术学科与少数民族美术、生活相联系，是建立民族精神、价值信仰的时代需要。在里湖实践过程中有幸得到对民族文化教育事业满怀热忱的覃玉先校长、黎负明副校长、何艳、岑柔柔等老师的全力支持,助燃学生传承民族美术文化的民族自信。我相信星星之火的力量,终将燎原。

蓝苑尹:广西壮族自治区党委网信办干部,毕业于广西艺术学院美术教育学院,艺术学硕士。将少数民族文化艺术课程资源开发利用到美术教学中,特别是对地方民间美术课程资源的开发利用十分重要,不仅能丰富美术教学活动的内容,更有助于促进民族地区美术教学的发展。在广西都安瑶族自治县瑶族中学的教学实践中,将瑶族民间美术资源开发利用至课堂,既增强了学生对瑶族民族美术的认识,又强化了学生对瑶族民族美术的传承与保护意识,取得较好的教学效果。相信,通过更多的研究与实践,势必会给美术教育教学带来百家争鸣的春天。

徐梦:山东阅林艺术馆创始人,毕业于广西艺术学院美术教育学院,艺术学硕士。2008年,考入云南大理大学,做过少儿美术教学培训工作。2011年,在山东济南美术馆实习,发现了艺术作品之于普通观者的意义,于是决定考研。2012年,考入广西艺术学院,导师引导多做教学实践,实践出真理。2013年初,去广西融水中学教学实践。2014年初,去广西北海银滩参观考察多所小学。2015年4月,完成毕业论文,获得盲审双优。2015年6月—2018年初,在山东省少年宫担任美术教师。2018年初至今,独立经营一家美术培训机构——阅林艺术馆。

王春梅:广西民族师范学院教师,毕业于广西艺术学院美术教育学院,艺术学硕士。广西美术家协会会员,广西女书画家协会理事,广西工笔画学会会员,崇左市美术家协会会员。教授美术的过程实际上就是接触美—挖掘美—领会美—创造美的过程。在教学中,不断探索灵活、高效的教学方法,联系生活,深入浅出,让学生自觉自发地获得美的感受,得到美的情冶熏陶,升华对于美的体会是本人一直以来的追求。人生重要的不是所站的位置,而是所朝的方向。